STUDIOS
TALMA

Dernières parutions dans la Collection *Documents* **:**
– *Vaccins - Oui ou Non ?*, Stefano Montanari, Antonietta Gatti, Serge Rader ;
– *L'Arme climatique*, Patrick Pasin.

À paraître :
– *La Planète Terre, ultime arme de guerre* (vol. 1 et 2), Dr Rosalie Bertell ;
– *La Mort programmée de la Sécurité sociale*, Nicole Cheverney ;
– *Vaccination : la grande illusion*, Bickel ;
– *L'Arme environnementale*, Patrick Pasin.

Également de Patrick Pasin chez Talma Studios :
– *Le Mystère des cartes anciennes - Ces anomalies extraordinaires qui remettent en question l'histoire de l'humanité.*

Talma Studios
111, avenue Victor-Hugo
75784 Paris cedex 16 – France
www.talmastudios.com
info@talmastudios.com

Photos de couverture :
– NASA Blue Marble of the Earth's Eastern Hemisphere
– ID 88696100 © Nils Ackermann | Dreamstime.com
– ID 107725361 © Jiri Hera | Dreamstime.com

ISBN : 979-10-96132-59-1   EAN : 9791096132591
© Tous droits réservés

Nancy Gomez – Patrick Pasin

Géopolitique des cryptomonnaies

« Le bitcoin est la première pierre
de la révolution monétaire du 21ᵉ siècle. »

Convention

Faut-il mettre une majuscule au nom des cryptomonnaies ? L'usage n'étant pas encore fixé, tandis que l'on rencontre à la fois « Bitcoin » et « bitcoin », l'un ou l'autre désignant aussi bien le système que la monnaie, nous optons pour la simplification et la règle de ne pas mettre de majuscule aux devises, au même titre que l'euro, le dollar, etc. En revanche, lorsqu'il s'agit de la « Blockchain Bitcoin », nous conservons les majuscules. De même, nous fixons l'usage à « cryptomonnaie » plutôt que « crypto-monnaie ».

Introduction

Quel peut être le lien entre Mouammar Kadhafi, Benoît XVI, la Corée du Nord, l'Iran et la Russie dans un livre consacré aux cryptomonnaies et à la révolution financière en marche ?

« Nous sommes venus, nous avons vu, il est mort. »
C'est ainsi, en paraphrasant la célèbre phrase de Jules César « Veni, vidi, vici », qu'Hillary Clinton, alors secrétaire d'État des États-Unis, commente la mort de Mouammar Kadhafi en octobre 2011, à la suite de l'intervention militaire en Libye qui s'est déroulée entre le 19 mars et le 31 octobre 2011. Sous l'égide de l'Organisation des Nations Unies, sa mission officielle consiste à mettre en œuvre la résolution 1973 du Conseil de sécurité, dont l'objectif est de « prendre toutes mesures nécessaires, nonobstant le paragraphe 9 de la résolution 1970 (2011) pour protéger les populations et les zones civiles menacées d'attaque en Jamahiriya arabe libyenne ».

La France, le Royaume-Uni, les États-Unis et le Canada ainsi que l'Otan organisent cette intervention militaire, dont le résultat dépasse le but déclaré de la résolution 1973, puisqu'elle détruit l'État libyen. L'Europe n'a d'ailleurs pas fini de payer le prix du chaos qu'elle a contribué à instaurer dans ce pays jadis l'un des plus riches du continent.

Or, des informations contenues dans les emails de l'ex-candidate démocrate déclassifiés par le Département d'État le 31 décembre 2015 racontent une tout autre histoire que la version officielle[1] : grâce

---
1. *Hillary Emails Reveal True Motive for Libya Intervention*, Brad Hoff, *Foreign Policy Journal*, 6/01/2016.

à ses stocks d'or et d'argent (plus de 140 tonnes de chaque métal, donc quelques milliards de dollars), Mouammar Kadhafi préparait la création d'une monnaie unique pour l'Afrique. Pour les anciennes colonies francophones, elle aurait constitué une alternative au franc CFA et favorisé leur indépendance économique, au détriment des intérêts de la France, et, de façon plus générale, du Royaume-Uni et de l'Union européenne, mais aussi des États-Unis, en diminuant à terme le rôle du dollar. C'est cette raison monétaire prioritaire qui aurait poussé le président Nicolas Sarkozy à l'option militaire en Libye, d'après la correspondance d'Hillary Clinton. On peut donc semer le chaos, la mort et la désolation, et détruire un pays pour une monnaie.

Le pape s'en va, les affaires reprennent
– 1er janvier 2013 : Fabio Tonacci publie dans *La Repubblica* un article intitulé : *Vatican, stop aux cartes et aux distributeurs automatiques de billets. Les services de paiement suspendus.*[2] En substance, dans un État souverain, il n'est plus possible de retirer de l'argent dans les distributeurs ni de payer avec les cartes des géants états-uniens Visa et Mastercard... C'est, évidemment, une catastrophe économique pour le Vatican.

La décision est officiellement motivée par l'absence d'autorisation de la banque centrale italienne donnée à la Deutsche Bank Italia, fournisseur des terminaux de paiement par carte bancaire sur le territoire du Vatican. Ce motif paraît improbable, d'autant plus que la suspension se met à durer de longues semaines.

– 11 février : Benoît XVI annonce, à la surprise du monde entier, qu'il renonce « au ministère d'Évêque de Rome, Successeur de saint Pierre, qui m'a été confié par les mains des cardinaux le 19 avril 2005, de telle sorte que, à partir du 28 février 2013 à vingt heures, le Siège de Rome, le Siège de saint Pierre sera vacant et le conclave pour l'élection du nouveau Souverain Pontife devra être convoqué

---

2. *Vaticano, stop a carte e bancomat – Sospesi i servizi di pagamento*, Fabio Tonacci, *La Repubblica*, 01/03/2013.

par ceux à qui il appartient de le faire. »[3] Il n'y aura donc plus de pape à partir du 1er mars, soit dans moins de trois semaines. C'est un événement quasiment sans précédent en deux millénaires d'histoire de la papauté, car l'on peut considérer que Célestin V est le seul pape romain à avoir démissionné de sa propre initiative – il officialise son renoncement le 13 décembre 1294.

Benoît XVI, conscient de l'importance de la décision qu'il annonce, justifie sa décision par le fait que « pour gouverner la barque de saint Pierre et annoncer l'Évangile, la vigueur du corps et de l'esprit est aussi nécessaire, vigueur qui, ces derniers mois, s'est amoindrie en moi d'une telle manière que je dois reconnaître mon incapacité à bien administrer le ministère qui m'a été confié ».[4]

– 12 février : dès le lendemain, la déconnexion du Vatican du système de paiement, qui durait depuis plusieurs semaines, est suspendue. En conséquence, tous les services sont rétablis, et les affaires reprennent.

Compte tenu de la concomitance des événements et même si la démission est expliquée par des raisons de « vigueur » – pas même de « santé » –, il est légitime de se demander si la déconnexion du système financier ne fut pas un moyen de pression pour pousser le pape à la démission.

D'où viendrait cette pression ? Il n'y a pas beaucoup de pays disposant d'un poids suffisant sur les institutions financières et bancaires mondiales pour qu'une telle décision soit prise ; en fait, il n'en existe qu'un : les États-Unis. Auraient-ils agi pour empêcher Benoît XVI de continuer son grand projet de réconciliation avec le patriarche de Moscou visant à l'intégration géopolitique euro-russe ? Il n'entre pas dans l'objet de ce livre de s'étendre sur des faits qui ne relèvent que de l'interprétation, donc nous n'irons pas plus loin dans cette direction. Néanmoins, il ne fait aucun doute que l'organisation du système financier international actuel peut constituer une menace contre un (petit) État autant efficace qu'une intervention militaire, tout en étant plus discrète et moins coûteuse.

---

3. *Declaratio*, Benedictus PP XVI, Libreria Editrice Vaticana, 10/02/2013.
4. *Declaratio*, Benedictus PP XVI, Libreria Editrice Vaticana, 10/02/2013.

Introduction

L'Iran, en première ligne
Le Vatican n'est d'ailleurs pas le seul État à avoir subi une mise à l'écart d'ordre financier. Ainsi, le comité bancaire du Sénat américain approuve à l'unanimité en février 2002 la loi visant à interdire à Swift de servir les banques iraniennes frappées par les sanctions. En conséquence, elles sont toutes déconnectées du système dès le mois de mars, y compris la banque centrale, et ne peuvent donc plus effectuer aucune transaction bancaire internationale. On imagine les conséquences, d'autant plus que des avoirs sont gelés, à hauteur d'environ 32 milliards de dollars[5], selon le directeur de la banque centrale d'Iran, Valiollah Seif, et le sont encore en partie...

Les banques iraniennes sont ré-intégrées en janvier 2016, après la signature de l'accord sur le nucléaire.

La Corée du Nord, inévitablement
En mars 2017, Swift annonce dans un communiqué qu'il a déconnecté les dernières banques du nord de la péninsule reliées à son système : « Les banques nord-coréennes qui étaient encore connectées au réseau ne respectent plus les critères d'appartenance de Swift. Par conséquent, ces entités n'auront plus accès au système de messagerie financière de Swift. »

Officiellement, cette décision est prise « du fait que la Corée du Nord fait actuellement l'objet d'une attention internationale accrue ».

La Russie aussi ?
Au plus fort des sanctions décrétées par les États-Unis et l'Europe contre la Russie à la suite de « l'intervention militaire directe et indirecte de la Russie en Ukraine, y compris l'annexion de la Crimée »[6], des voix s'élèvent pour que les institutions financières russes soient, à leur tour, déconnectées du réseau Swift, dont celle du

---
5. *Where are Iran's billions in frozen assets, and how soon will it get them back?*, Matt Pearce, *Los Angeles Times*, 20/01/2016.
6. Résolution du Parlement européen du 18 septembre 2014 sur la situation en Ukraine et l'état des relations UE-Russie (2014/2841(RSP).

Parlement européen, qui écrit : « (...) demande à l'Union européenne d'envisager l'exclusion de la Russie de la coopération nucléaire civile et du système Swift. »

Ce serait un coup très rude porté à la Russie, qui verrait probablement son système bancaire s'effondrer, au moins en partie. D'ailleurs, des députés de la Douma annoncent qu'une telle décision serait considérée comme une déclaration de guerre.

La menace n'est finalement pas mise à exécution, elle aurait, de toute façon, posé aux Européens un problème quasiment insurmontable : en déconnectant la Russie de Swift, plus aucun virement international n'aurait été possible ; comment alors payer l'énergie qui arrive à pleins gazoducs de Russie ? Étonnant que les députés européens n'y aient pas songé avant de menacer...

Sentant néanmoins le risque qu'une telle situation peut représenter à terme, le vice-ministre des Finances, Alexeï Moïseïev, déclare en août 2014 que son ministère et la Banque centrale préparent la création d'un équivalent de Swift en Russie.

En revanche, du jour au lendemain, les utilisateurs russes de cartes de crédit Visa et Mastercard se retrouvent démunis de leur moyen de paiement, par suite des sanctions immédiates appliquées contre leur pays. Cette situation crée temporairement d'énormes problèmes pour lesquels la Russie a dû trouver les solutions. Elle a notamment développé le système de paiement par carte Mir, introduit en décembre 2015, qui permet à ses banques de remplacer Visa et Mastercard.

« Donnez-moi le pouvoir de créer la monnaie et je me moque de qui fait les lois ! »[7]

Les cryptomonnaies, notamment la principale, le bitcoin, échappent, jusqu'à présent, au monopole des banques et des gouvernements de « battre monnaie ». Elles représentent encore une goutte d'eau à l'échelle de la finance internationale. Certains pronostiquent même leur disparition prochaine, dressant un parallèle avec la crise de la

---

7. Citation attribuée à Mayer Amshel Rothschild (1744-1812), le fondateur de la dynastie bancaire.

Tulipe dans la Hollande du XVIIe siècle, considérée comme le premier krach spéculatif de l'histoire. Est-ce si sûr ?

Peut-être y aura-t-il un effondrement de la valeur du bitcoin, sur lequel la spéculation s'est abattue depuis 2017, mais nous sommes d'autant moins convaincus de la disparition des cryptomonnaies qu'elles offrent des solutions puissantes et qu'elles en apporteront d'autres, y compris au plan géopolitique.

Nous nous garderons bien cependant d'affirmer que Benoît XVI ou Mouammar Kadhafi seraient encore en fonction s'ils avaient disposé d'une cryptomonnaie souveraine, ou que la situation économique de l'Iran serait particulièrement florissante aujourd'hui. Cependant, l'émergence inattendue des cryptomonnaies, phénomène désormais mondial, et les avantages qu'elles représentent par rapport au système financier actuel ne peuvent que poser la question de leur développement à grande échelle dans la sphère publique.

Ainsi, il est envisageable désormais qu'elles constituent une des solutions à un monde de plus en plus global et multipolaire, mais aussi de plus en plus inégalitaire et destructeur. Pourraient-elles même contribuer à l'indépendance et à la paix mondiales ? Et à la création de nouvelles sources de richesse tandis que beaucoup d'économies stagnent, malgré les besoins des populations ? Telles sont quelques-unes des questions auxquelles *Géopolitique des cryptomonnaies* souhaite apporter des réponses, des scénarios prospectifs et des pistes de réflexion.

Nous commencerons par dresser le panorama général, puis nous présenterons les décisions et les actions de nombreux pays sur tous les continents, avant d'envisager, dans le dernier chapitre, des scénarios de création de cryptomonnaies entre États.

Chapitre 1

Panorama général des cryptomonnaies

Concepts et définitions

Une **cryptomonnaie** (ou « **altcoin** » ou « **altmonnaie** ») est une monnaie numérique sécurisée par un système de chiffrement complexe. Il ne s'agit donc pas simplement d'un moyen de paiement électronique mais bien d'une monnaie, dans le sens où elle peut servir à effectuer des paiements pour l'achat de biens ou de services, soit de façon élargie, soit de manière restreinte au sein d'une communauté. Dans la plupart des cas, elle constitue aussi un actif financier, soumis à la loi de l'offre et de la demande, donc ouvert à la spéculation.

À la différence des monnaies traditionnelles, les premières cryptomonnaies ne sont pas émises par des banques centrales ou des institutions financières, mais créées *ex nihilo* par des personnes et des entités privées, qui interviennent à toutes les étapes de leur gestion et fixent les règles de leur gouvernance. Elles les font connaître par la divulgation de livres blancs, formes de manifeste d'intention pour expliquer les objectifs du projet et son fonctionnement, dont les bases technologiques utilisées. En effet, une cryptomonnaie repose sur la technologie puissante de la **blockchain**, qui constitue une rupture et une révolution dans l'organisation et le traitement de l'information, au même titre qu'avant elle les ordinateurs centraux, les PC, internet et les réseaux mobiles.

« La blockchain est une technologie de stockage et de transmission d'informations, transparente, sécurisée, et fonctionnant sans organe central de contrôle.

Par extension, une blockchain constitue une base de données qui contient l'historique de tous les échanges effectués entre ses utilisateurs depuis sa création. Cette base de données est sécurisée et distribuée : elle est partagée par ses différents utilisateurs, sans intermédiaire, ce qui permet à chacun de vérifier la validité de la chaîne. »[8]

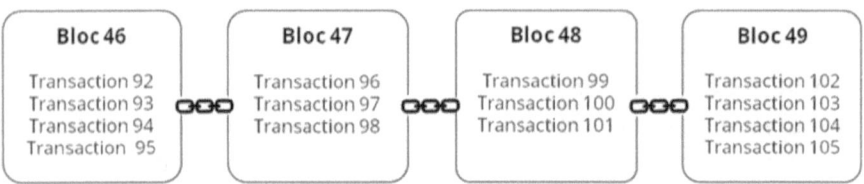

« Les informations conservées dans le réseau blockchain sont transparentes dans la mesure où la base de données commune est disponible simultanément sur tous les ordinateurs incorporés dans le réseau. Les enregistrements qui y sont conservés sont publiquement disponibles et facilement vérifiés. Le réseau blockchain ne peut pas être brisé puisque le changement d'une seule unité d'information nécessite le remplacement d'informations dans tout le réseau. »[9]

En résumé, une blockchain est un grand registre public, anonyme et infalsifiable. Certaines blockchains sont publiques, d'autres sont privées. Leur utilisation ne se limite pas à la création de monnaie, mais offre des perspectives quasiment illimitées dans la banque et la finance, les assurances, la logistique, la santé, le cadastre, l'humanitaire, etc. En effet, les dernières générations de blockchains permettent d'insérer des **contrats intelligents** ou « **Smart Contracts** », des protocoles informatiques qui facilitent, contrôlent et exécutent la négociation et/ou l'exécution d'un contrat, afin de bénéficier d'une sécurité supérieure aux clauses contractuelles classiques et de réduire les coûts de transaction.

---

8. Blockchain France, www.blockchainfrance.net.
9. *The information network based on the blockchain technology was built up in the Republic of Belarus*, communiqué de presse de la Banque nationale de la République du Belarus, 19/07/2017.

La blockchain contre la faim

Nous l'avons indiqué, la technologie qui supporte les cryptomonnaies peut être utilisée pour de multiples usages. En voici un exemple, sans doute l'un des plus significatifs. Le 30 mai 2017, le Programme alimentaire mondial (PAM), organisme de l'ONU de lutte contre la faim, publie l'information suivante sur son site internet[10] :

« (…) Dans le camp d'Azraq en Jordanie, 10 000 réfugiés sont maintenant en mesure de payer leur nourriture au moyen de droits enregistrés sur une plateforme informatique basée sur la blockchain. Cela a été développé par le PAM dans le cadre d'un projet pilote connu sous le nom de Building Blocks. »

Robert Opp, Directeur de l'innovation et du management du changement au sein du PAM, explique : « La technologie blockchain nous permet d'intensifier la lutte contre la faim (…). Grâce à elle, nous cherchons à réduire les coûts des paiements, à mieux protéger les données des bénéficiaires, à maîtriser les risques financiers et à répondre plus rapidement aux situations d'urgence. L'utilisation de la blockchain peut constituer un saut qualitatif – non seulement pour le PAM, mais pour l'ensemble de la communauté humanitaire. »

Voici comment fonctionne cette innovation :

« Le système du PAM s'appuie sur les données d'enregistrement biométrique du Haut Commissariat des Nations Unies pour les réfugiés (HCR) et utilise la technologie biométrique à des fins d'authentification. Les réfugiés achètent de la nourriture dans les supermarchés locaux du camp en utilisant un scan de leur œil au lieu d'argent, de coupons ou de cartes électroniques.

Le conflit en Syrie a contraint près de cinq millions de personnes à fuir à l'étranger, en quête de sécurité. Dans la seule Jordanie voisine, le PAM fournit une aide indispensable à plus d'un demi-million de Syriens.

---

10. *Blockchain Against Hunger: Harnessing Technology In Support Of Syrian Refugees*, World Food Programme, 30/05/2017.

> Le projet pilote vise à créer une plateforme que la communauté humanitaire au sens large pourrait utiliser. En fonction des résultats, le PAM cherchera à étendre l'utilisation de la technologie blockchain à des domaines tels que la gestion de l'identité numérique et les chaînes d'approvisionnement. Le PAM estime que l'évolution au XXIe siècle de la technologie mobile, de la biométrie et de solutions telles que la blockchain pourrait transformer la vie des personnes dans le besoin dans le monde entier et s'attaquer aux racines de la faim. »
> Ainsi, le bitcoin pourrait disparaître, certainement pas la blockchain.

La blockchain apparaît en 2008, avec la création du bitcoin, la principale et première cryptomonnaie, suivie, depuis, par plus de mille cinq cents autres, dont l'ether, le litecoin, le dash, le ripple... Il existe principalement cinq possibilités pour s'en procurer :

– l'achat auprès d'une plateforme d'échanges en ligne ou via des distributeurs automatiques... Le paiement s'effectue en monnaie fiduciaire, voire avec une autre cryptomonnaie ;

– souscrire à une **ICO** (Initial Coin Offering), une levée de fonds en cryptomonnaie(s). L'entreprise émettrice crée des « **tokens** » (jetons numériques) en échange de bitcoins, d'ethers... Les tokens ne correspondent pas à des actions avec versement de dividendes et leur achat n'offre aucune garantie spécifique à l'investisseur : ils représentent seulement l'espoir d'un gain à moyen ou court terme, lorsqu'il ne s'agit pas d'une fraude ou d'une arnaque. Dans le cadre d'une ICO destinée à la création d'une monnaie, les souscripteurs en reçoivent une quantité en fonction de leur investissement ;

– bénéficier d'un **airdrop**, c'est-à-dire une distribution gratuite effectuée par les créateurs de la cryptomonnaie ;

– participer à son exploitation par le **mining** ;

– en recevoir en paiement d'une prestation ou de la vente d'un bien.

Posséder des cryptomonnaies nécessite de les déposer dans un **portefeuille** (ou **wallet**) installé sur ordinateur ou téléphone mobile. Il est possible de disposer de plusieurs portefeuilles sur différentes plateformes, particulièrement si l'on acquiert diverses cryptomonnaies, car toutes ne sont pas disponibles sur chaque plateforme d'échanges.

Lorsque le wallet est ouvert, on obtient une **adresse** et une **clé privée**. Seule l'adresse peut être communiquée ; transmettre sa clé privée revient à donner ou perdre son portefeuille. Les transferts s'effectuent de portefeuille à portefeuille. Une fois validée, il n'y a pas de retour en arrière possible : la transaction est définitive et ne peut être dupliquée. En dix minutes, elle est connue de l'ensemble de la Blockchain Bitcoin (en moins de temps pour les autres cryptomonnaies).

Le **mining** ou **minage** intervient à la création et à l'enregistrement de la monnaie cryptée. Bien que le mot le suggère, il ne s'agit pas de creuser un gisement, mais plutôt de résoudre des équations mathématiques complexes pour la création et l'enregistrement d'un bloc, chacun d'eux correspondant à une ou plusieurs transactions. **Miner**, c'est donc créer un bloc (aussi appelé « **nœud** »), le valider et le lier aux autres blocs composant la blockchain.

Le **mineur** apporte ses compétences et son équipement informatiques afin de fournir la puissance de calcul nécessaire. Pour miner des cryptomonnaies, un ordinateur avec une bonne carte graphique est généralement suffisant, sauf pour le bitcoin : il exige de telles ressources en calcul que du matériel informatique spécifique, les **mineurs**, a été créé et est proposé à la vente.

Le travail de minage est généralement rémunéré par l'attribution d'unités ou fractions de la cryptomonnaie minée.

Les monnaies cryptées sont dites « minées » quand la création de monnaie nécessite l'intervention d'un mineur ; dans le cas contraire, elles sont dites « validées » ou « pré-minées ».

Le minage utilise la fonction « **hash** » ou de **hachage**, qui consiste à appliquer à chaque bloc une fonction mathématique unique additionnelle d'égale importance. Chaque création de bloc dans la

Chapitre 1

chaîne contient le hash du bloc précédent, rendant ainsi impossible le retour en arrière. Le développement de la chaîne est à sens unique. Ainsi sécurisée, il est difficile à un mineur isolé avec des intentions de détournement d'intervenir sur la chaîne.

Dans le cas du minage du bitcoin, « la difficulté change tous les 2 016 blocs. Le réseau ajuste la difficulté afin que le temps de génération de ces 2 016 blocs soit de 14 jours, quelle que soit la puissance de calcul déployée ».[11] C'est aussi pourquoi le minage nécessite des investissements lourds en termes de matériel et de ressources énergétiques.

En conséquence, des mineurs se regroupent pour augmenter leur puissance de calcul en formant des **pools de mineurs** ou des **fermes de minage**, les plus grandes possédant jusqu'à plusieurs dizaines de milliers de machines de minage et d'ordinateurs connectés en réseau. Cette activité gourmande en ressources a développé d'autres services comme le « cloud mining », qui vend de la capacité de calcul contre une fraction des cryptomonnaies générées.

Actuellement, tous les ordinateurs du réseau blockchain traitent chaque information. La transaction est donc lente et consommatrice d'énergie. À titre de comparaison, Visa effectue jusqu'à 1 667 transactions par seconde tandis que l'Ethereum (la blockchain qui supporte, entre autres, l'ether) en génère vingt et le bitcoin seulement sept ! Pour accélérer le processus et réduire l'empreinte énergétique sans sacrifier la sécurité, de nouvelles évolutions sont en cours, car la blockchain n'en est qu'à ses débuts.

Ainsi, Fred Ehrsam, co-fondateur de la plateforme Coinbase, déclare : « Nous sommes en train de faire émerger des systèmes qui nous dépassent. De la même façon que la démocratie et le capitalisme en tant que systèmes déterminent une grande part des comportements autour de nous, les blockchains feront de même sur un périmètre encore plus large. Il s'agit d'organismes doués d'une vie propre et mus par des objectifs différents de ceux des individus qui les composent. Alors que la technologie pousse ces systèmes à leurs limites, leurs implications deviennent plus prononcées. Il serait sage

---

11. www.bitcoin.fr

de considérer leur structure de façon attentive alors qu'elles sont encore très jeunes. Comme toute nouvelle technologie puissante, les blockchains peuvent aller dans de nombreuses directions. En les utilisant convenablement, nous pouvons créer un monde plus prospère et plus libre. Mal utilisées, elles peuvent nous amener là où nous n'avions pas l'intention de nous rendre. »[12]

PoW ou PoS ?

Ces deux sigles sont inhérents aux blockchains et aux cryptomonnaies. Le premier signifie « **preuve de travail** » pour Proof-of-Work en anglais, et le second « **preuve d'enjeu** » ou « **preuve de participation** », pour Proof-of-Stake. « Alors que la preuve de travail (PoW) demande aux utilisateurs d'exécuter plusieurs fois les algorithmes de hachage ou de calculer des puzzles mathématiques selon des algorithmes pour valider les transactions électroniques, la preuve d'enjeu (PoS) demande à l'utilisateur de prouver la possession d'une certaine quantité de cryptomonnaie (leur « participation » dans la cryptomonnaie) pour prétendre à pouvoir valider des blocs supplémentaires dans la chaîne de bloc et de pouvoir toucher la récompense, s'il y en a une, à l'addition de ces blocs. »[1]

De nouvelles cryptomonnaies utilisent une méthode hybride pour bénéficier des avantages des deux systèmes.

---
1. Source : Wikipedia.

---

12. *Blockchain Governance: Programming Our Future*, Fred Ehrsam, Medium.com, 27/11/2017.

Fonction de hachage
(« hash function »)

« Fonction particulière qui, à partir d'une donnée fournie en entrée, calcule une empreinte servant à identifier rapidement, bien qu'incomplètement, la donnée initiale. Les fonctions de hachage sont utilisées en informatique et en cryptographie »[13] Pour la cryptographie des monnaies, dont le minage et la création des adresses, est utilisé le SHA-256 (Secure Hash Algorithm), issu du SHA-2, défini par la NSA (National Security Agency).

« Exemple pédagogique du principe des fonctions de hachage appliqué à des images : on considère ici une fonction de hachage consistant à convertir une image haute résolution en une empreinte très basse résolution. L'empreinte est beaucoup plus légère en mémoire. Elle perd une grande partie de l'information mais elle reste suffisante pour distinguer rapidement deux images. »[14]

---
13. Source : Wikipedia.
14. Source : Unique Nitrogen (œuvre personnelle) [CC BY-SA 4.0 (https://creativecommons.org/licenses/by-sa/4.0)], via Wikimedia Commons.

La NSA à l'origine du principe des cryptomonnaies ?

Le 18 juin 1996, donc au siècle dernier, c'est-à-dire une éternité en matière d'internet, trois auteurs de la Cryptology Division publient une étude[15] qui présente déjà la problématique des futures cryptomonnaies. Voici les premiers paragraphes de l'introduction :
« Avec le début de l'ère de l'information, notre pays dépend de plus en plus des communications en réseau. La technologie informatique a un impact significatif sur notre capacité à accéder, stocker et distribuer de l'information. Parmi les utilisations les plus importantes de cette technologie, citons le *commerce électronique* : effectuer des transactions financières au moyen d'informations électroniques échangées sur des lignes de télécommunications. Une exigence clé pour le commerce électronique est le développement de systèmes de paiement électronique sécurisés et efficaces. Le besoin de sécurité est mis en évidence par la montée en puissance d'Internet, qui promet d'être un média de premier plan pour le futur commerce électronique.
Les systèmes de *paiement électronique* peuvent prendre de nombreuses formes, y compris les chèques numériques, les cartes de débit, les cartes de crédit et les cartes pré-payées. Les caractéristiques de sécurité habituelles pour de tels systèmes sont la *confidentialité* (protection contre l'écoute électronique), *l'authenticité* (fournir l'identification de l'utilisateur et l'intégrité du message) et la *non-répudiation* (empêchement de nier plus tard avoir effectué une transaction).
Le type de système de paiement électronique dont il est question dans ce document est *l'argent électronique*. Comme son nom l'indique, l'argent électronique est une tentative de construire un système de paiement électronique sur le modèle de notre système de paiement papier. Le papier-monnaie présente les caractéristiques suivantes : portable (facilement transportable), reconnaissable (en tant que monnaie légale), donc facilement

---

15. *How To Make a Mint: The Cryptography of Anonymous Electronic Cash*, Laurie Law, Susan Sabett, Jerry Solinas, National Security Agency Office of Information Security Research and Technology, Cryptology Division, 18/06/1996.

acceptable, transférable (sans participation du réseau financier), non traçable (aucun enregistrement où l'argent est dépensé), anonyme (aucune trace de qui a dépensé l'argent) et avec la capacité de l'échanger. Les concepteurs de l'argent électronique ont mis l'accent sur la préservation des caractéristiques de non-traçabilité et d'anonymat. Ainsi, l'argent électronique est défini comme étant un système de paiement électronique qui fournit, outre les caractéristiques de sécurité ci-dessus, les propriétés d'anonymat de l'utilisateur et de non-traçabilité des paiements.

En général, les systèmes de paiement électronique atteignent ces objectifs de sécurité via des *signatures numériques*. Ils peuvent être considérés comme l'analogue numérique d'une signature manuscrite. Les signatures numériques sont basées sur la cryptographie asymétrique (*public key cryptography*). Dans un tel système de cryptographie, chaque utilisateur possède une clé secrète et une clé publique. La clé secrète est utilisée pour créer une signature numérique et la clé publique est nécessaire pour vérifier la signature numérique. Pour savoir qui a signé l'information (appelée aussi le message), il faut être certain de savoir à qui appartient une clé publique donnée. C'est le problème de la gestion des clés, et sa solution nécessite une sorte d'infrastructure d'authentification. En outre, le système doit disposer d'une sécurité réseau et physique adéquate pour protéger le secret des clés secrètes.

Ce rapport a examiné la littérature académique sur les techniques cryptographiques pour la mise en œuvre de systèmes de paiement électronique sécurisés. Plusieurs systèmes de paiement innovants garantissant l'anonymat de l'utilisateur et la non-traçabilité des paiements ont été trouvés. Bien qu'aucun système de paiement particulier n'ait été analysé en profondeur, la cryptographie elle-même semble être solide et assurer l'anonymat promis. (...) »

Treize ans avant la création du bitcoin, ce rapport de la Cryptology Division de la NSA porte déjà tous les germes des futures cryptomonnaies. D'ailleurs, puisque le ou les créateurs du bitcoin sont toujours inconnus à ce jour, en dépit de tous les moyens disponibles de contrôle et de surveillance, certains n'hésitent pas à considérer qu'il est l'invention de services secrets,

> comme Natalya Kasperskaya, cofondatrice de Kaspersky Labs et présidente d'Infowatch, qui déclare : « Le bitcoin est un projet des services de renseignement américains qui a été créé pour financer rapidement l'activité du renseignement des États-Unis, du Royaume-Uni et du Canada dans les différents pays du globe. (…) En fait, c'est le dollar 2.0. »[1]
>
> ---
> 1. *Le bitcoin serait un « projet des services de renseignement US »*, Sputnik France, 20/01/2018.

Les principales cryptomonnaies

Elles peuvent être classifiées par fonction : monnaie structurante, monnaie sociale, monnaie d'e-commerce, monnaie anonyme, monnaie expérimentale, monnaie locale… La classification en fonction de la technologie à laquelle s'adosse une monnaie permet d'en comprendre plus aisément les enjeux. De même, de l'organisation de la gouvernance de la blockchain dépend la nature de la monnaie cryptée. Si la technologie et la gouvernance sont ouvertes, fermées ou semi-ouvertes, les objectifs sont différents : il ne suffit pas d'ajouter le mot « Coin » pour en faire une vraie « monnaie alternative » (AltCoin). L'idée est de garder aussi à l'esprit qui sont les « propriétaires » de la gouvernance pour ne pas se tromper d'utopie et adhérer en connaissance de cause au projet affiché. La notion de monnaie publique ou privée s'additionne à la nature de la fonction : par exemple, le bitcoin est une monnaie ouverte par sa technologie et publique par sa gouvernance ; le ripple est une monnaie semi-fermée par sa technologie et privée par sa gouvernance ; l'AmazonCoin est une monnaie fermée par sa technologie et privée par sa gouvernance.

Il est impossible de certifier le nombre de cryptomonnaies émises à ce jour, même s'il est admis qu'il y en a déjà 1 300, voire 1 500, en circulation. Le site Coinmarketcap.com en classe toutefois 1 526, mais seules les 1 160 premières sont un peu significatives. Il n'y a d'ailleurs aucune raison, dans l'immédiat, que le processus de création s'arrête.

Le bitcoin est, de loin, la plus importante et la plus connue, avec l'ether, le ripple, le litecoin, le monero... Parmi la multitude que nous ne présentons pas, il en existe même une créée spécialement pour les passionnés de marijuana, qui a, légalement, son site internet et son compte Twitter !

Comme pour les devises, chaque monnaie possède son propre code : BTC (bitcoin), ETH (ether), XRP (ripple), LTC (litecoin), etc.

Présentons de façon synthétique et par ordre chronologique les plus connues et les plus utilisées, qui sont toutes de portée internationale, quelle que soit l'origine de leur(s) créateur(s).

2009
Le bitcoin (BTC ou XBT)

C'est la première monnaie digitale à historiquement décentraliser la monnaie. Le bitcoin est « le standard et l'étendard » technologique et idéologique des monnaies cryptées. Annoncé en 2008, le code-source du système est publié le 3 janvier 2009 par une personne se présentant sous le pseudonyme de Satoshi Nakamoto. Il fait écho à la crise financière de 2008, qui ébranle sérieusement la confiance à accorder aux institutions bancaires et aux tiers de confiance, dont n'a pas besoin le protocole bitcoin, où chaque transaction est enregistrée dans un livre comptable numérique publique et partagé avec tous. Les transactions sont anonymes mais visibles par tous, car les utilisateurs de la communauté bitcoin ont la copie intégrale des échanges réalisés et validés.

Le changement de paradigme que propose le bitcoin continue de questionner la société, les États, les banques, en démontrant qu'une monnaie qui n'a pas de centre unique peut modifier son environnement et redonner « une nouvelle jeunesse aux utopistes du XIXe siècle comme Proudhon, Robert Owen ou Ernest Solvay, qui voyaient en la monnaie un outil de transformation sociale »[16]. Cela ne signifie pas cependant que le système ne présente ni limite ni danger, notamment à cause de ses zones d'ombre. En revanche, ce

---

16. *La Chine, puissance dominante du bitcoin, la crypto-monnaie libertaire*, Bertrand Hartemann, Asialyst, 12/09/2017.

qui est assuré, c'est que la quantité maximum de bitcoins pouvant être émis est de 21 millions d'unités, chiffre qui ne devrait pas être atteint avant... 2140.

Alors que l'utilisation du bitcoin s'élargit et que le rythme des transactions se multiplie, de nouvelles monnaies naissent avec l'appellation « bitcoin », telles que le bitcoin cash et le bitcoin gold. Bien que partageant le même nom, elles ne sont pas « le bitcoin » mais des monnaies plus récentes, issues d'un schisme ou « **hard fork** » provoqué par un fonctionnement différent décidé par l'association de mineurs et d'entreprises souhaitant faire évoluer autrement le projet initial de la Blockchain Bitcoin. Plusieurs cryptomonnaies présentent la même situation.

Évolution du cours du bitcoin

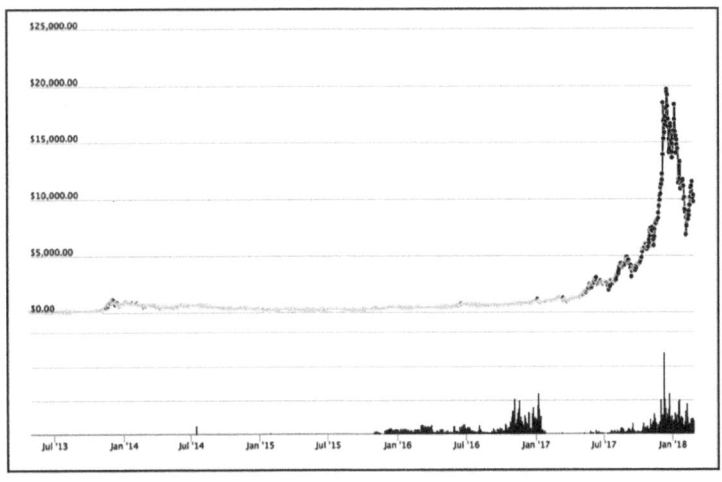

Source : Coingecko.com

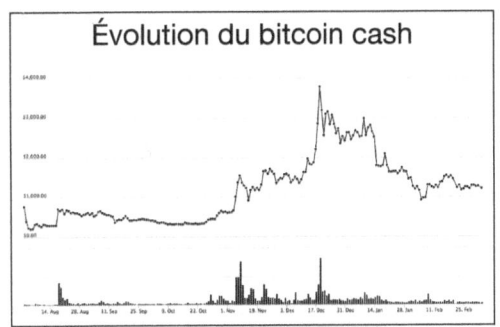

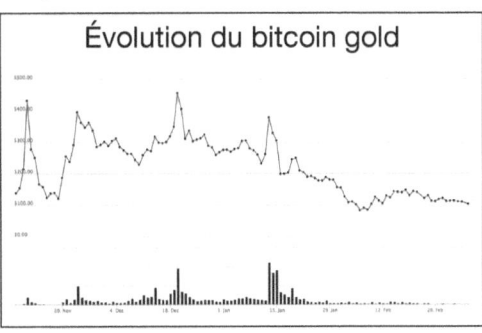

Chapitre 1

2011
Le litecoin (LTC)
Son créateur, Charles Lee, ancien employé de Google, met au point son propre code à partir du principe et du code source du bitcoin. Sa proposition est de marketer le litecoin comme une monnaie complémentaire au bitcoin, comme l'est l'argent pour l'or.

Il est prévu d'en miner 84 millions d'unités, soit quatre fois plus que le bitcoin. Une des cryptomonnaies les plus populaires, le litecoin challenge son aîné en matière de minage, de traitement des opérations et de capacité de stockage accrue, avec des frais de transaction bien plus faibles, « proches de zéro ». Il est ainsi particulièrement destiné aux transactions quotidiennes, d'autant plus qu'il permet les paiements instantanés. Le litecoin se positionne donc comme un réseau de micro-paiement mondial open source, entièrement décentralisé et sans autorité centrale.

Afin d'éviter les conflits d'intérêt et améliorer la gouvernance du réseau, Charles Lee décide le 20 décembre 2017 de vendre tous ses litecoins, mais il continue de développer le projet.

Évolution du cours du litecoin

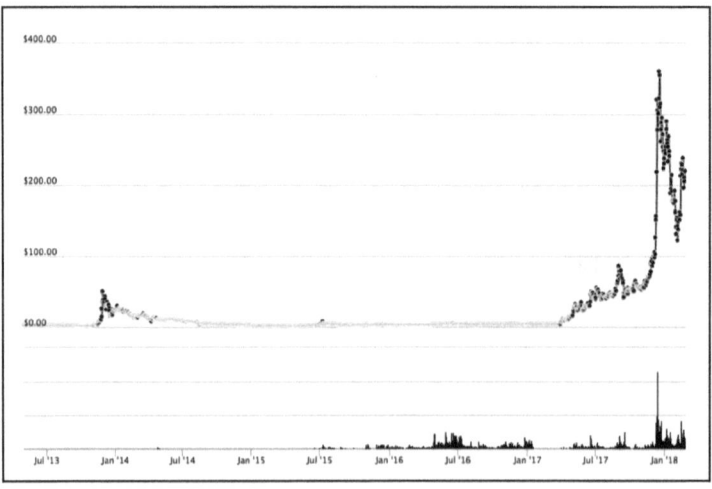

Source : Coingecko.com

2012
Le ripple (XRP)

Société fondée en 2004 par Ryan Fooger à Vancouver puis reprise en 2011 par le programmeur Jed McCaleb – créateur notamment du Stellar Lumens, d'eDonkey et de Mt. Gox, dont nous reparlerons – et par l'investisseur Chris Larsen pour développer le projet « Open Coin ». Le protocole Ripple ou Ripple Net est donc lancé en 2012 afin de permettre des « transactions financières mondiales sécurisées, instantanées et presque gratuites, de toute taille sans rejets de débit ».

Il fonctionne comme un réseau d'échange d'actifs acceptant les monnaies fiduciaires, les cryptomonnaies, les matières premières, etc., ce qui en fait une solution de choix pour les banques – en octobre 2017, la société annonce avoir conclu des partenariats avec une centaine d'institutions financières –, mais provoque le rejet de la part des défenseurs des libertés individuelles et des monnaies cryptées alternatives. En effet, le ripple est aussi une cryptomonnaie pré-minée, dont la gouvernance est privée. Elle fait aussi polémique compte tenu du montant d'unités que se sont réservées les dirigeants.

Évolution du cours du ripple

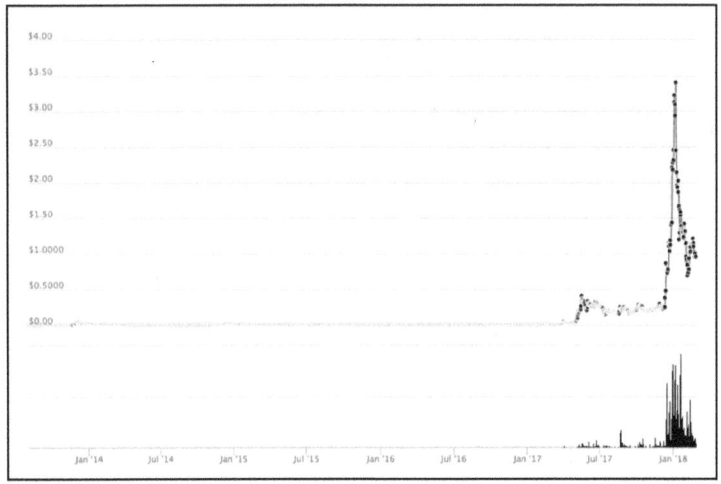

Source : Coingecko.com

2013
Le dogecoin (DOGE)

Billy Markus (ingénieur IBM, USA) et Jackson Palmer (Marketing Adobe, Australie) commencent leur aventure en parodiant le développement des cryptomonnaies avec le mème du doge représentant un shiba inu, race de chien originaire du Japon, repris comme logo par Dogecoin. Ils se voient encouragés par le Front Range Community College pour en faire une réalité.

Leur projet est basé sur le luckycoin, utilisé dans des jeux vidéo et lui-même adossé au litecoin.

Dogecoin a l'une des plus larges communautés de développeurs motivés et impliqués sur des projets au-delà des objectifs d'une cryptomonnaie, notamment les opérations de « fundraising », dont une collecte afin que l'équipe de bobsleigh de la Jamaïque participe aux JO d'hiver de 2014, un projet au Kenya avec Doge4Water, la course de stock-car Nascar, etc.

La priorité du dogecoin est les micro-paiements. Aussi, afin de maintenir un prix très bas, le volume initial d'émission porte sur cent milliards d'unités, incrémentées de cinq millions de dogecoins par an. Les blocs de transaction et clés de sécurisation sont traités en moins d'une minute, contre une dizaine pour le bitcoin.

Évolution du cours du dogecoin

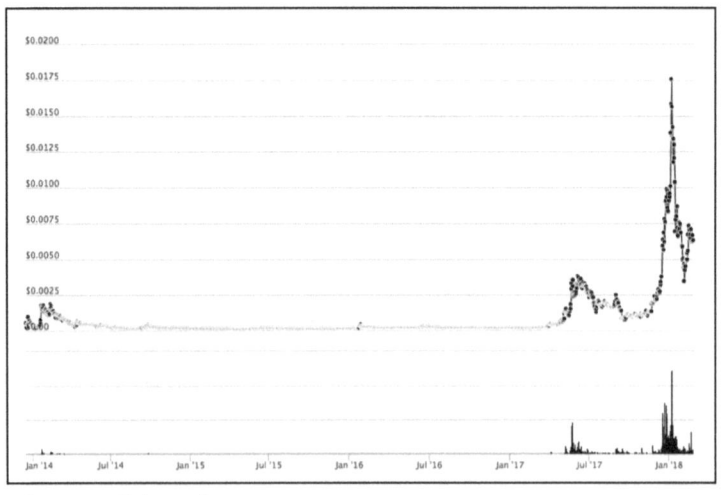

Source : Coingecko.com

2014

1) Le dash (DASH)

Le darkcoin est renommé « dash » en 2015, pour des raisons évidentes de marketing, à partir des termes « digital » et « cash ». Dash part du code de base du bitcoin. L'idée est de développer une monnaie valant « argent liquide numérique » et aussi rapide que le cash. Les transactions sont anonymes et le temps de confirmation se situe en dessous de 2,5 minutes.

Son créateur, Evan Duffield, publie un communiqué le 26 juin 2017, dont voici un extrait : « Nous construisons un réseau financier mondial capable de mettre l'argent de chaque individu sous son contrôle direct, sans intermédiaires. Nous bâtissons Dash Evolution parce que nous croyons qu'il répond à un besoin et qu'il sera une richesse pour la société. Nous ne le construisons pas pour devenir riches. N'ayant pas de motivations de profit à court terme, nous ne devons pas mettre de manière précipitée un produit inachevé sur le marché. »[17]

Cette cryptomonnaie intègre des fonctions d'anonymat qui ne sont pas disponibles sur le bitcoin et permet l'envoi instantané de fonds. C'est l'une des rares grandes cryptomonnaies dont le système de gouvernance et le budget sont entièrement décentralisés.

Attention à ne pas confondre le dash et le dashcoin, également lancé en 2014, une cryptomonnaie totalement différente, dont la technologie est basée sur CryptoNote, comme le monero ci-dessous. En terme de valorisation et d'utilisation, les deux cryptomonnaies sont sans comparaison, le dashcoin n'atteignant pas même une capitalisation totale de 700 000 $. Il y a encore d'autres variantes de cryptomonnaies à partir du mot « Dash », comme pour la plupart d'entre elles, donc il vaut mieux être attentif lorsqu'on décide d'investir (ou de miner) dans ce domaine.

---

17. www.dashfrance.com

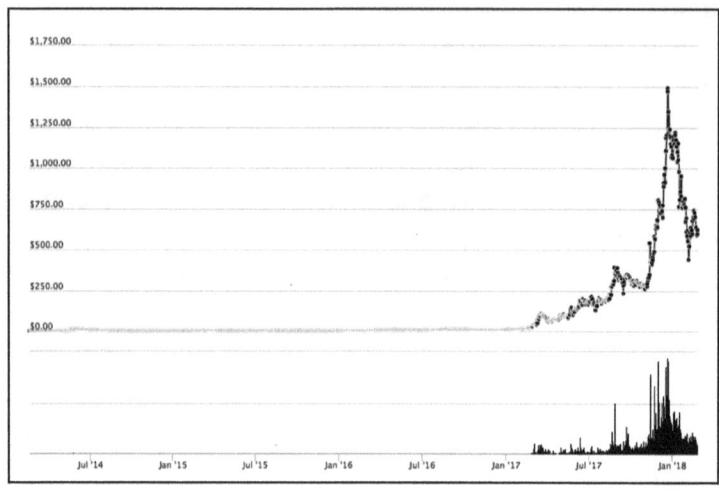

Évolution du cours du dash

Source : Coingecko.com

2) Le monero (XMR)

« Monero » signifie « pièce » en esperanto. Il est adossé à une blockchain (CryptoNote) publique et anonyme, à la différence du réseau bitcoin, qui fonctionne avec des pseudonymes. L'adresse de départ, le montant de la transaction et l'adresse d'arrivée sont masqués. Pour chaque transaction sont utilisées des clés furtives publiques à usage unique composées d'une « public send key », clé publique pour protéger l'envoi, et d'une « public view key », pour visualiser la transaction. La visualisation du montant peut être partagée avec des tiers si l'expéditeur l'autorise. Pour assurer l'anonymat total de l'envoi, l'expéditeur utilise une « Ring Signature », signature cryptée en cercle, dont le montant est masqué par la fonction « Ring Confidential Transactions » (Ring CT). Le principe consiste à mélanger l'opération avec des transactions fausses créées à cet effet et d'autres bien réelles, afin de contrer les attaques potentielles.

La responsabilité et l'engagement de cette communauté est de ne pas faire de compromis en ce qui concerne la vie privée et de redonner aux individus le contrôle de leurs informations personnelles. De nouvelles évolutions technologiques sont annoncées, y compris pour rendre les échanges plus rapides.

Évolution du cours du monero

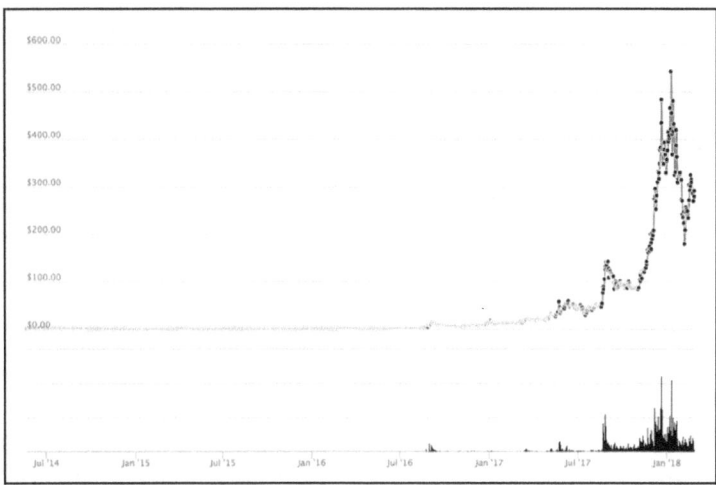

Source : Coingecko.com

Une cryptomonnaie solaire et orbitale

Se situant autour de la 400ᵉ place en terme de capitalisation, le SolarCoin (SLR) figure dans notre présentation, car, outre son engagement environnemental, son modèle peut inspirer des États dans les scénarios géopolitiques que nous présentons au Chapitre 3.

Lancée en janvier 2014 par la Fondation SolarCoin, cette monnaie veut stimuler la production d'énergie solaire par les entreprises et les citoyens, en leur offrant en récompense 1 SLR pour chaque MWh produit. Pour en profiter, il faut fournir deux PoW (preuve de travail) : celle qui est habituelle dans le système des cryptomonnaies et une seconde, originale, qui est un certificat de production de MWh vérifié par un tiers.

La distribution de solarcoins est programmée pour durer quarante ans et atteindre la production de 97 500 TWh d'électricité solaire. À ce jour, sur les 97,5 milliards de solarcoins prévus, 4 177 668,6 ont été distribués dans cinquante-huit pays sur les cinq continents :

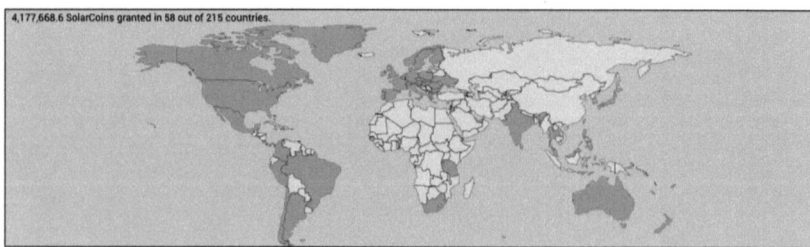

Source : www.solarcoin.org

La Fondation signe un partenariat en septembre 2016 avec Cloud Constellation, une société de stockage de données à haute vitesse sur un réseau de satellites en orbite basse, afin de sécuriser l'ensemble du système. Le déploiement est prévu pour 2018, faisant du solarcoin « la première monnaie orbitale ».

Signalons enfin que le solarcoin bénéficie de la reconnaissance de l'Agence internationale de l'énergie renouvelable (Irena), qui compte cent cinquante États membres. C'est la première cryptomonnaie à recevoir un tel privilège de la part d'une institution internationale. Le principe du solarcoin pourrait être utilisé pour de nombreux autres projets environnementaux.

Évolution du cours du solarcoin

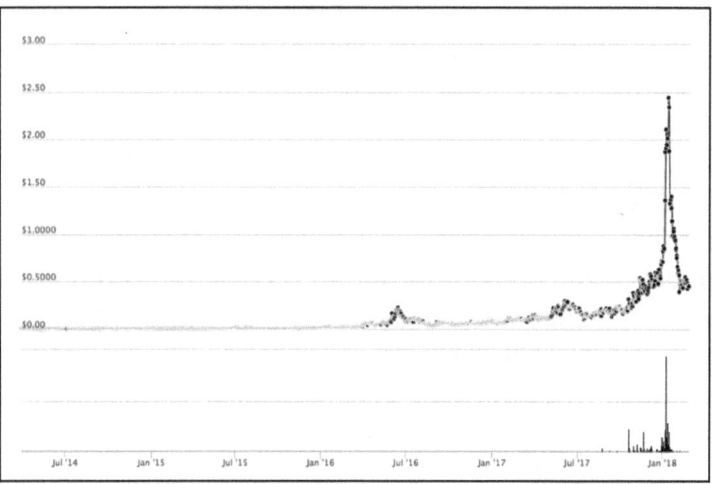

Source : Coingecko.com

2015
1) L'ether (ETH)

Il est la première monnaie basée sur une blockchain de deuxième génération, l'« Ethereum », c'est-à-dire qui inclut la création de smart contracts. Elle est lancée en juillet 2015 par le russo-canadien Vitalik Buterin – il a dix-neuf ans en décembre 2013 quand il publie son livre blanc.

Un piratage en 2016, qui permet à ses auteurs de récupérer une partie des fonds levés pour financer le projet, aboutit à la création de deux blockchains et deux cryptomonnaies distinctes : l'ether (ETH) et une version non officielle intitulée l'« ether classique » (ETC).

L'ether se positionne aujourd'hui comme la deuxième cryptomonnaie en terme de total de capitalisation, après le bitcoin ; l'ETC est loin derrière.

L'une des originalités du protocole d'Ethereum est sa capacité à révolutionner le rôle des tiers de confiance traditionnels (notaires, avocats...) lors de transactions portant sur des actifs. Les smart contracts, efficaces et rapides, règlent en quelques secondes des opérations classiques avec la garantie d'une exécution sans faille.

L'entreprise de Vitalik Buterin connaît depuis sa création une progression fulgurante grâce à ses centaines d'applications décentralisées (DApps ou dApps) : tandis que la Bitcoin Blockchain est destinée uniquement aux devises, Ethereum permet aux développeurs de créer tous types d'applications dans tous les domaines, comme la signature digitale, le management de droits d'auteurs ou de royalties, les plateformes de crowdfunding, la livraison de titres boursiers, les médias sociaux, les jeux en ligne, la gestion de recharge de voitures électriques, etc.

En mai 2017 est créée l'Enterprise Ethereum Alliance, qui comprend plus de cent membres, dont des institutions et de grandes sociétés telles que Toyota, Samsung, Microsoft, Intel, J.P. Morgan, ING, MasterCard, etc.

Évolution du cours de l'ether

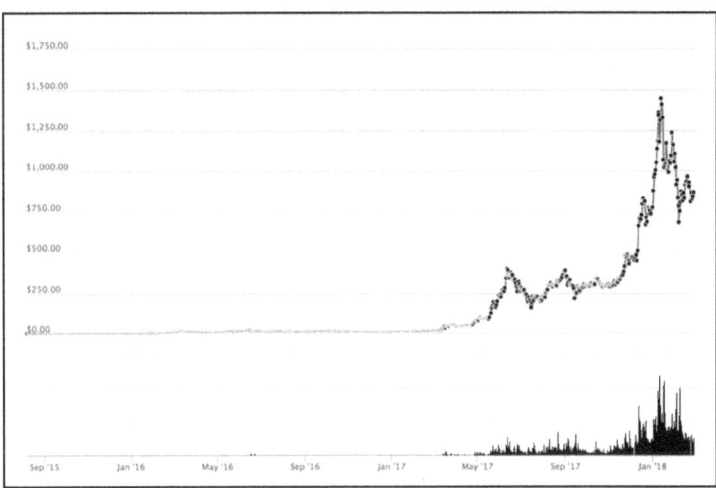

Source : Coingecko.com

2) Le tether

Lancé en novembre 2015, le projet s'appuie sur la société Tether, incorporée à Hong Kong et présente aux États-Unis, et des liens proches avec la principale plateforme d'échanges au monde, Bitfinex, basée aussi à Hong Kong – elle réalise jusqu'à 40 % des transactions mondiales sur le bitcoin. À l'origine positionné sur la Blockchain Bitcoin, le tether rejoint le système Litecoin en juin 2017.

Tandis qu'il ne se situe qu'entre le 15e et le 20e rang dans les classements des cryptomonnaies par total de capitalisation, la raison principale pour laquelle nous le présentons est qu'il offre une particularité (quasiment) unique dans le monde des cryptomonnaies : selon ses créateurs, chaque tether émis correspond à un dollar US dans leur caisse. Comme il y en a un peu plus de 2,2 milliards en circulation, cela signifie qu'ils ont plus de 2,2 milliards $ en réserve. De sérieux doutes apparaissent toutefois à partir de fin janvier 2018 sur la réalité de ces actifs – nous en reparlerons ci-dessous.

L'objectif premier du tether est de faciliter les transactions entre les plateformes d'échanges, c'est pourquoi la parité est fixée à 1 tether = 1 dollar.

Évolution du cours du tether

Source : Coingecko.com

2016
Le neo (NEO, ANS ou ANC)
Qualifié d'« Ethereum chinois », il est à la fois une blockchain à la technologie décentralisée et une cryptomonnaie. L'histoire commence en février 2014 sous le nom d'AntShares (ANS), la première blockchain open source développée en Chine.

Da Hongfei, son fondateur, qualifie Neo de « réseau ouvert pour une économie publique », qui fait le compromis entre une technologie d'échange décentralisé (DEX) et une solution de smart contracts 100 % compatible avec les régulations bancaires et les lois nationales, en réintroduisant le tiers de confiance distribué autorisé à valider les transactions. L'ambition est d'intégrer tous les échanges de l'économie et du commerce sur un même protocole où la déclaration d'identité, l'autorisation des deux parties et la validation des transactions est obligatoire. Le système peut supporter jusqu'à dix mille transactions par seconde.

En ce qui concerne la cryptomonnaie, cent millions de neos ont été créés, dont soixante-cinq millions sont en circulation.

Évolution du cours du neo

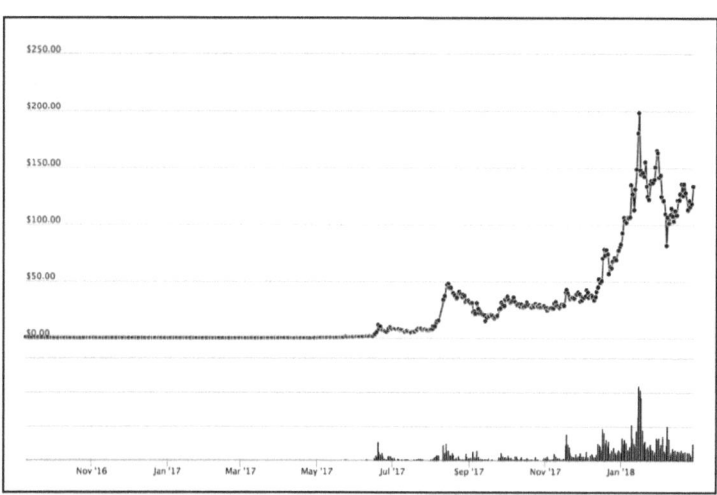

Source : Coingecko.com

2017
L'iota (IOTA ou MIOTA)
Créé en 2015 par David Sonstebo, Sergey Ivancheglo, Dominik Schiener et Serguei Popov, mais définitivement ouvert au public après deux ans de test, l'iota présente plusieurs particularités, qui en font une nouvelle révolution de la blockchain : alors que l'ether est tourné vers les smart contracts, il est lié aux objets connectés ou « IoT », pour « Internet of Things », l'internet des objets.

Sa technologie (« le Tangle »), utilisant le concept de « graphe dirigé acyclique » (DAG), différent de la blockchain, offre des transactions gratuites, un délai de confirmation rapide et un nombre illimité d'opérations simultanées.

Supervisé par la IOTA Foundation, installée à Berlin, le système est proposé en partenariat à différentes multinationales impliquées dans l'internet des objets (Volkswagen, Deutsche Telekom, Microsoft, Samsung, Fujitsu...), leur permettant des applications au-delà de la monnaie digitale, telles que la sécurisation de données numériques, le développement de réseaux de recharge de véhicules électriques, le vote électronique, etc.

L'iota est pré-miné à 2 779 530 283 unités, ce qui signifie qu'il n'y a pas de minage et qu'il n'y aura pas de nouvelle émission. Sa capitalisation le place dans les dix premières cryptomonnaies.

Évolution du cours du iota

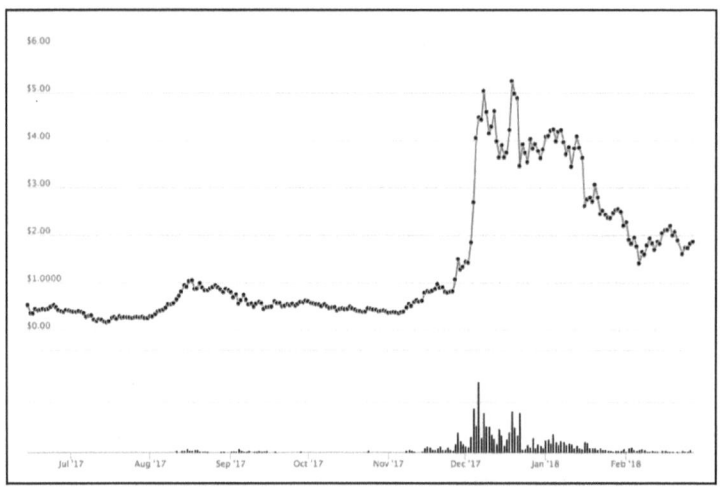

Source : Coingecko.com

Cryptomonnaies des GAFA

Il paraît logique que les quatre géants du web – Google, Apple, Facebook et Amazon – aient pu s'intéresser aux cryptomonnaies ; pour l'instant, ils sont plutôt passés à côté de cette révolution.

Google
Aucune annonce n'a été faite par la société sur un projet de création de cryptomonnaie, ce qui ne signifie pas pour autant qu'elle n'étudie pas le sujet.

Apple
La société s'est orientée vers les moyens de paiement et a créé le système ApplePay, qui n'est en rien une cryptomonnaie.

Facebook
Le géant des réseaux sociaux s'intéresse aux paiements depuis quelques années, mais sans initiative et projet majeurs, et n'a rien développé dans le domaine particulier des cryptomonnaies.
Le sujet apparaît toutefois dans les missions que Mark Zuckerberg (se) fixe pour Facebook en 2018, en déclarant au sujet de la cryptographie et des cryptomonnaies « qu'elles viennent avec le risque d'être plus difficiles à contrôler. Je suis intéressé à approfondir et étudier les aspects positifs et négatifs de ces technologies, et comment les utiliser au mieux dans nos services ».[18]
Est-il étonnant de sa part que la notion de « contrôle » soit si présente dans son court texte, ce qui est pourtant à l'opposé du principe même des cryptomonnaies ?
Le 30 janvier, la société annonce qu'elle bannit désormais toutes les publicités concernant les cryptomonnaies et les ICO. Pour mieux introduire les siennes plus tard ?

---

18. Mark Zuckerberg's personal challenge for 2018: Fix Facebook, Michelle Castillo, CNBC, 4/01/2018.

> **Amazon**
> Lancée en mai 2013, l'Amazon Coin vaut un centime de dollar et ne permet d'acheter à partir d'une application ou de l'Amazon Appstore que des logiciels pour les appareils Kindle, Kindle Fire et Android.
> Dans les faits, il s'agit plutôt d'un coupon ou d'un chèque cadeau valable sur Amazon.com : l'Amazon Coin n'a pas les attributs d'une monnaie, sa fonction principale étant plutôt de renforcer sa communauté par un sentiment d'appartenance tout en proposant des solutions alternatives de paiement et de fidélisation. L'Amazon Coin est donc plus à ranger dans la catégorie du marketing de permission, qui permet d'obtenir avec le consentement du client plus de données personnelles, et il ne peut donc pas être considéré comme une cryptomonnaie.

Voici maintenant le tableau au 20 décembre 2017 d'une vingtaine de ces cryptomonnaies, classées par ordre alphabétique et présentant le nombre d'unités émises, le cours en dollar, leur capitalisation, c'est-à-dire le prix unitaire en dollar multiplié par la quantité d'unités émises, ainsi que le nombre de transactions moyen par heure et le montant moyen des frais de transaction :

(au 20/12/17)	Quantité	Prix unitaire (USD)	Capitalisation (USD)	Nombre de transactions moyen par heure	Montant moyen des frais de transaction (USD)
Auroracoin (AUR)	15 699 286	1,46	22 908 103	26	0,0012
Bitcoin (BTC)	16 740 136	17 295,80	289 534 428 769	16 682	32,07
Bitcoin Cash (BCH)	16 853 192	3 208,47	54 073 019 516	4 241	0,274
Bitcoin Gold (BTG)	16 803 588	371,62	6 244 544 339	336	0,072
Blackcoin (BLK)	76 558 064	0,568	43 447 153	98	0,0023
Dash (DASH)	7 765 747	1 285,74	9 984 695 743	701	0,696
Dogecoin (DOGE)	112 359 106 384	0,0055	621 601 777	1 223	0,0091
Ethereum (ETH)	96 455 281	816,66	78 770 716 050	43 854	1,25
Ethereum Classic (ETC)	98 758 749	40,28	3 978 004 368	2 207	0,032
Feathercoin (FTC)	176 733 190	0,441	77 998 446	43	0,0087
Litecoin (LTC)	54 389 058	330,86	17 995 223 786	5 963	0,366
Megacoin (MEC)	36 464 050	0,069	2 530 998	3	0,00074
Monero (XMR)	15 501 165	408,10	6 326 009 370	406	7,42
Namecoin (NMC)	14 567 757	4,27	62 202 427	14	0,042
Novacoin (NVC)	2 037 813	8,21	16 731 177	9	0,01
Peercoin (PPC)	24 524 669	6,13	150 286 294	49	0,071
Quarkcoin (QRK)	253 410 498	0,015	3 717 606	8	-0,63
Reddcoin (RDD)	28 699 565	0,003	86 316 677	154	0,00072
Vertcoin (VTC)	42 120 850	8,70	366 512 785	275	0,029
Zcash (ZEC)	2 875 100	599,02	1 722 234 469	535	0,000054

Source : BitInfoCharts.com

Chapitre 1

Si nous prenons les capitalisations au-dessus de cinq milliards $ au 1er janvier 2018, c'est-à-dire douze jours plus tard, nous obtenons le tableau suivant, soit dix-huit monnaies :

Symbole	Nom	Cours (US$)	Quantité	Capitalisation (US$)
BTC	Bitcoin	13 817	16 775 462	220 312 641 500
XRP	Ripple	2,02	38 739 144 847	73 159 871 770
ETH	Ether	743	96 703 227	71 379 299 630
BCH	Bitcoin Cash	2 349	16 887 750	38 832 048 390
XOT	IOT	1 382	21 000 000	27 579 037 340
ADA	Cardano	0,70	25 927 070 538	17 372 332 400
IGNIS	IGNIS	15,25	1 000 000 000	14 490 952 200
BCC	Bitcash	403	6 191 512	14 169 587 690
LTC	Litecoin	224	54 567 733	12 111 896 117
YBC	YbCoin	3 993	3 020 627	11 464 938 271
DSH	Dashcoin	624	17 574 970	10 416 964 270
SPOTS	Spots	10,75	1 000 000 000	10 214 190 750
MIOTA	IOTA	3,45	2 779 530 283	9 596 427 563
XEM	NEM	1,07	8 999 999 999	8 900 234 100
DASH	DigitalCash	1 025	7 787 993	7 737 359 482
XLM	Stellar Lumens	0,43	17 858 969 367	7 270 796 524
ALP	Alpcoin	1,38	4 084 224 205	5 363 806 126
XMR	Monero	330	15 546 731	5 108 461 207
		Total capitalisation (en US$)		565 480 845 330

Source : CryptoCoinCharts.info

Nous constatons que le bitcoin perd 70 milliards $ de capitalisation sur ces douze jours et l'ether 7 milliards $, le ripple devenant la deuxième capitalisation. Sur les 565 milliards $ de ces dix-huit devises virtuelles, le bitcoin en représente presque 40 %.

CryptoCoinCharts propose également un graphique qui permet de visualiser les achats en volume des différentes cryptomonnaies. Ainsi, le 1er janvier, le nombre de transactions en ethers et en ripples est assez proche de celui des bitcoins. En revanche, la comparaison est sans commune mesure pour les transactions en valeur, compte tenu du cours du bitcoin.

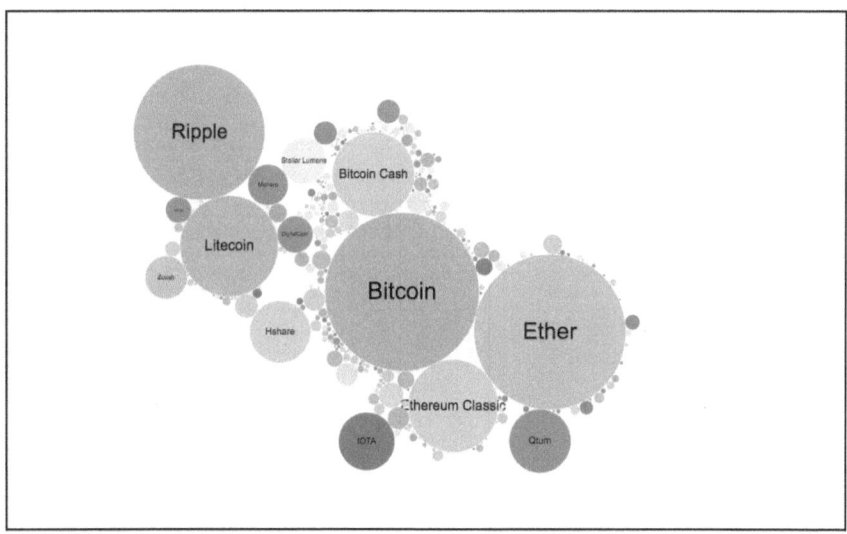

Source : CryptoCoinCharts.info

Des valeurs hautement spéculées et spéculatives
Les tableaux ci-dessus montrent que la capitalisation des principales cryptomonnaies atteint des sommes qui peuvent paraître délirantes pour des biens qui n'ont d'autre existence que virtuelle. Ainsi, au 20 décembre 2017, la capitalisation du bitcoin approche les 300 milliards $ et celle de l'ether se dirige vers les 80 milliards $.

Dix jours plus tard, soit le 1ᵉʳ janvier 2018, la capitalisation du bitcoin a chuté à 220 milliards $ et celle de l'ether n'est plus « que » de 71 milliards $.

La situation au 10 février est encore pire : tandis qu'au 1ᵉʳ janvier, il y a encore dix-huit monnaies dont la capitalisation dépasse 5 milliards $, elles ne sont plus que quatorze quarante jours plus tard. Quant au total de la capitalisation des dix-huit premières, il est passé de 565,5 milliards $ à 378,5 milliards $, soit une chute de 187 milliards $ et 33 % en un mois et dix jours :

Nom	Cours ($)	Quantité	Capitalisation ($)
Bitcoin	8 835	16 856 075	146 801 676 888
Ether	875	97 524 814	85 164 759 700
Ripple	1,08	39 009 215 838	42 157 767 053
Bitcoin Cash	1 275	16 959 675	21 477 891 531
Bitcash	1 281	9 217 556	11 640 164 762
Cardano	0,40	25 927 070 538	10 328 136 913
Litecoin	161	55 152 333	8 806 654 901
Stellar Lumens	0,41	18 432 206 941	7 485 430 229
Neo	126	65 000 000	7 331 461 823
Eos	9,43	659 643 398	6 132 112 476
Iota	1,98	2 779 530 283	5 494 805 726
Nem	0,62	8 999 999 999	5 184 186 507
DigitalCash	650	7 875 512	5 070 219 057
Monero	256	15 704 812	4 009 971 660
Lisk	28,97	117 913 528	3 267 920 410
Tron	0,05	65 748 192 475	3 229 513 222
Netcoin	3,20	787 126 712	2 485 528 549
Ethereum Classic	24,52	99 750 666	2 450 979 498
Total capitalisation (en US$)			378 519 180 905

Source : CryptoCoinCharts.info

Panorama général des cryptomonnaies

Qui sait à combien le total de la capitalisation en sera lorsque vous lirez ce livre ? Le phénomène est général aux cryptomonnaies et ne touche pas que le bitcoin. CNBC explique, par exemple, le 18 janvier 2018, que « le ripple (XRP) a chuté de 74 % par rapport au sommet historique de 3,84 $ atteint le 4 janvier, effaçant 44 milliards $ des actifs de Chris Larsen, cofondateur et président exécutif de Ripple. (…) Au cours le plus haut du XRP, le 4 janvier, Larsen valait 59,9 milliards de dollars. Cela faisait de lui l'une des cinq personnes les plus riches des États-Unis, plus riche que les fondateurs de Google, selon le classement des milliardaires de *Forbes*. »[19] Désormais, au cours actuel, il ne « pèse » plus que... 15 milliards $. Voici d'ailleurs l'évolution de la capitalisation pour les monnaies figurant dans les tableaux au 1er janvier et au 10 février (la chute serait plus forte encore en prenant les données du tableau au 20 décembre) :

	Capitalisation (US$)		Évolution (en %)
	Au 01/01/18	*Au 10/02/18*	
Bitcoin	220 312 641 500	146 801 676 888	-33,4
Ripple	73 159 871 770	42 157 767 053	-42,4
Ether	71 379 299 630	85 164 759 700	19,3
Bitcoin Cash	38 832 048 390	21 477 891 531	-44,7
Cardano	17 372 332 400	10 328 136 913	-40,5
Bitcash	14 169 587 690	11 640 164 762	-17,9
Litecoin	12 111 896 117	8 806 654 901	-27,3
Iota	9 596 427 563	5 494 805 726	-42,7
Nem	8 900 234 100	5 184 186 507	-41,8
DigitalCash	7 737 359 482	5 070 219 057	-34,5
Monero	5 108 461 207	4 009 971 660	-21,5

La seule monnaie qui s'apprécie est l'ether, les autres chutent fortement en quarante jours.

---

19. *Ripple co-founder loses $44 billion on paper during cryptocurrency crash*, Evelyn Cheng, CNBC, 17/01/2018.

Le bitcoin, une chaîne de Ponzi ?

« Un système de Ponzi est un montage financier frauduleux qui consiste à rémunérer les investissements des clients essentiellement par les fonds procurés par les nouveaux entrants. Si l'escroquerie n'est pas découverte, elle apparaît au grand jour au moment où elle s'écroule, c'est-à-dire quand les sommes procurées par les nouveaux entrants ne suffisent plus à couvrir les rémunérations des clients. Elle tient son nom de Charles Ponzi, devenu célèbre après avoir mis en place une opération basée sur ce principe à Boston dans les années 1920. »[20]

Le cas le plus célèbre est sans doute Bernard Madoff, dont la fraude se situe autour de 65 milliards $. Arrêté en décembre 2008, il est condamné à cent cinquante ans de prison en juin 2009.

Sur le principe, le bitcoin ne correspond pas exactement aux critères d'un système de Ponzi pour les principales raisons suivantes :
- il n'y a pas de dividende ou de rémunération payé à des investisseurs ;
- il n'y a pas d'organisation centralisée qui détourne l'argent au sommet d'une éventuelle pyramide ;
- le bitcoin peut continuer de fonctionner même si aucun nouveau participant ne rejoint le système. Certes, cela peut avoir un impact sur les cours, mais il garde de la valeur tant qu'il est accepté comme moyen de paiement.

Cela ne signifie pas pour autant qu'il n'existe pas de fraude et de chaîne de Ponzi dans le monde des cryptomonnaies. Par exemple, la plateforme BitConnect, qui a créé sa monnaie BitConnect Coin (BCC), est suspectée par de nombreux experts d'être une chaîne de Ponzi, car elle annonce offrir un gain journalier de 1 % à ceux qui prêtent leurs BCC.[21] Aucun investissement pour le public ne peut garantir un tel rendement.

Voici ce qu'on peut lire sur la version en anglais de Wikipedia : « OneCoin est un système de Ponzi promu en tant que cryptomonnaie avec une blockchain privée. Il est dirigé par les sociétés offshore OneCoin Ltd (Dubaï) et OneLife Network Ltd (Belize), toutes deux dirigées par la Bulgare Ruja Ignatova. OneCoin a été décrit comme

---

20. Source : Wikipedia.
21. *BitConnect is a Ponzi scheme, ethereum and litecoin founders warn*, Mix, TheNextWeb.com, 12/2017.

un système de Ponzi, à la fois en raison de la façon dont il a été mis en place et à cause du fait que beaucoup de ceux qui en sont au centre ont déjà été impliqués dans de tels schémas. »

Au printemps 2016, la police chinoise enquête sur OneCoin, avant d'arrêter ses membres et de saisir l'équivalent d'une trentaine de millions de dollars.

L'Italie s'inquiète à son tour du cas OneCoin en décembre 2016 par le biais de l'Autorité garante de la concurrence et du marché (AGCM), qui, par voix de communiqué publié le 27 février 2017, ordonne l'arrêt de toutes activités liées à cette cryptomonnaie.[22]

Puis ce sont les autorités allemandes, indiennes, bulgares, scandinaves, etc. qui procèdent à des saisies, des arrestations, au minimum à des mises en garde et des interdictions.

Le 16 juin 2017, Ruja Ignatova déclare que OneCoin dispose d'une autorisation légale d'exercer émise par le gouvernement vietnamien. En fait, le document s'avère un faux.[23]

Certaines plateformes n'hésitent pas à tromper le public, comme BitKRX en Corée du Sud, qui utilise faussement le sigle KRX pour Korea Exchange, c'est-à-dire la bourse de Séoul, dans le but de faire croire que ses opérations ont été créées par les autorités boursières !

Les pouvoirs publics coréens interviennent également mi-décembre dans le dossier Mining Max, une société de minage ayant son siège à Las Vegas et des installations à Séoul. Vingt-une personnes, dont le président, actuellement en fuite et recherché par Interpol, « sont accusées d'avoir détourné environ 250 millions de dollars auprès de 18 000 investisseurs dans cinquante-quatre pays, dont les États-Unis, la Corée du Sud, la Chine et le Japon »[24]. Le système correspond typiquement à une chaîne de Ponzi, car il faut payer pour devenir affilié et en faire signer d'autres pour recevoir des récompenses.

Nous ne pouvons donc que recommander la prudence à ceux qui veulent investir dans les cryptomonnaies, sous quelque forme que ce soit, y compris les ICO, qui peuvent s'avérer complètement reposer sur du... vent.

---

22. *Vendite piramidali: Antitrust sospende la promozione della criptomoneta OneCoin da parte di One Life*, ACGM, 27/02/2017.
23. *OneCoin Vietnamese regulatory document forged, govt says*, Behind MLM, 21/06/2017.
24. Yonhap News Agency, reprise dans *Multimillion Dollar Cryptocurrency Scam By Mining Max Busted In South Korea*, Himanshu Goenka, *International Business Times*, 20/12/2017.

Chapitre 1

Que peut-on payer avec des bitcoins ?
La réponse est désormais facile : presque tout, en tout cas dans les pays où il n'est pas interdit. Cela va des services publics aux sites marchands, des dons aux ONG aux produits de luxe, la liste ne cesse d'une part de s'allonger et d'autre part de s'étendre à d'autres cryptomonnaies.

Par exemple, surfant sur la vague, le concessionnaire de voitures de sport MoonLambos affiche sur son site le slogan suivant : « La première destination pour les supervoitures exotiques qui traite exclusivement en cryptomonnaie. » Ainsi, les heureux propriétaires de bitcoins peuvent s'acheter leur Lamborghini, Ferrari ou Aston Martin pour des sommes variant entre 10 et 50 unités.

Du côté des causes à défendre, beaucoup d'ONG acceptent désormais les dons en bitcoins et autres cryptomonnaies, le site de financement participatif bulgare Bithope s'étant même spécialisé dans le financement de campagnes avec ce nouveau moyen de paiement. De plus en plus de plateformes, Coinbase par exemple, ne font pas payer les frais de transaction pour les dons aux ONG, ce qui n'est pas le cas de Paypal, par exemple, qui prend sa part sur chaque transaction. L'IRS, le service fiscal des États-Unis, considère que les dons payés en bitcoin sont aussi déductibles des impôts.[25]

Des plateformes de transaction
Il suffit d'un ordinateur et d'une connexion internet ou d'un smartphone pour acheter et vendre des cryptomonnaies, en se connectant à des plateformes spécialisées. Toutes traitent le bitcoin et d'autres de ses concurrents, parfois jusqu'à plus de deux cent cinquante, mais elles n'acceptent pas forcément toutes les devises en moyen de paiement.

Il existe des dizaines de plateformes d'échanges dans le monde, qui, parfois, couvrent plusieurs pays ou zones géographiques. Voici une liste non exhaustive pour les trois premiers pays en termes de volumes : Coincheck, Bitflyer, Zaif, SBI Virtual Currencies au Japon ; Coinbase/GDAX, Poloniex, Gemini, Kraken aux États-Unis ; Bithumb, Korbit, Coinis en Corée du Sud...

De nombreuses plateformes ont développé des spécificités qui les distinguent de leurs concurrentes, par exemple Localbitcoins.com, fondée en Finlande en 2012, permet les échanges entre particuliers du monde entier, selon le principe de la petite annonce. Les paiements sont laissés à la convenance des parties, et lorsque la transaction est réalisée, les cryptomonnaies sont conservées sur le compte de l'acquéreur ou transférées sur un portefeuille de son choix.

---

25. *Transforming the Social Sector: Bitcoin and Blockchain for Good*, Paul Lamb, *Huffington Post*, 19/09/2017.

Chapitre 1

Le site CryptoCoinCharts.info indexe 125 plateformes classées par le volume d'échanges de cryptomonnaies en valeur US$. Voici le tableau des vingt premières au 1er janvier 2018 à 18 h 00 (heure de Paris) :

Plateformes	Trading Pairs	Volume en $ (sur 24 h)	Quantité BTC (sur 24 h)
Bitfinex	16	1 889 594 933	145 322
Coinone	6	1 124 157 662	86 455
Bittrex	264	689 690 393	53 042
Bitstamp	11	651 664 561	50 117
Coinbase GDAX	10	646 038 391	49 685
Poloniex	97	629 982 566	4 845
HitBTC	246	467 234 909	35 933
Kraken	47	429 798 754	33 054
ACX	6	258 101 808	1 985
Gemini	3	190 036 058	14 615
Bithumb	11	161 798 194	12 443
CEX.IO	25	153 390 861	11 797
Quoine	24	122 070 820	9 388
Korbit	4	106 548 239	8 194
bitFlyer	3	105 415 307	8 107
Binance	7	93 818 393	7 215
Liqui	167	71 462 594	5 496
EXMO	39	70 568 263	5 427
YoBit	767	68 119 971	5 239
BTC-e / WEX	26	57 389 952	4 414

Le système n'étant pas centralisé, il peut y avoir des écarts importants dans le cours du bitcoin, en fonction des pays, ainsi que le montre ce tableau :

Plateformes	Cours en US$
Bithumb (Corée du Sud)	17 641,55
Bitstamp (Luxembourg)	13 311,71
GDAX (USA)	13 270,00
Golix (Zimbabwe)	19 810,1 – 21 000

(nous ne présentons pas les cours du bitcoin sur les plateformes japonaises, car ils sont libellés en yen, le change fausserait la comparaison.)

De manière générale, les cours en Corée du Sud sont supérieurs à ce qu'ils sont ailleurs, à l'exception du Zimbabwe, pour des raisons particulières que nous expliquons ci-dessous.

Du rôle des plateformes dans la fixation des prix

Les cours des cryptomonnaies diffèrent entre les plateformes, qui contribuent à leur fixation. Parfois, leurs pratiques génèrent des soupçons, ainsi que l'illustre ce cas présenté par Himanshu Goenka sur *International Business Times*[26] :

« Le bitcoin cash (BCH) a été créé le 1ᵉʳ août en tant que hard fork du bitcoin, et Coinbase a déclaré qu'il avait "surveillé le réseau bitcoin cash au cours des derniers mois" avant de décider de "permettre un support complet incluant la possibilité d'acheter, vendre, envoyer et recevoir". (...)

Tôt mardi, le prix du BCH se situait sous la barre des 2 200 $ et ne s'en est pas éloigné de la journée. Mais, dans la période qui a précédé l'annonce, il a commencé à se redresser et a semblé se stabiliser autour de 3 100 $, avant d'atteindre soudainement un sommet d'environ 8 500 $ (ce qui aurait pu être une erreur). Pendant environ une heure, le pic inhabituel a conduit Coinbase à suspendre

---

26. *Bitcoin Price Crashes After Coinbase Starts bitcoin Cash Trading*, Himanshu Goenka, *International Business Times*, 19/12/2017.

le trading sur le BCH, et le graphique des prix montre maintenant un pic d'un peu plus de 3 400 $ peu avant minuit. Le prix s'est de nouveau établi autour de 3 100 $, soit une augmentation de près de 40 % en moins de 24 heures.

D'un autre côté, le prix du bitcoin, qui avait dépassé les 19 000 $ en début de journée mardi, a connu une faiblesse pendant la journée et s'est effondré à 15 000 $ suite à l'annonce. La chute soudaine de plus de 20 %, combinée à la hausse des prix du BCH et au fait que Coinbase n'a pas averti ses utilisateurs à l'avance, a laissé la plateforme ouverte aux accusations de délit d'initié. »

Elle se défend en expliquant que ses employés sont interdits de trading sur le BCH depuis des semaines, ce qui ne convainc pas grand monde, car, vu de l'extérieur, cela peut s'apparenter à de la manipulation de cours. Comme cela arrive (parfois) à la bourse.

La donnée « capitalisation du marché » indiquée sur les plateformes peut aussi induire en erreur l'investisseur : elle est calculée en multipliant le cours par le nombre d'unités émises. Or, il ne correspond pas toujours au nombre effectif en circulation, ce qui peut générer un écart majeur. Nous le constaterons ci-dessous avec l'Islande et l'Auroracoin, qui, avant même le commencement de la distribution par airdrop, se classait au troisième rang des cryptomonnaies, juste derrière le bitcoin et le ripple, avec une capitalisation dépassant le milliard de dollars ! Tout est vite rentré dans l'ordre avec la chute du cours, mais il vaut mieux être vigilant sur les données présentées, d'autant plus qu'elles proviennent, la plupart du temps, de plateformes qui vivent... des transactions.

Attention à la facture d'électricité !

Au cours du bitcoin fin 2017, aussi amples que soient ses dernières fluctuations, il peut sembler excitant de se lancer dans le minage, puisque cette activité est rémunérée en bitcoins. Elle présente toutefois une charge à laquelle il faut prendre garde avant de démarrer : la consommation électrique. En effet, faire tourner l'algorithme exige énormément de calculs, donc d'énergie.

À titre d'exemple, un projet de financement participatif apparu sur la plateforme Indiegogo avant d'en être suspendu consistait à « créer l'une des plus grandes fermes de minage ». Les auteurs, originaires du Tadjikistan selon leurs indications, souhaitaient lever dix millions de dollars afin d'acheter le matériel de minage nécessaire (dont plus de 2 000 Antminer S9) pour générer dix-huit bitcoins en vingt-quatre heures, soit un peu plus de 500 dans le mois. Ainsi qu'ils l'indiquent, le calcul préliminaire de la consommation d'électricité se monte à 5 500 kW/h et 3 960 000 kW/mois, pour une facture mensuelle de 80 000 dollars ! Certes, au cours du bitcoin de l'époque, cela reste encore avantageux, à condition toutefois de réussir à miner la quantité prévue.

Le site spécialisé Digiconomist.net a créé le Bitcoin Energy Consumption Index, qui présente des données reliant consommation d'électricité et minage des bitcoins. En voici quelques-unes pour l'année 2017 :

Description	Valeur
Estimation de la consommation annuelle 2017 d'électricité pour les bitcoins (TWh)*	36,68
En % de la consommation mondiale d'électricité	0,16 %
Electricité consommée par transaction (kWh)	304,0
Nombre de Watts par GH/s*	0,273
Empreinte carbone annuelle (kt de CO_2)*	17 972
Empreinte carbone par transaction (kg de CO_2)	148,86

* 1 TWh (térawattheure) = un milliard de kWh
 1 GH/s = un milliard de hashes par seconde
 1 kt (kilotonne) = 1 000 tonnes

Chapitre 1

Le chiffre de 36,68 TWh n'est peut-être pas très significatif pour le lecteur peu averti, mais cela représente une consommation annuelle supérieure à celle de pays comme la Hongrie, le Danemark, l'Irlande, le Pérou, l'Algérie, etc. Si le bitcoin était un pays, il se classerait autour du 60e rang pour sa consommation d'électricité, plus de cent cinquante en consommeraient moins que lui. Sans compter que le tableau ne s'intéresse qu'au bitcoin et pas aux autres cryptomonnaies, cependant moins gourmandes en énergie.

La consommation d'électricité par pays
par rapport à celle pour miner les bitcoins

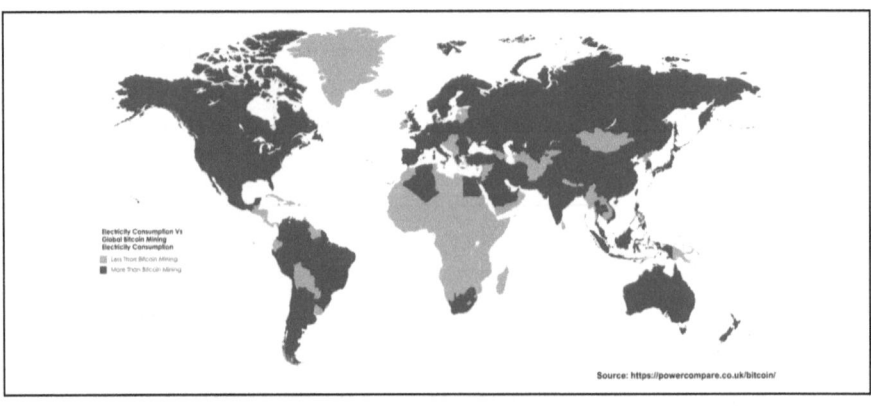

En clair, les pays consommant moins d'énergie
que le « pays » bitcoin

Au final, environ 0,16 % de la consommation annuelle mondiale d'électricité sert à miner les bitcoins, d'où cette énorme empreinte carbone.

Comparativement, l'ensemble des data centers consommerait plus de 3 % de l'électricité mondiale, avec une prévision à 6 % à l'horizon 2020, et les seules requêtes annuelles sur Google brûleraient autant d'électricité que le Laos, de l'ordre de 4 MWh.[27] Quant aux trois millions de distributeurs automatiques de billets installés dans le monde, ils utiliseraient de l'ordre de 6 MWh/an.

---
27. *Une recherche Google, c'est combien de CO_2 ?*, ConsoGlobe, 18/11/2016.

En conséquence, les pays souhaitant développer l'activité de minage de cryptomonnaies doivent d'abord bénéficier de ressources énergétiques abondantes et bon marché, ce qui en exclut un grand nombre – cette remarque est toutefois à relativiser compte tenu du cours actuel du bitcoin. En effet, même si les études montrent que produire un bitcoin coûte entre 60 et 400 $ d'électricité, en fonction des pays et des sources d'énergie, cela devient marginal aux cours atteints en 2017 : 400 $ représentent moins de 3 % du prix actuel de 14 000 $.

D'autant plus que les volumes de calculs ne cessant d'augmenter, non seulement la sociologie du mineur de bitcoin a changé au fil des ans, mais aussi les structures et leur stratégie. Les plus grandes sociétés de minage comptent désormais largement plus de 100 000 machines en fonctionnement permanent. Elles sont donc à même de rechercher les meilleures conditions d'exploitation sur la planète. C'est ce qu'illustre ce passage d'un article d'Investopedia :

« Au fil des années, les mineurs de bitcoin ont réduit leurs coûts énergétiques en déplaçant leur production vers la Chine, pays qui en représenterait 60 %. La majorité des mines de bitcoin chinoises sont situées dans la province du Sichuan, où domine l'hydroélectricité.

L'Islande, qui fournit de l'air de refroidissement naturel en provenance de l'Arctique pour les systèmes surchauffés et utilise l'énergie géothermique, est également un lieu privilégié pour les opérations de minage. [...] la société Genesis, qui a déplacé ses mines de la Chine vers l'Islande, estime qu'il en coûte 60 $ pour produire un bitcoin. »[28]

C'est une nouvelle forme de compétition entre les États sur laquelle nous reviendrons. En attendant, des projets durables commencent à voir le jour. Ainsi, une société de minage dans le Mannitoba, qui exploite trente mineurs sur une superficie d'environ 6 000 m^2, utilise la chaleur produite pour faire pousser des légumes et entretenir un bassin de huit cents poissons, dont les eaux retraitées sont riches en nitrates et servent d'engrais pour les plantes.[29]

---

28. *Do Bitcoin Mining Energy Costs Influence Its Price?*, Rakesh Sharma, Investopedia, 26/11/2017.
29. *How this greenhouse and fish farm operation is fuelled by bitcoin mining*, Samantha Samson, CBC News, 4/01/2018.

Chapitre 1

Géopolitique des distributeurs automatiques

Les cryptomonnaies peuvent être achetées sur des plateformes mais aussi dans des distributeurs automatiques créés spécialement à cet effet, processus souvent plus simple. Certains modèles permettent aussi de les vendre et d'en recevoir immédiatement le paiement.

Le site Coin ATM Radar[30] fournit plusieurs données, cartes et graphiques concernant l'installation de ces appareils dans le monde. À fin décembre 2017, il en recense 2 002, répartis ainsi dans soixante-un pays :

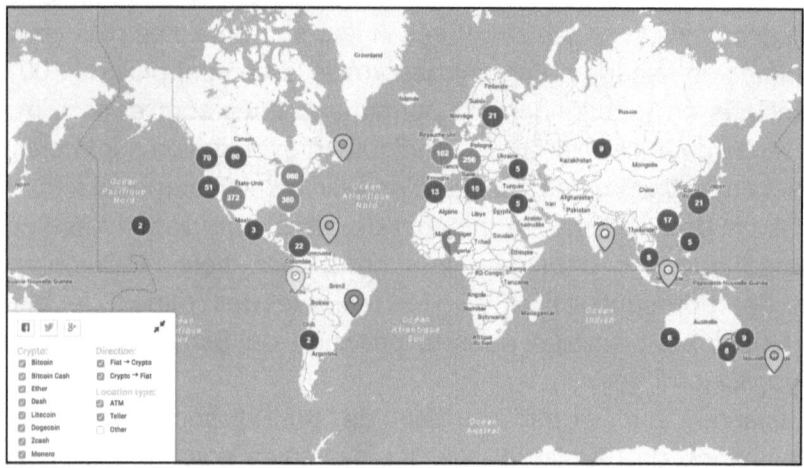

C'est donc l'Amérique du Nord qui en compte le plus, suivie de l'Europe, de l'Asie, de l'Océanie et de l'Amérique du Sud, l'Afrique n'en comptant pas encore :

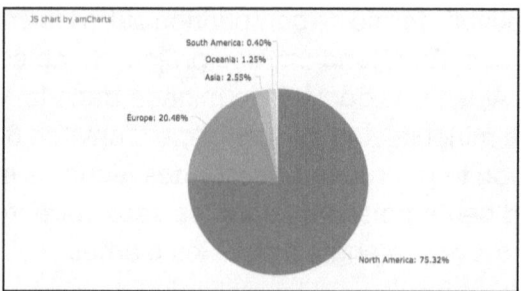

---

30. www.coinatmradar.com ; le site fournit de nombreuses informations très intéressantes, dont la localisation des distributeurs les plus près de l'endroit où l'on se trouve, avec les coordonnées, le type d'opérations réalisées, le montant des frais...

Panorama général des cryptomonnaies

Nombre de distributeurs installés par pays* (fin 2017)			
Etats-Unis	1 286	10	Hong-Kong
Canada	325	9	Slovénie
Royaume-Uni	105	7	Taïwan
Autriche	93	7	Panama
Espagne	38	6	Grèce
Australie	23	6	Rép. Dominicaine
Suisse	22	5	Roumanie
Rép. Tchèque	21	4	Vietnam
Finlande	21	4	Philippines
Italie	17	4	Macao
Pays-Bas	14	4	Kosovo
Slovaquie	12	4	Serbie
Mexique	12	4	Belgique
Japon	12	4	Croatie
Russie	10	4	Pologne

* Ne sont présentés que les pays comptant au moins quatre distributeurs. Ainsi, ne figurent pas dans le tableau ceux avec une seule machine installée comme la Chine, l'Indonésie, le Brésil, le Chili, le Pérou, la France, la Suède, le Portugal, l'Ukraine, l'Arabie saoudite, etc., ou ceux avec deux ou trois machines, comme la Corée du Sud, Singapour, Israël, la Norvège, le Danemark, l'Estonie, la Hongrie, la Bulgarie, la Colombie, le Kazakhstan...

Chapitre 1

Tout le parc de distributeurs traite le bitcoin, mais d'autres cryptomonnaies peuvent aussi être achetées :

Machines acceptant le :	En nombre	En %
Bitcoin	2 002	100,0%
Litecoin	664	33,1%
Ether	289	14,4%
Dash	156	7,8%
Bitcoin Cash	107	5,3%
Zcash	10	0,5%
Dogecoin	4	0,2%
Monero	1	0,1%

* Source : Coin ATM Radar (au 28/12/2017)

Toujours selon le site Coin ATM Radar à fin 2017 :
- bien qu'il y ait de nombreux fabricants de distributeurs de cryptomonnaies, les trois premiers se partagent plus de 75 % du nombre de machines installées ;
- sur les sept dernières journées de l'année 2017, il s'en installe en moyenne près de quatre par jour. Voici la courbe d'installation du parc, les premières machines étant apparues fin 2013 :

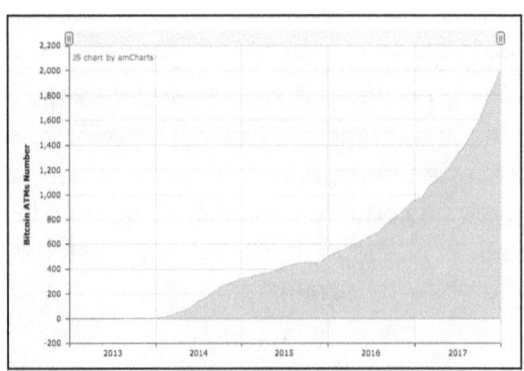

Il y a de fortes disparités géographiques dans le nombre de distributeurs automatiques installés, mais aussi dans les frais, ce dont témoignent deux installations en cours : 15 % au Nigeria contre 0,1 % à la Barbade.

La moyenne générale donne 9,36 % de commission. Les frais d'achat sont plus élevés, à 10,29 %, tandis qu'à la vente, ils sont de 6,65 % (rappel : tous les distributeurs automatiques ne permettent pas de vendre des cryptomonnaies, c'est pourquoi la moyenne des frais n'est pas égale à la somme des deux divisée par deux).

Actualisation : au 15 février 2018, Coin ATM Radar recense 2 248 distributeurs, soit 10 % de plus en un mois, localisés dans soixante-trois pays.

Attaques contre les plateformes
Avec la hausse vertigineuse du cours du bitcoin et d'autres cryptomonnaies, il était inévitable que les tentatives de hacking se multiplient. Dans le cas d'un système décentralisé où l'information est distribuée sur l'ensemble du réseau, un piratage direct de la blockchain est par nature impossible. En revanche, l'attaque dite « des 51 % » est possible : « Si une entité contrôle plus de 50 % de la puissance totale du réseau, elle peut alors [...] exclure des transactions et/ou en modifier l'ordre pendant toute la durée de l'attaque. En effet, tant qu'il possède plus de 50 % de la puissance de calcul du réseau, l'attaquant peut construire secrètement une chaîne plus longue que celle produite par le reste du réseau. Une fois rendue publique [...], la chaîne de l'attaquant prend alors la place de celle constituée par les mineurs honnêtes. »[31]

En dehors de ce cas de figure particulier, les pirates se concentrent plutôt sur les faiblesses de sécurité et les défaillances de code du côté des plateformes de change et des applications mobiles (portefeuilles numériques ou wallets), donc hors blockchain : « Il y a eu au moins trois douzaines d'attaques contre des plateformes de cryptomonnaies

---

31. *Qu'est-ce qu'une attaque des 51% ?*, Jean-Luc, Bitcoin.fr, 30/10/2016.

Chapitre 1

depuis 2011 ; par suite, beaucoup ont dû fermer. Plus de 980 000 bitcoins ont été volés, ce qui représenterait aujourd'hui 4 milliards de dollars. Peu ont été récupérés. Les investisseurs victimes ont été laissés à la merci des plateformes pour savoir s'ils recevraient une compensation. »[32] La plupart n'ont rien récupéré et ne récupéreront rien.

Voici quelques-unes des principales attaques par ordre chronologique décroissant :

- 20 décembre 2017 : la plateforme EtherDelta annonce qu'elle a subi une attaque DNS sur son serveur. Au minimum 308 ethers (environ 267 000 $) sont dérobés ainsi que l'équivalent de centaines de milliers de dollars en tokens ;

- 19 décembre 2017 : la plateforme sud-coréenne Youbit (anciennement Yapizon) annonce la cessation de ses activités à la suite d'une nouvelle attaque informatique : 17 % de ses actifs lui auraient été dérobés. Elle a déjà subi une attaque en avril, qui lui a coûté plus de 3 800 bitcoins, soit environ 35 millions $ au cours de l'époque. La compagnie déclare sur son site internet que ses clients peuvent d'ores et déjà récupérer 75 % de leurs avoirs ; le solde dépendra des résultats de la liquidation. Selon la South Korea's Internet and Security Agency (Kisa), qui mène l'enquête, ce sont des hackers travaillant pour la Corée du Nord qui sont à l'origine du premier vol. Aucune information n'est encore communiquée pour le second ;

- 6 décembre : la plateforme slovène NiceHash se fait hacker et dérober 4 700 bitcoins, soit l'équivalent de 80 millions $;

- 21 novembre : l'entreprise derrière la monnaie numérique tether déclare que près de 31 millions $ de ses tokens lui ont été dérobés deux jours plus tôt ;

- juillet : CoinDash, une société de trading de cryptomonnaies israélienne, signale que 7 millions $ ont été volés aux investisseurs après que son site fut attaqué et que l'adresse de contact d'une ICO fut modifiée[33] ;

---

32. *Cryptocurrency Exchanges Are Increasingly Roiled by Hackings and Chaos*, Reuters, 29/09/2017.
33. *Millions 'stolen' in NiceHash bitcoin heist*, Dave Lee, BBC, 8/12/2017.

- 2 août 2016 : Bitfinex, basée à Hong Kong et l'une des trois plus importantes plateformes d'échanges au monde et la première sur les transactions en dollar, se fait dérober environ 120 000 bitcoins pour une valeur de 65 millions $ au cours de l'époque ;
- 17 juin 2016 : après avoir levé environ l'équivalent de 150 millions $ en ethers pour financer l'Ethereum, la Decentralized Autonomous Organization (DAO) s'en fait voler 3,7 millions pour près de 80 millions $;
- décembre 2014 : Bitstamp se fait dérober 18 866 bitcoins soit environ 5,2 millions $ (le cours est alors de 279 $)[34] ;
- 28 février 2014 : Mt. Gox, la principale plateforme de trading au monde, basée au Japon, se déclare en faillite. Selon ce que déclare son PDG, Mark Karpèles, l'équivalent en bitcoins de près de 460 millions $ aurait été dérobé par des hackers, faisant de cette affaire le plus gros détournement de l'histoire des cryptomonnaies.

Il faut ajouter à cette liste l'annonce, lors d'une conférence de presse le 26 janvier 2018, de la plateforme japonaise Coincheck, présentée comme la plus grande plateforme en volume, avec 32 % des échanges mondiaux, qu'elle a été victime d'un vol de 500 millions d'unités de nem, ce qui équivaut à 530 millions $ ou 430 millions €. La société déclare par communiqué le 28 janvier qu'elle remboursera ses 260 000 clients victimes avec son capital. À ce jour, il s'agit du plus grand vol en valeur de l'histoire des cryptomonnaies, plus important encore que Mt. Gox.

Attention, danger !
Il est néanmoins tentant de spéculer sur les cryptomonnaies, car cela peut paraître de l'argent facile à gagner, mais c'est faux, et nous le déconseillons, à moins de pouvoir perdre l'argent investi ou de savoir que l'on n'en aura pas besoin. En effet, on ne sait pas qui est derrière certaines d'entre elles ni comment elles sont réellement gouvernées. Ainsi, qui peut affirmer qu'il n'y a pas manipulation des cotations par des plateformes ou que, tout d'un coup,

---
34. *Details of $5 Million Bitstamp Hack Revealed*, Stan Higgins, CoinDesk, 1/07/2015.

Chapitre 1

un grand nombre de bitcoins et autres monnaies ne vont pas se retrouver sur le marché, faisant s'effondrer les cours ? De même, est-il légitime d'alimenter la spéculation sur le ripple ou telle autre monnaie digitale, pour qu'une poignée d'individus en retirent des fortunes indécentes qui n'enrichissent pas vraiment la collectivité ?

D'ailleurs, tandis que nous terminons la rédaction de ce livre, commence à poindre un scandale qui pourrait avoir des répercussions sur l'ensemble des cryptomonnaies privées. Ainsi, Bloomberg annonce le 29 janvier que l'équipe qui gère le tether a reçu des citations à comparaître de la U.S. Commodity Futures Trading Commission en décembre.[35] Comme indiqué ci-dessus, les émetteurs du tether affirment sur leur site (www.tether.to) que chaque unité émise est garantie par une unité de monnaie fiduciaire, avec la parité de 1 tether = 1 dollar US. Avec 2,2 milliards en circulation, cela signifie arithmétiquement qu'ils ont l'équivalent de 2,2 milliards de dollars en caisse. Or, rien n'est moins sûr.

Et, pire encore pour la crédibilité définitive des cryptomonnaies privées, le tether étant lié à Bitfinex, l'une des principales plateformes d'échanges dans le monde, il se pourrait que non seulement le tether soit une escroquerie à 2,2 milliards $, mais, qu'en plus, Bitfinex ait manipulé les cours du bitcoin en les achetant en quantité et les payant par l'émission de tethers. Ce qui nourrit encore plus la suspicion, c'est que l'audit des comptes de la société Tether annoncé en septembre 2017 est abandonné en janvier, pour un motif qui ne peut tromper personne : « Compte tenu des procédures extrêmement détaillées que Friedman [la compagnie d'expertise comptable] suivait pour le bilan relativement simple de Tether, il est devenu clair qu'un audit serait impossible à réaliser dans un délai raisonnable. »

Ces révélations contribuent à la chute du bitcoin, qui plonge à 6 653 $ le 5 février, soit le tiers de la valeur plafond du 17 décembre 2017, à 19 458 $; il se produit toutefois un rebond dans les jours suivants.

---

35. *Regulators Subpoena Crypto Exchange Bitfinex, Tether*, Matthew Leising, Bloomberg, 31/01/2018.

Attention, voleurs !

Dans le monde des cryptomonnaies, il ne faut pas se méfier que de leurs émetteurs, des plateformes d'échanges et de la manipulation des cours, mais aussi des vols. En effet, plusieurs logiciels malveillants ont déjà été identifiés par les sociétés spécialisées en cybersécurité. Par exemple, Kaspersky Lab communique en novembre 2017 sur Crypto Shuffler, un virus qui vole le contenu de porte-monnaie électroniques : « Il exploite le manque d'attention des utilisateurs. Il fait main basse sur son butin en s'infiltrant dans les ordinateurs de ses victimes et entre en jeu au niveau du copier-coller du code d'identification du destinataire d'un paiement, lui substituant ses propres coordonnées. »[36]

Avec les valeurs que prennent désormais les cryptomonnaies, il est inévitable que ce genre de malwares se multiplient, et la vigilance doit être totale.

Il y a un autre risque à souligner : lorsque vous achetez des cryptomonnaies, vous ne connaissez pas l'identité de leurs propriétaires. Or, contrairement à ce qui est habituellement répété, l'anonymat n'est pas toujours absolu (nous l'expliquons plus en détail ci-dessous). Ainsi, vous pouvez vous retrouver dans une situation où il est découvert par la suite que votre vendeur est un trafiquant de drogue ou un terroriste. Même si vous l'ignoriez et êtes de bonne foi, il est difficile pour l'instant de savoir quelles en seraient les conséquences juridiques, que ce soit sur l'éventuelle confiscation de votre achat, voire l'entrée dans certains pays.

---

36. *Un virus voleur de bitcoins découvert par Kaspersky Lab*, Sputnik News, 2/11/2017.

La menace CoinHive
« Monétisez votre activité avec la puissance
du processeur de vos utilisateurs »

Selon ses fondateurs, « Coinhive propose un outil de minage en JavaScript pour le monero, que vous pouvez intégrer sur votre site web. Vos utilisateurs exécutent l'opération directement dans leur navigateur et minent le XMR pour vous, à tour de rôle, pour une expérience sans publicité, acquérir des jetons pour jouer ou toute autre incitation que vous pouvez trouver. »[37] Le choix s'est porté sur le monero pour des raisons techniques liées à son algorithme Cryptonight.
Il s'agit d'une alternative à la publicité, idée intéressante, d'autant plus que l'installation de la fonction sur un site est simple et ne prend que quelques instants. Le problème est que, la plupart du temps, l'utilisateur n'en est pas averti : tant qu'il reste connecté, son processeur sert à son insu à miner des moneros. Les conséquences sont : 1) ralentissement du fonctionnement de l'ordinateur ; 2) augmentation de la consommation d'énergie donc de la facture d'électricité, et réduction de la durée de la batterie, ce qui peut poser un problème d'autonomie en déplacement.
De plus, CoinHive peut être installé par des pirates, qui vont ainsi utiliser les processeurs de leurs victimes sans qu'elles s'en rendent compte. Le spécialiste Check Point a d'ailleurs classé cette application comme le sixième malware le plus utilisé en octobre 2017.[38] « À la mi-novembre, le chercheur en sécurité Troy Mursch le détectait sur plus de 30 000 sites, volontairement ou suite à un piratage. Les bloqueurs de publicité ont rapidement entrepris de lui barrer la route. »[39] Les anti-virus aussi, ainsi qu'en témoigne notre expérience personnelle :

---

37. Site https://coinhive.com.
38. *Cryptocurrency Mining Presents New Threat to Business, says Check Point*, Check Point 13/11/2017.
39. *Coinhive : la fulgurante expansion du minage caché de crypto-monnaie dans le navigateur*, Guénaël Pépin, Next Inpact, 23/11/2017.

> **Infection bloquée !**
> Avast Bouclier web a bloqué une menace.
> Infection: JS:Miner-C [Trj]
> URL: https://coinhive.com/lib/
>   coinhive.min.js
> Fichier: (gzip)
> Processus: /Applications/Firefox.app/Contents/
>   MacOS/firefox

Néanmoins, des publicités diffusées par YouTube ont été piratées pour miner du monero à l'insu des internautes, toujours grâce à Coinhive, repéré aussi dans des extensions Google Chrome et des applications pour Android. Même si les téléphones n'offrent pas une grande puissance de calcul, c'est toujours un problème pour l'utilisateur, d'autant plus qu'il n'en connaît pas l'origine. Donc si vous le voyez apparaître quelque part sur votre ordinateur, vous saurez désormais à quoi il correspond. Il est alors sans doute temps de mettre à jour votre anti-virus ou d'en installer un. Sinon, vous allez contribuer à l'enrichissement de mineurs parfois d'un autre continent.

Les particuliers ne sont d'ailleurs pas les seules cibles des pirates, les entreprises étant aussi victimes de « cryptojacking », c'est-à-dire de minage sur leurs ordinateurs et serveurs à leur insu. L'assureur britannique Aviva et Tesla font partie des derniers exemples connus.[40]

---

40. *The Cryptojacking Epidemic*, RedLock CSI Team, 20/02/2018.

Chapitre 1

Quand les États-Unis passent à côté de l'affaire du siècle...

En octobre 2013, le Département de la Justice ferme Silk Road, un site du darknet qui vend de la drogue et d'autres produits interdits à plus de 100 000 clients. Son créateur, Ross Ulbricht, alias Dread Pirate Roberts, est arrêté, et deux lots de 29 655 et 144 336 bitcoins sont saisis sur son ordinateur.

Ils sont vendus aux enchères en 2014 et 2015, mais comme R. Ulbricht conteste ensuite en justice la légalité de la procédure, entre autres raisons parce que deux enquêteurs du FBI ont dérobé une partie de ses bitcoins pour leur propre compte, le Département de la Justice attend avant de communiquer sur le montant des ventes.

Deux ans plus tard, le fondateur de Silk Road abandonne son action judiciaire. Le bureau du procureur de Manhattan confirme alors par un communiqué daté du 29 septembre 2017 que les autorités peuvent définitivement se saisir du produit des ventes des valeurs confisquées, et que celle du second lot a généré la somme de 48 238 116 $.[41] Rapporté au nombre de 144 336 bitcoins, le prix unitaire est donc de... 334,20 $, très loin des cours récents.

Si les autorités avaient attendu fin septembre 2017 pour procéder à la vente de ce second lot, lorsque le prix était de 4 400 $, elle aurait généré 635 millions $ de recettes, presque 600 millions de plus que le montant obtenu. En attendant jusqu'à fin décembre, alors que le cours semblait (momentanément) se stabiliser autour de 14 400 $, c'est presque 2,1 milliards $ qui seraient entrés dans les caisses de l'État fédéral.

Le lot de 29 655 bitcoins a aussi fait l'objet d'une vente aux enchères, fin juin 2014. Première opération de ce genre, ainsi que l'écrit à l'époque le magazine *Fortune*, elle constitue « essentiellement un test pour le gouvernement sur la façon de traiter les futures enchères de bitcoin, ou d'autres actifs uniquement numériques ».[42]

---

41. *Acting Manhattan U.S. Attorney Announces Forfeiture Of $48 Million From Sale Of Silk Road Bitcoins*, Department of Justice, U.S. Attorney's Office, Southern District of New York, 29/09/2017.
42. *U.S. launches sale of $17.2 million of bitcoin seized in raid*, Laura Lorenzetti, *Fortune*, 27/06/2014.

S'étalant sur une durée de douze heures, elle génère soixante-trois offres par quarante-cinq enchérisseurs enregistrés et rapporte 17,2 millions $, soit un cours de 580 $, donc plus élevé que le second lot vendu l'année suivante.

Reste à savoir à qui les fonds seront attribués, ainsi que l'indique *Fortune* : « Le bureau du procureur des États-Unis n'a pas précisé si le produit de la saisie irait aux agences, y compris le FBI et l'IRS, qui ont contribué à faire tomber Silk Road, ou si l'argent ira plutôt au Trésor américain. »[43]

Il est sûr qu'avec un peu de patience, il y aurait eu nettement plus à distribuer. Mais qui pouvait prévoir en 2013, 2014 ou 2015 une telle évolution ?

	Quantité	Recettes réelles	Au cours de 4 400 $	Au cours de 14 400 $
Lot 1	29 655	17 200 000	130 482 000	427 032 000
Lot 2	144 336	48 238 116	635 078 400	2 078 438 400
Totaux	**173 991**	**65 438 116**	**765 560 400**	**2 505 470 400**

... mais apprennent de leurs erreurs

Dans une affaire de contrefaçon de médicaments dans l'Utah, les autorités saisissent les biens du prévenu, dont 513 bitcoins (BTC) et 512 bitcoins cash (BCH). À l'époque des faits, en décembre 2016, la valeur du portefeuille représente moins de 500 000 $. Mais, compte tenu de la volatilité et de l'envolée des cours, le bureau du procureur en charge des poursuites demande au tribunal la possibilité de vendre ces actifs sans attendre, selon les Règles fédérales de procédure civile (« Federal Rules of Civil Procedures »), qui stipulent que le gouvernement a la possibilité de vendre tout bien susceptible d'être confisqué avant l'ordonnance finale de confiscation si, entre autres

---

43. *The Feds Just Collected $48 Million from Seized Bitcoins*, Jeff John Roberts, *Fortune*, 2/10/2017.

Chapitre 1

raisons, il est « périssable ou soumis au risque de détérioration, de dégradation ou de blessure en étant détenu dans l'attente de l'issue de l'action ».[44]

Ce n'est pas exactement le cas des cryptomonnaies, mais le juge saisi donne en décembre 2017 son accord pour la vente, qui devrait générer de l'ordre de 8,5 millions $ aux cours actuels, au lieu de la valorisation de 500 000 $ au moment de la saisie. En attendant la fin des procédures, la somme sera détenue par le Trésor public.

Au tour de la Finlande et de la Bulgarie

Bloomberg annonce le 20 février 2018 que les autorités finlandaises sont en possession de deux mille bitcoins confisqués après des dizaines de raids effectués depuis 2016. Le pays faisant partie de la zone euro, il ne peut les considérer comme de la monnaie. C'est donc la solution de la vente aux enchères que recommande le Trésor, considérant que « les plateformes commerciales ne sont pas dignes de confiance et opaques ».[45] Au cours actuel, cela représente l'équivalent de plus de vingt millions de dollars.

En mai 2017, la Bulgarie met fin à un trafic de fraudes aux taxes opérant sur plusieurs pays de la région avec la complicité de douaniers. Le Southeast European Law Enforcement Center (Selec), qui a contribué à l'opération, explique le 17 mai que, parmi les nombreux biens saisis, dont beaucoup d'argent, se trouvent des portefeuilles totalisant 213 519 bitcoins, soit actuellement plus de deux milliards de dollars ![46] La procédure judiciaire est en cours. Leur vente éventuelle permettrait de résoudre quelques problèmes budgétaires, à condition de l'étaler dans le temps, sinon une telle quantité mise sur le marché d'un coup risquerait de provoquer la chute des cours. Sauf que le 19 mai, le bureau du procureur confirme

---

44. *US Government Selling Bitcoins Seized From Dark Web Seller*, A.J. Dellinger, *International Business Times*, 16/12/2017.
45. *2,000 Confiscated Bitcoins Create a Storage Puzzle in Finland*, Kati Pohjanpalo, Bloomberg, 20/02/2018.
46. *More than 200,000 bitcoins in value of 500 million USD seized by the Bulgarian authorities*, Selec, 29/05/2017.

effectivement l'opération de démantèlement de ce réseau mais dément que des bitcoins aient été saisis.[47] Étrange.

Une régulation internationale ?
Nous l'avons déjà indiqué, le bitcoin n'est régulé par aucune des autorités habituelles en matière bancaire. Inévitablement, des voix institutionnelles et gouvernementales, sans doute poussées aussi par leurs banques commerciales qui voient une source de profit leur échapper, voire le système financier du futur (nous y reviendrons en conclusion), s'inquiètent de l'existence des cryptomonnaies et veulent en obtenir la régulation.

C'est, par exemple, le cas de la France, qui, avec l'Allemagne, envisage de porter la question du bitcoin auprès du prochain G20 (fin novembre 2018, en Argentine), d'après l'AFP[48], selon ce que lui a indiqué le 18 décembre l'entourage du ministre des Finances, Bruno Le Maire : « La montée en puissance du bitcoin présente des risques par rapport à la spéculation et par rapport à la possibilité de financements illicites », d'où la nécessité « d'un cadre juridique ».

La notion de « risques par rapport à la spéculation » est un argument qui sonne faux, car le principe même de la spéculation, c'est le... risque ! La France voudrait-elle une spéculation sans risque ? Il faut alors fermer les bourses, interdire les marchés à terme, comme le Forex, etc.

Quant aux « financements illicites », ils ne sont évidemment pas à exclure, mais pour les cartels de la drogue, les mafias, les trafiquants en tous genres, les groupes terroristes comme Daesh, etc., sont-ce les cryptomonnaies qui leur ont permis de prospérer parfois depuis des décennies, ou plutôt le système bancaire et financier actuel ?

L'intention française est confirmée sur la chaîne BFM Business par le gouverneur de la Banque de France, François Villeroy de

---
47. *Bitcoin: Bulgarian banks terminate accounts of cryptocurrency exchanges*, The Sofia Globe, 8/12/2017.
48. *La France portera la question du bitcoin au G20 (Bercy)*, AFP, repris par *Les Échos Investir*, 18/12/2017.

Chapitre 1

Galhau, qui estime qu'une « régulation n'a de sens que sur le plan international ». Il ajoute : « Je crois que le moment est venu de poser la question au G20. »

Il sera effectivement intéressant de voir ce qui ressortira de cette initiative. Signalons que Janet Yellen, présidente de la Federal Reserve, annonce dès février 2014 que son organisme n'a aucune autorité pour réguler le bitcoin, ce qu'elle répète en décembre 2017 (cf. Chapitre 2).

C'est aussi ce que déclare en septembre dernier Mario Draghi, président de la Banque centrale européenne (BCE), devant le Comité économique et monétaire du Parlement européen : « Il n'est pas en notre pouvoir d'interdire ou de réguler le bitcoin et les autres cryptomonnaies. »[49] Il ajoute que la BCE doit s'intéresser à leur impact potentiel sur l'économie, même si elles sont encore trop peu matures pour être considérées comme une méthode de paiement viable, et que la préoccupation première de la BCE est la cybersécurité.

Que la France se soucie de régulation est sans doute positif, mais les autorités semblent-elles se donner les moyens de comprendre qu'une révolution est en marche et qu'il serait dommageable de la manquer ?

Les transactions en bitcoin sont-elles anonymes ?
En théorie, c'est le cas : elles sont enregistrées et publiques mais reliées à une adresse électronique qui n'affiche pas le lien direct avec leur auteur, ni même ses achats. C'est d'ailleurs l'un des arguments majeurs utilisés par les partisans de la régulation pour l'imposer : les transactions illicites sont possibles parce que l'anonymat est absolu. Cependant, de nombreux spécialistes ont montré que bien qu'il soit un principe de fonctionnement du bitcoin et des autres cryptomonnaies en général, l'anonymat n'en est pas pour autant total.

---

49. *Mario Draghi: European Central Bank Has 'No Power' to Regulate bitcoin*, Rachel Rose O'Leary, Coindesk, 26/09/2017.

C'est ce qu'explique un article de la *MIT Technology Review*[50] daté du 23 août 2017 : « Les experts en sécurité appellent cela une « confidentialité de pseudonyme », comme écrire des livres sous un pseudonyme. Vous pouvez préserver votre vie privée tant que le pseudonyme n'est pas lié à vous. Mais dès que quelqu'un fait le lien avec l'un de vos livres anonymes, la ruse est révélée. Tout votre historique d'écriture sous votre pseudonyme devient public. De même, dès que vos informations personnelles sont liées à votre adresse bitcoin, votre historique d'achat est également révélé. »

La question qui se pose est donc de savoir comment l'adresse bitcoin peut être reconnue et identifiée par rapport à son propriétaire ? L'auteur de l'article explique que la réponse est apportée par les travaux de Steven Goldfeder de l'université de Princeton et plusieurs de ses collègues :

« Les principaux coupables sont les trackers sur le web et les cookies – de petits morceaux de code délibérément intégrés dans des sites web qui envoient des informations à des tiers sur la façon dont les gens l'utilisent. Les trackers courants transmettent des informations à Google, Facebook et les autres pour suivre l'utilisation des pages, les montants des achats, les habitudes de navigation, etc. Certains trackers communiquent même des informations personnellement identifiables telles que votre nom, adresse et e-mail.

De cette façon, les données d'une transaction se répandent sur le web, où les gouvernements, les organismes chargés de faire respecter les lois et les utilisateurs malveillants peuvent facilement les collecter et les analyser. »

Ce qui est inquiétant, c'est que S. Goldfeder et ses collègues constatent que sur les cent trente plus gros sites marchands acceptant les bitcoins, dont Microsoft, 40 % « présentent des fuites liées aux informations de paiement, qui sont envoyées au minimum à quarante parties tierces, la plupart du temps à partir des pages du panier d'achat. La majorité de ces fuites est intentionnelle, à des fins de publicité et d'analyse. »

---

50. *Bitcoin Transactions Aren't as Anonymous as Everyone Hoped*, Emerging Technology from the arXiv, *MIT Technology Review*, 23/08/2017.

Chapitre 1

Ce qui est plus inquiétant encore, c'est que des données additionnelles sont envoyées : « Nous constatons que de nombreux sites marchands ont des fuites d'informations beaucoup plus graves (et probablement involontaires) qui révèlent directement la transaction exacte sur la blockchain à des dizaines de trackers. »

Ce n'est d'ailleurs pas la seule porte d'entrée par laquelle l'anonymat n'est pas toujours préservé, y compris pour les utilisateurs de solutions telles que CoinJoin[51]. En effet, en plus des failles liées aux sites de commerce, des startups ont développé des outils de tracking des transactions en bictoin. L'une des plus connues est la société Chainalysis[52], dont l'IRS (Internal Revenue Service), le fisc américain, utilise les logiciels depuis 2015 : « Ceci est nécessaire pour identifier et obtenir des preuves sur les personnes utilisant le bitcoin pour blanchir de l'argent ou dissimuler des revenus dans le cadre de la fraude fiscale ou d'autres délits fédéraux. »[53]

La société Elliptic fournit aussi des services similaires, ainsi que l'explique son site internet[54] :

« La technologie d'Elliptic retrace instantanément et automatiquement l'activité de transaction des entités via la blockchain. Elle permet de découvrir avec précision et dans une transparence totale des relations complexes entre plusieurs entités.

---

51. « CoinJoin est une méthode d'anonymisation pour les transactions en bitcoin proposée par Gregory Maxwell. Il est basé sur l'idée suivante : "Lorsque vous voulez effectuer un paiement, trouvez quelqu'un d'autre qui veut également effectuer un paiement, et effectuer un paiement conjoint ensemble." [1] Lors d'un paiement conjoint, il n'y a aucun moyen de relier les entrées et sorties dans une transaction bitcoin, et ainsi la direction exacte du mouvement de l'argent reste inconnue des tiers. » Source : Wikipedia.
52. « Fondé en 2014, Chainalysis est le premier fournisseur de logiciels de lutte contre le blanchiment d'argent en bitcoin. (...) Nos clients ont vérifié plus de 15 milliards de dollars de transactions en utilisant notre plateforme. Grâce à des partenariats formels avec Europol et d'autres organismes internationaux d'application de la loi, nos outils d'enquête ont été utilisés à l'échelle mondiale pour suivre, appréhender et condamner avec succès les blanchisseurs d'argent et les cybercriminels. »
Source : site de la société, rubrique About.
53. *The IRS Has Been Using bitcoin Tracking Software Since 2015*, Stan Higgins, CoinDesk, 22/08/2017.
54. https://www.elliptic.co.

La base de données propriétaire d'Elliptic fournit la preuve de l'identité vérifiable de millions d'adresses bitcoin à travers des milliers d'entités du monde réel. Cela donne aux organismes en charge de l'application de la loi et aux institutions financières la confiance dont ils ont besoin pour enquêter et évaluer les activités suspectes sur la Blockchain Bitcoin. »

Qui ose affirmer que les transactions en bitcoin sont totalement anonymes ?

WannaCry et les cryptomonnaies
Il semble toutefois que les outils de traçage de Chainalysis et d'Elliptic ne permettent pas de toujours briser l'anonymat, ce dont témoigne l'affaire WannaCry. Il s'agit d'un malware ou logiciel malveillant, de type « ransomware », c'est-à-dire qui nécessite le paiement d'une rançon pour être désactivé.

Considéré comme la plus grande cyberattaque avec rançon de l'histoire d'internet, il bloque en mai 2017, principalement du 12 au 17, de 200 000 à plus de 300 000 ordinateurs utilisant encore les versions de Windows XP jusqu'à Windows 10. L'Espagne et le Royaume-Uni sont les premiers pays touchés, mais, au final, plus de cent cinquante sont affectés, dont les États-Unis, la Russie, l'Inde, etc.

Des multinationales, des services publics, des universités, des PME... sont touchés, comme FedEx, Vodafone, Honda, Hitachi, Nissan, la Deutsche Bahn, Renault, PetroChina, Petrobrás, Telefónica, le National Health Service (Royaume-Uni), le ministère de l'Intérieur russe, etc. Voici l'écran qui s'affiche alors sur l'ordinateur infecté :

Chapitre 1

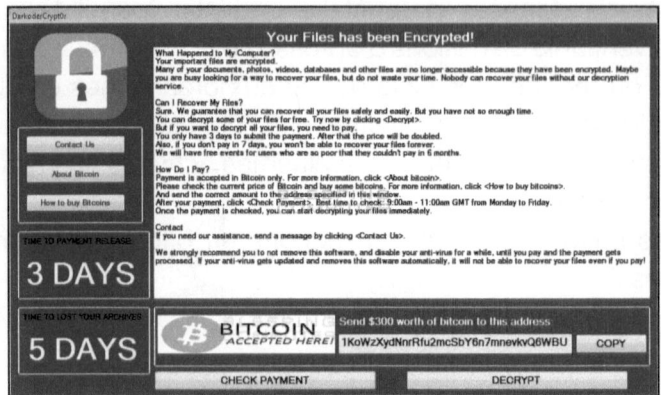

Source de l'image : Jacques Cheminat,
WannaCry et maintenant les variantes !, Silicon.fr, 15/05/2017

La capture d'écran montre que la rançon est fixée à 300 $ en équivalent bitcoin, avec l'indication de l'adresse pour effectuer le paiement. Les pirates ont même prévu un onglet expliquant comment acheter des bitcoins.

Selon Dune Lawrence de *Bloomberg Businessweek*[55], au soir du 17 mai, les trois portefeuilles ont reçu 277 paiements totalisant un peu plus de quarante-cinq bitcoins, pour une valeur de l'ordre de 82 000 $.

Le 3 août 2017, Selena Larson / CNN informe que :

« Pendant des mois, l'argent de la rançon générée par l'énorme cyberattaque WannaCry n'a pas été touché sur les comptes en ligne. Maintenant, quelqu'un l'a déplacé : l'équivalent de plus de 140 000 dollars en bitcoins a été retiré des trois comptes liés au ransomware, qui a frappé des centaines de milliers d'ordinateurs à travers la planète en mai dernier.

On ne sait pas, cependant, qui a vidé les comptes et pourquoi. Si les hackers de WannaCry essayent de mettre enfin la main sur l'argent, ils devront se montrer plus rusés que les agences dans le monde entier chargées de faire respecter la loi.

---

55. *North Korea's bitcoin Play*, Dune Lawrence, *Bloomberg Businessweek*, 18/12/2017.

C'est une nouvelle tournure dans l'attaque mystérieuse que les experts en cybersécurité ont liée à un groupe de pirates associé à la Corée du Nord. »[56]

Joint par téléphone par le site Gizmodo.com[57], Jonathan Levin, fondateur de Chainalysis, explique que ces bitcoins ont commencé à être transformé en monero, une cryptomonnaie « bien plus anonyme ». Selon les recherches de Chainalysis et de Neutrino, une société spécialisée dans la cyber-sécurité, « les hackers de WannaCry utilisent le service ShapeShift pour blanchir leurs bitcoins (...), qui permet à un utilisateur de fournir une adresse email et de convertir anonymement une cryptomonnaie dans une autre ». En l'occurrence, les bitcoins deviennent des moneros, « totalement anonymes jusqu'à présent », selon ce que le PDG de Neutrino, Giancarlo Russo, déclare au magazine *Forbes*. « Il ne sera pas possible de tracer les prochains mouvements. »

Bien que les premières analyses semblent indiquer que les créateurs de WannaCry parleraient couramment le chinois, c'est finalement la Corée du Nord qui est désignée comme coupable par les gouvernements des États-Unis, du Canada, du Japon... Elle aurait agi via le Lazarus Group, qui aurait à son actif de nombreux piratages et tentatives contre des institutions financières, dont le vol de 81 millions $ de la Banque centrale du Bangladesh en 2016.

---

56. *Someone has emptied the ransom accounts from the WannaCry attack*, Selena Larson, CNN, 3/08/2017.
57. *The WannaCry Ransomware Attackers Are Cashing Out Their Bitcoin at a Dangerous Time*, Rhett Jones, Gizmodo.com, 3/08/2017.

Chapitre 1

Comment doper son cours de bourse ?

C'est actuellement assez simple : il suffit d'annoncer une initiative dans les cryptomonnaies et/ou la blockchain, et le tour est joué. Le cas récent le plus emblématique est sans doute celui de Kodak, qui informe de la création de la KodakCoin dans le cadre d'un projet visant à permettre « aux photographes et aux agences de prendre un contrôle plus grand dans la gestion des droits d'images ».[58] Le cours du titre Kodak bondit de 120 % le jour de l'annonce :

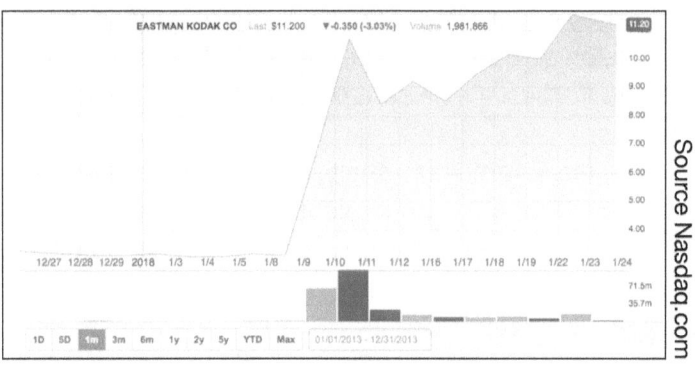

Devinez quand a eu lieu l'annonce de la KodakCoin...

Mais il y a plus fort encore, avec un côté plus vague : la société de boissons au thé Long Island Iced Tea Corp voit son titre quadrupler le 21 décembre 2017 lorsqu'elle avise de la transformation de son nom en « Long Blockchain Corporation » et que « la société mère ré-oriente son cœur d'activité vers l'exploration et l'investissement dans des opportunités qui exploitent les avantages de la technologie blockchain ».[59]

---

58. *Kodak leads surge of companies exploiting bitcoin buzz*, Alex Hern, *The Guardian*, 11/01/2018.
59. *Long Island Iced Tea Corp. to Rebrand as "Long Blockchain Corp."*, site de l'entreprise.

Panorama général des cryptomonnaies

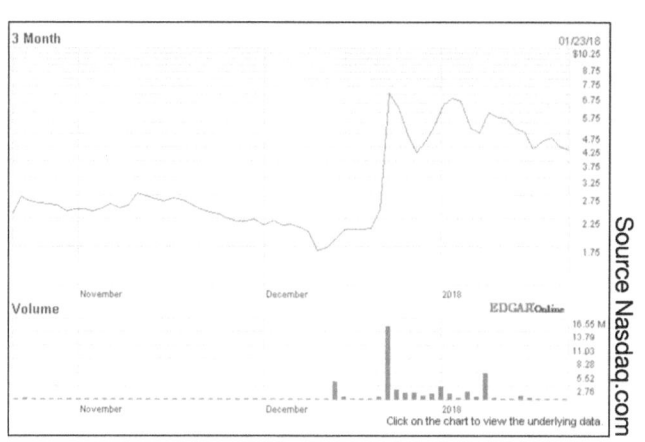

Deux sociétés israéliennes connaissent aussi les mêmes fulgurances (cf. Chapitre 2 – Israël) :
- Fantasy Network, active dans le gaming : son titre s'envole de 44 % en un jour après avoir annoncé le recrutement d'un consultant en blockchain, puis de 80 % encore le lendemain. Au final, l'action quadruple ;
- Natural Resources se transforme en Blockchain Mining Ltd. et son cours de bourse bat tous les records, avec une hausse de 5 144,76 % entre le 1er janvier et le 31 décembre 2017 !

Après ce panorama général, présentons maintenant la position et la stratégie de nombreux États sur la question des cryptomonnaies.

Chapitre 2

Cryptomonnaies souveraines

Introduction : le Bitcoin Market Potential Index (BMPI)
En août 2014, Garrick Hileman, professeur à la London School of Economics, université de Cambridge, crée un index relatif au bitcoin, dont voici la présentation telle qu'il l'a rédigée :
« Le Bitcoin Market Potential Index conceptualise et classe l'utilité potentielle du bitcoin dans 178 pays afin de montrer lesquels présentent le plus grand potentiel pour l'adopter. L'index utilise un ensemble de données avec quarante variables liées aux fonctions centrales actuelles du bitcoin : stockage de valeur, support d'échange et plateforme technologique. Les variables sont regroupées dans les sept sous-indices pondérés de l'indice : pénétration de la technologie, envois de fonds à l'international, inflation, taille de l'économie informelle, répression financière, historique des crises financières et pénétration du bitcoin.

Les données standardisées et retraitées au niveau des pays indiquent toutes deux que l'Argentine et l'Afrique subsaharienne sont le pays et la région où le bitcoin a le plus grand potentiel d'adoption. Il est à prendre en considération que, tandis que la réglementation du bitcoin peut constituer un élément important, peut-être même décisif, dans son adoption, ce facteur devrait être exclu pour l'instant en tant que variable de l'indice en raison du manque de données et de l'incertitude sur son impact ultime. »[60]

L'étude explique ensuite la méthodologie adoptée, dont la description et l'analyse des quarante variables. À partir des 178 pays qu'il a analysés avec le BMPI, le chercheur dresse le tableau des dix premiers susceptibles d'adopter le bitcoin : la première colonne présente le classement standardisé tandis que la seconde

---

60. *The Bitcoin Market Potential Index*, Garrick Hileman, London School of Economics.

donne les résultats retraités (décemment, les États-Unis ne peuvent pas figurer au cinquième rang, ce serait attenter à l'image du sacro-saint dollar et se décrédibiliser) :

Rang	Pays (standardisé)	Pays (retraités)
1	Argentine	Argentine
2	Venezuela	Venezuela
3	Zimbabwe	Zimbabwe
4	Malawi	Islande
5	États-Unis	Malawi
6	Belarus	Guinée-Bissau
7	Nigeria	Congo, Rep. Dem.
8	Congo, Rep. Dem.	Belarus
9	Islande	Nigeria
10	Iran	Angola

Garrick Hileman conclut ainsi ses travaux : « Enfin, la mesure actuelle de l'adoption du bitcoin par rapport aux prévisions du BMPI présente un certain nombre de défis, dont le manque de données nationales pour de nombreux paramètres retenus. Leur obtention aiderait à tester l'exactitude du BMPI. »

Quatre ans après la création de cet index, malgré les difficultés tout à fait compréhensibles pour l'élaborer, nous allons constater au fur et à mesure de ce chapitre comment l'adoption des cryptomonnaies privées ou souveraines a évolué dans le monde.

I. Quand le bitcoin devient la valeur refuge d'un pays
1) Chypre, le premier laboratoire

La crise financière chypriote démarre en 2012 et se termine par un plan de sauvetage l'année suivante concocté par la Troïka (FMI, BCE et Commission européenne), la même qui intervient dans la crise grecque. Plusieurs mesures sont imposées au gouvernement, dont l'une des plus symboliques prévoit que les dépôts supérieurs à 100 000 € seront ponctionnés de 47,5 % et convertis en actions de la Bank of Cyprus, la principale banque commerciale de l'île. En résumé, cela revient à dépouiller légalement de 47,5 % les propriétaires de comptes de plus de 100 000 € ! (Un dispositif semblable est ensuite étendu à toute l'Union européenne à compter du 1er janvier 2016).

Deux jours après la présentation le 25 mars 2013 du deuxième plan de sauvetage de la Troïka, voici ce qu'écrit CNBC :

« La monnaie alternative en ligne [le bitcoin], qui n'était auparavant rien de plus qu'une curiosité sur les marchés financiers depuis sa création en 2009, a vu augmenter la valeur de ses échanges depuis l'éclatement de la crise bancaire chypriote.

Avec la crainte se répandant que même les dépôts assurés pourraient ne pas être en sécurité dans des pays semblables frappés par les crises bancaires, ceux qui cherchent un refuge pour stocker leur richesse ont fui vers le monde compliqué de l'argent numérique.

"La demande croissante de bitcoin provient des zones géographiques les plus touchées par la crise financière chypriote, mais aussi de particuliers dans des pays comme la Grèce ou l'Espagne, qui craignent d'être les prochains menacés par les taxes sur les dépôts", déclare Nicholas Colas, stratège en chef chez ConvergEx, dans un rapport sur cette tendance surprenante. »[61]

Ainsi, la Banque centrale européenne et ses deux associés de la Troïka contribuent aux premiers succès du bitcoin, en en faisant une valeur refuge pour échapper aux ponctions sur les comptes en cas de restructuration bancaire.

---

61. *Bitcoin Bonanza: Cyprus Crisis Boosts Digital Dollars*, Jeff Cox, CNBC, 27/03/2017.

2) Au Zimbabwe, sauve-qui-peut avec le bitcoin !

Selon le Bitcoin Price Index de CoinDesk, le bitcoin s'échange autour de 7 000 US$ le 15 novembre 2017. Au même moment, à Harare, capitale du Zimbabwe, il atteint, sur la plateforme Golix, la seule du pays, la somme record de 13 499 $, soit presque le double du prix ailleurs. Pourquoi un tel écart ?

Ce 15 novembre est le jour où l'armée assigne à résidence le président Robert Mugabe, 93 ans, après presque quarante ans au pouvoir qui ont conduit son pays vers l'abîme. Les échecs les plus lourds portent sur la réforme agraire et la politique agricole, couplés à de mauvaises récoltes qui provoquent la famine dans les années 2000. Puis la situation s'étend à toute l'économie : « Au milieu des pénuries chroniques de produits de base, la banque centrale fait tourner à fond ses machines à imprimer l'argent afin de financer les importations. Le résultat est une inflation galopante. Au plus fort de la crise, les prix doublent toutes les 24 heures. Les économistes de l'Institut Cato estiment que l'inflation mensuelle culmine à 7,9 milliards de pour cent en 2008. Le chômage explose, les services publics s'effondrent et l'économie se contracte de 18 % en 2008. »[62]

Le Zimbabwe présente même une situation peu fréquente, celle d'abandonner sa monnaie en 2009 – l'année de la création du bitcoin, bien qu'il n'y ait aucun lien –, remplacée par le dollar US et le rand sud-africain, mais aussi par l'euro, la livre britannique, le yen, le yuan, la roupie indienne et le pula du Botswana.

La situation ne s'arrange pas et, en 2015, les dépôts bancaires en dollars du Zimbabwe sont échangés contre des dollars US au taux incroyable de :

$$1\ US\$ = 35\ 000\ 000\ 000\ 000\ 000\ Z\$,$$

soit 35 millions de milliards de Z$ pour 1 US$!

Deux ans plus tard, au moment où l'armée prend le pouvoir à Harare, c'est donc presque tout naturellement que les Zimbabwéens se

---

62. *How Robert Mugabe killed one of Africa's richest economies*, Alanna Petroff, CNN, 17/11/2017.

tournent vers le bitcoin comme valeur refuge, quasiment quel qu'en soit le prix. En effet, il suffit d'un smartphone pour mettre à l'abri ses économies et les récupérer plus tard, souplesse, rapidité et liquidité qu'offrent peu d'autres valeurs que les cryptomonnaies. Elles peuvent même être utilisées pour payer directement, avantage unique lorsque disparaît la confiance dans le système monétaire et bancaire.

Elle ne semble d'ailleurs pas encore revenue, car, au premier jour de l'année 2018, la plateforme Golix indique des cours du bitcoin variant entre 19 810 US$ et 21 000 US$, en hausse de 4,32 %, soit un prix supérieur de l'ordre de 50 % par rapport aux principales plateformes mondiales (alors autour de 13 300 $), même aux coréennes, qui se situent aux environs de 17 600 $, soit jusqu'à 20 % moins cher.

Notons que les Zimbabwéens ne sont pas les seuls Africains à utiliser le bitcoin, car il permet d'envoyer de l'argent plus facilement et à moindre coût que via les spécialistes Western Union ou Moneygram. Toutefois, aux cours actuels et compte tenu de leur volatilité, il paraît difficile de l'utiliser comme moyen de paiement, y compris dans les magasins. La banque centrale (Reserve Bank of Zimbabwe – RBZ) avait d'ailleurs rappelé le 22 novembre 2017, soit une semaine après l'assignation à résidence de Robert Mugabe, que « pour ce qui est du bitcoin, en ce qui nous concerne, il n'est pas légal. En Afrique australe, en tant que régulateurs, nous avons dit que nous n'autoriserions pas cela sur nos marchés. Des recherches sont actuellement entreprises pour déterminer les défis et les risques associés à ces produits particuliers et, jusqu'à ce que nous ayons établi et mis en place un cadre juridique et réglementaire, ils ne seront pas autorisés. »[63]

À l'instar de la plupart des autres banques centrales, la RBZ a d'ailleurs alerté et conseillé aux citoyens de ne pas s'impliquer dans les cryptomonnaies, car ils risquaient de perdre leurs investissements, sans avoir de recours possible. Le message n'a, semble-t-il, pas été entendu, car le bitcoin continue de monter sur la plateforme Golix : il

---

63. *Bitcoin is not legal: RBZ*, Chronicle, 22/11/2017.

Chapitre 2

est coté entre 22 001 et 23 300 $ le 15 janvier, soit 10 % de plus que deux semaines plus tôt.

Actualisation : il continue de se maintenir à des cours déconnectés de ceux des autres plateformes, car il se situe entre 13 050 et 15 800 $, contre 9 800 $ en moyenne ailleurs au 15 février, c'est-à-dire un mois plus tard.

3) Le Royaume-Uni comme le Zimbabwe ?

Le 24 juin 2016, soit le lendemain du vote favorable au Brexit, le bitcoin augmente de 9 % tandis que la livre sterling chute de 9 % en deux jours de bourse. Les Anglais ont-ils choisi de se réfugier dans les cryptomonnaies pour sauver leurs économies ? En fait, non : « Le prix de la cryptomonnaie mondiale bitcoin a grimpé vendredi à la suite de la chute du yuan après le vote de la Grande-Bretagne pour quitter l'Union européenne. Les mouvements du bitcoin sont souvent contre-liés au yuan en raison du fait que la majorité du commerce de la cryptomonnaie vient de la Chine. Le prix du bitcoin a bondi de 8,7 % par rapport au prix d'ouverture du jour, atteignant 680,19 $, selon Coindesk, qui suit le cours de la cryptomonnaie. (…) La correction d'hier ou de la veille était plus due à une correction technique qu'au Brexit. »[64]

Dès le lendemain, le bitcoin baisse à 673,87 $ et, de toute façon, il était nettement plus haut le 20 juin, soit quelques jours avant le vote, puisqu'il se situait alors à 755,31 $:

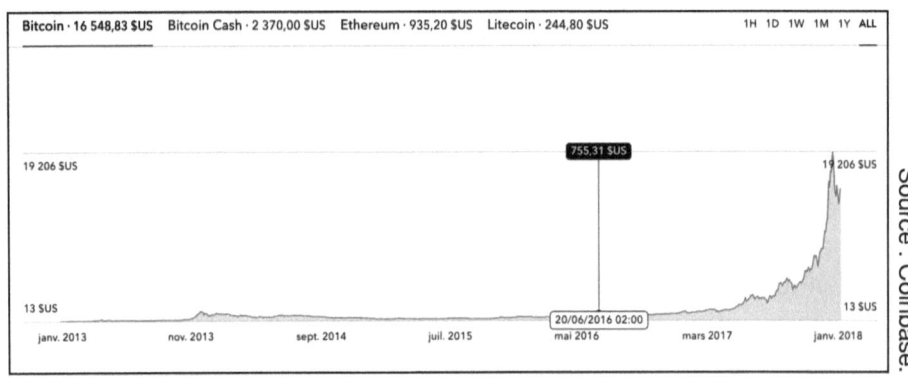

64. *Bitcoin spikes as yuan hits five-and-a-half year low on Brexit*, Arjun Kharpal, CNBC, 24/06/2017.

Il est vrai toutefois que de nombreux Britanniques ont spéculé sur les monnaies avant le vote, mais ils ont plutôt acheté de l'euro ou du dollar, car il y avait nettement plus de chances que le Brexit fasse chuter la livre que monter le bitcoin.

4) L'Iran sous sanctions et pression

Brave New World Investments est une société d'investissement suédoise spécialisée dans les opérations en Iran. Voici ce qu'elle communique sur son site :[65]

« La plus grande opportunité dans la région du Moyen-Orient est de loin l'Iran post-sanction. Au fur et à mesure que les sanctions seront démantelées, les industries ayant un besoin urgent de capitaux seront rapidement mises au niveau des normes internationales. La pénétration des technologies de l'information est actuellement faible dans le pays et devrait connaître un essor dans les années à venir. (…)

Des sanctions financières américaines sont toujours en vigueur, ce qui exclut une grande partie du secteur financier du pays du système international. Au fur et à mesure de leur disparition, il commencera à rejoindre pleinement les marchés financiers internationaux. Tandis que le processus est en cours, et malgré les défis, l'Iran, comme le reste du monde, est au bord d'une révolution dans les paiements numériques, profitant pleinement des avancées technologiques émergentes.

Bien que les sanctions aient été assouplies, il est toujours difficile de transférer de l'argent à l'intérieur et à l'extérieur du pays. De nombreuses banques occidentales ne transféreront pas d'argent en provenance ou à destination de l'Iran et n'ouvriront même pas de compte bancaire à des entreprises déclarant explicitement des activités commerciales impliquant des transactions avec l'Iran. À l'origine de cette réticence, il y a la crainte de soumettre leurs activités aux États-Unis à des risques juridiques ou réglementaires.

---

65. http://www.bnw.investments

Brave New World Investments construit un service de transfert de fonds qui résout les problèmes en utilisant la technologie blockchain. Nous préparons actuellement un programme pilote (...). »

La décision s'accélère après que les fondateurs « sollicitèrent les six plus grandes banques suédoises pour leur projet de créer un véhicule d'investissement dans les sociétés cotées à la Bourse de Téhéran et que toutes refusèrent ».[66]

En conséquence, ils décident d'utiliser la blockchain et le bitcoin, y compris pour la création de leur société. Ils obtiennent de leur gouvernement la confirmation que l'utilisation de la blockchain et le transfert de bitcoins en Iran ne violeraient pas les sanctions américaines, et qu'ils peuvent apporter des bitcoins pour la constitution de leur capital social initial. Ce qui est d'autant plus intéressant, c'est que le Swedish Accounting Standards Board donne aussi son accord pour que Brave New World Investments puisse utiliser un compte en bitcoin et se créer sans compte bancaire classique. Il suffit alors de disposer d'une attestation d'un expert-comptable agréé.

Ensuite, les bitcoins, ethers, etc., sont envoyés en Iran où ils sont échangés contre des rials, la monnaie du pays, et viennent approvisionner le compte bancaire local de la société pour financer ses investissements. Dans cette situation, l'utilisation des cryptomonnaies permet de s'affranchir des risques de sanctions, et même, au moins partiellement, du système bancaire.

D'ailleurs, Bloomberg souligne dès fin 2012 que les Iraniens se tournent vers le bitcoin pour échapper à la chute du rial et aux sanctions, la plus importante cryptomonnaie exerçant déjà un rôle de valeur refuge.[67] De plus, beaucoup d'entre eux n'ayant pas accès aux cartes de crédit internationales comme Visa et Mastercard, y compris après la signature de l'accord sur le nucléaire, ils peuvent effectuer des achats sur des sites étrangers acceptant les paiements en bitcoin.

---

66. *Sweden Incorporates Iran Investment Firm Using Only Bitcoin*, Michael del Castillo, CoinDesk, 12/04/2017.
67. *Dollar-Less Iranians Discover Virtual Currency*, Max Raskin, Bloomberg, 30/11/2012.

Les autorités mesurent la situation, et le vice-ministre de l'Information et des Technologies de Communication expose en octobre 2017 : « [Nous avons] déjà mené un certain nombre d'études dans le cadre des efforts visant à préparer l'infrastructure pour utiliser le bitcoin dans le pays. En tant que principal centre iranien chargé des développements technologiques du pays, nous avons pris très au sérieux la question de la préparation de l'infrastructure pour la nouvelle monnaie. »[68]

Parallèlement, un député déclare en décembre dernier : « Les opérations effectuées via le bitcoin ne sont en aucun cas en accord avec les fondamentaux islamiques et économiques. Par conséquent, les entités concernées, en particulier la banque centrale, doivent exercer la nécessaire supervision de ces transactions. »[69]

Pour l'instant, même si elle a déjà diffusé des mises en garde, la banque centrale ne s'est pas encore prononcée sur l'adoption du bitcoin et des autres cryptomonnaies comme moyens de paiement légaux, mais il est prévu qu'elle le fasse d'ici septembre 2018.

Les troubles graves qui secouent les villes iraniennes en janvier 2018 avec au moins vingt morts ont d'ailleurs un impact sur les volumes échangés, ainsi que le souligne Bitcoin.com : « Les données publiées par Coin Dance indiquent que le commerce de gré à gré entre le rial iranien (IRR) et le bitcoin a été témoin d'un volume record pendant les manifestations iraniennes au cours des dernières semaines. Le record de plus de 70 milliards IRR de bitcoins échangés au cours de la semaine du 23 décembre a représenté une augmentation de plus de 1 000 % en volume par rapport au précédent record de 6,3 milliards IRR début novembre. »[70]

Voici le graphique des cours qui en témoigne :

---

68. *Iran Preparing Cryptocurrency Infrastructure*, News BTC, 30/10/2017.
69. *Iranian Banker Calls for Cryptocurrency Acceptance*, Cindy Wang, Bitcoin.com, 9/01/2018.
70. *Iranian Bitcoin Adoption Surges Amid Political Protests and Censorship*, Samuel Haig, Bitcoin.com, 5/01/2018.

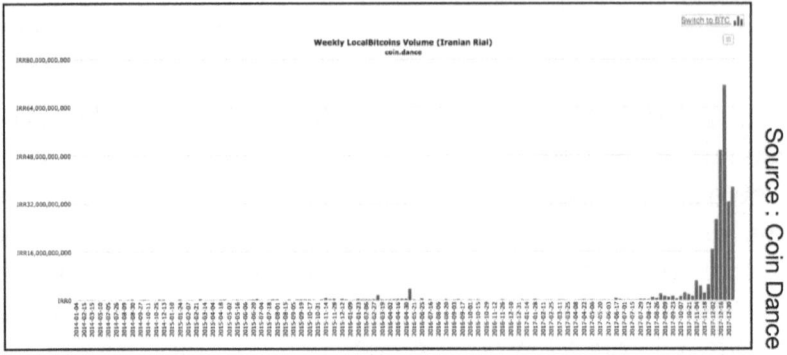

Source : Coin Dance

En revanche, le même graphique exprimé non pas en valeur mais en nombre de bitcoins échangés donne un autre angle :

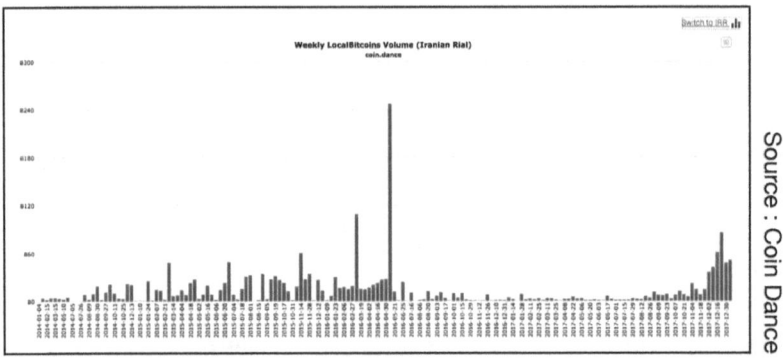

Source : Coin Dance

En effet, c'est en 2016 que le plus grand volume de bitcoins s'échange. Mais, à l'époque, il vaut quelques centaines de dollars, ce qui peut donner une compréhension faussée de la situation. Néanmoins, les manifestations en Iran ont clairement un impact sur le rôle du bitcoin comme valeur refuge.

Le maintien des sanctions par les États-Unis pousse inévitablement le pays vers un fonctionnement sans dollar et une large place accordée aux cryptomonnaies, accélérant encore la diminution de l'influence du billet vert sur la scène internationale. À moins que la banque centrale n'interdise les cryptomonnaies comme moyen de paiement légal. Mais, d'ici septembre 2018, le terme qu'elle a fixé pour prendre une position, qui sait ce qui peut se passer ? En attendant, les cryptomonnaies semblent avoir encore un bel avenir en cas de nouvelle crise politique et/ou économique.

Et en février 2018, Abolhassan Firouzabadi, secrétaire de l'Espace cybernétique, révèle qu'il y a des discussions au niveau de l'État pour la création d'une monnaie numérique basée sur la blockchain. Le projet est donc en marche.

5) L'Afghanistan, l'hawala et le bitcoin

Ce pays serait parmi les plus riches s'il ne subissait pas la guerre depuis des décennies. À moins qu'il ne subisse la guerre car il est l'un des plus riches ? En effet, les États-Unis annoncent en 2010 avoir découvert, en plus des réserves déjà connues, l'équivalent de 1 000 milliards $ de ressources minérales, avec de gigantesques gisements de fer, de cuivre, de cobalt, d'or et de métaux stratégiques comme le lithium. Il faut y ajouter le pétrole, le gaz ou encore l'uranium, présent dans la province de Helmand, dotée également de la culture du pavot, dont les surfaces plantées ne cessent d'augmenter depuis 2001 et le début de la présence occidentale, avec le record de 328 000 hectares cultivés en 2017, l'Afghanistan produisant désormais près de 90 % de l'héroïne mondiale, selon l'Onu.[71]

Bien que, historiquement, la première transaction en bitcoin en Afghanistan semble avoir eu lieu en 2013[72], le gouvernement officiel et sa banque centrale (Da Afghanistan Bank) ont d'autres priorités actuellement que légiférer ou développer une cryptomonnaie.

Roya Mahboob est une entrepreneure afghane. Elle a créé plusieurs structures, dont Women's Annex, fondée avec un investisseur et partenaire américain, dans le but de permettre aux femmes de créer des blogs et de gagner de l'argent à travers la publicité. Voici comment *Forbes* relate la suite de l'aventure : « La startup a rencontré des difficultés pour payer les contributeurs, en majorité des femmes, puisque 99 % d'entre elles n'avaient pas de compte en banque. Alors qu'elles peuvent légalement disposer de comptes bancaires, culturellement, de nombreuses familles ne font pas confiance aux banques. Le système auquel elles font confiance est l'hawalah, une ancienne solution non technologique qui ressemble à la technologie blockchain, dans lequel l'argent est transféré d'une personne à l'autre, chacune faisant confiance au maillon suivant de

---

71. *Afghan opium production jumps to record level, up 87 per cent: Survey*, United Nations Office on Drugs and Crime, 15/11/2017.
72. *Afghanistan's first recorded bitcoin transaction?*, Robert Viglione, Coindesk, 22/07/2013.

Chapitre 2

la chaîne. C'est essentiellement une version du bitcoin du huitième siècle. »[73] On ne connaît pas l'origine de l'hawala, mais il était utilisé comme moyen de paiement pour le commerce des grandes routes marchandes du Moyen Âge, dont la Route de la soie, au Moyen-Orient, dans le sous-continent indien...

Pour résoudre son problème de paiement, Roya Mahboob convainc les contributrices d'être payées en bitcoins, en le comparant à l'hawala.

Depuis, elle a lancé le Digital Citizen Fund, une ONG qui a recruté 9 000 Afghanes dans des programmes éducatifs couvrant des sujets tels que la technologie blockchain, le bitcoin, l'ether... et a aidé une centaine d'entre elles à lancer leur activité.

C'est une nouvelle preuve que les cryptomonnaies constituent non seulement une valeur refuge et un moyen de paiement en période de crise, mais aussi une porte ouvrant vers le futur.

Pourquoi émettre une Monnaie digitale de Banque centrale (MDBC) ?

C'est la passionnante question que pose le FMI en page 43 de son étude *Fintech and Financial Services: Initial Considerations*, publiée le 19 juin 2017. Les réponses s'articulent autour de deux types d'arguments :

1) Pour des considérations d'efficacité
- La blockchain permettrait à la banque centrale d'assurer une infrastructure des systèmes de paiement plus efficace. Encore

---

73. *How Bitcoin Solved This Serial Entrepreneur's Problems*, Laura Shin, *Forbes*, 8/08/2017.

faut-il s'assurer que l'introduction d'une MDBC apportera des gains d'efficacité supérieurs à la régulation de l'industrie des paiements. Il y a plusieurs exemples, en Afrique entre autres, qui témoignent que des progrès spectaculaires peuvent être accomplis sans une cryptomonnaie nationale, ce que démontre aussi le Danemark, qui s'approche d'une société sans espèces ;
- remplacer progressivement des pièces et des billets par une monnaie électronique générerait des économies pour l'État. « Elle peut également réduire considérablement les coûts de transaction pour les particuliers et les petites entreprises qui ont un accès limité ou coûteux aux services bancaires dans certains pays ou régions ; et cela peut faciliter l'inclusion financière. » ;
- une MDBC permettrait de contrer certains monopoles externes, notamment d'une ou de plusieurs cryptomonnaies privées ou d'opérateurs de système de paiement.

2) Pour des considérations de politique monétaire
- l'introduction et la prolifération potentielle de monnaies digitales privées pourraient éroder la demande pour l'argent de la banque centrale ainsi que la transmission des mécanismes de politique monétaire. Une MDBC pourrait prévenir ce phénomène en les reléguant au second plan, même si la menace n'est pas imminente ;
- le challenge pour les banques centrales sera de mesurer prudemment les avantages et les inconvénients d'être, en plus des autres fonctions, l'opérateur d'applications basées sur de nouvelles technologies, pour lesquelles le secteur privé a toujours de l'avance.

Pour les lecteurs souhaitant approfondir la question, nous recommandons de lire toute l'étude.[1]

---

1. *Fintech and Financial Services : Initial Considerations*, Dong He ; Ross B Leckow ; Vikram Haksar ; Tommaso Mancini Griffoli ; Nigel Jenkinson ; Mikari Kashima ; Tanai Khiaonarong ; Celine Rochon ; Hervé Tourpe, FMI, 19/6/2017.

II. Réalisations et projets nationaux

Il est estimé qu'environ quatre-vingt-dix banques centrales dans le monde ont commencé à étudier les questions de cryptomonnaie et de blockchain. Nous nous intéresserons au cas de quelques-unes d'entre elles sur chaque continent, car elles n'en sont pas toutes au même niveau d'avancement et ne partagent pas les mêmes visions et stratégies.

Les déclarations à ce sujet en septembre 2017 de Christine Lagarde, directrice générale du FMI, sont d'ailleurs intéressantes :

« Pour l'instant, les monnaies virtuelles telles que le bitcoin posent peu ou pas de défi à l'ordre existant des monnaies fiduciaires et des banques centrales. Pourquoi ? Parce qu'elles sont trop volatiles, trop risquées, trop énergivores et parce que les technologies sous-jacentes ne sont pas encore évolutives. (...)

Mais beaucoup de ces questions sont des défis *technologiques* qui pourraient être résolus au fil du temps. (...) Je pense donc qu'il n'est pas judicieux de rejeter les monnaies virtuelles. (...) Et pourquoi les citoyens pourraient-ils détenir des monnaies virtuelles plutôt que des dollars physiques, des euros ou des livres sterling ? Parce qu'il sera peut-être un jour plus facile et plus sûr que d'obtenir des billets, en particulier dans les régions éloignées. Et parce que les monnaies virtuelles pourraient devenir plus stables. (...)

L'émission peut être totalement transparente, régie par une règle crédible et prédéfinie, un algorithme qui peut être surveillé ... ou même une "règle intelligente" qui pourrait refléter des circonstances macroéconomiques changeantes.

Donc, à bien des égards, les monnaies virtuelles pourraient simplement donner aux devises existantes et à la politique monétaire un coup de fouet. La meilleure réponse des banquiers centraux est de continuer à mener une politique monétaire *efficace*, tout en étant ouvert à de nouvelles idées et à de nouvelles demandes, à mesure que les économies évoluent. »[74]

Nous présenterons aussi quelques situations où la banque centrale

---

74. *Central Banking and Fintech — A Brave New World?*, Christine Lagarde, FMI, 29/112017.

ne semble pas encore avoir effectué le choix de la cryptomonnaie mais étudie néanmoins les bénéfices de la blockchain pour d'autres utilisations.

1) L'Islande

Chacun se souvient de la crise financière qu'a subie ce pays entre 2008 et 2011, avec la faillite de ses trois principales banques commerciales, puis le chantage au prêt du FMI pour que la population, pourtant victime et non responsable de cette situation, accepte de s'endetter à long terme afin de payer ces dettes bancaires privées. Un contrôle des capitaux et des changes strict est mis en place dans cette période troublée, afin de limiter au maximum la sortie de fonds et de devises.

C'est dans ce contexte de crise et de contrôle des capitaux que la Banque centrale confirme en décembre 2013 au journal *Morgunbladid* que la loi sur les changes n'autorise pas les opérations avec le bitcoin.[75]

Deux mois plus tard, en février 2014, un ou plusieurs Islandais utilisant le pseudonyme de Baldur Friggjar Odinsson lance(nt) une cryptomonnaie du nom d'« auroracoin », une alternative au bitcoin et à la couronne, la devise du pays. Il(s) l'accompagne(nt) d'un manifeste politique : « Le peuple d'Islande est sacrifié sur l'autel d'un système financier faussé, contrôlé par une élite qui a fait des paris astronomiques soutenus par le gouvernement au nom du peuple et finalement au détriment du peuple (...) Les cryptomonnaies sont une pierre très importante dans cette lutte pour la liberté. Elles apportent l'espoir d'une nouvelle ère de devises libres, à l'abri de l'ingérence des politiciens et de leurs copains. »

Les modalités de lancement précisent que la moitié des 21 millions d'auroracoins créés sera distribuée à partir du 25 mars aux près de 330 000 citoyens inscrits sur le Registre national des identités, soit 31,8 unités par personne. Pour ce faire, un airdrop est prévu, qui se déroule en trois phases sur un an. Lors de la première, un peu plus

---

75. *Höftin stöðva viðskipti með bitcoin*, Morgunbladid, 19/12/2013.

Chapitre 2

de 35 000 personnes demandent leurs auroracoins, puis un peu plus de 5 000 et de 2 600 lors des phases 2 et 3, soit, au total, environ 13 % de la population. Moins de 50 % de la distribution prévue est atteinte, le solde étant gelé :

	Auroracoins
Total maximum	21 000 000
Total distribuable	10 500 000
Total distribué	5 155 372
Total gelé	5 344 628
Offert à la Fondation Auraráð	1 000 001

La Fondation Auraráð est créée le 29 mars 2015 dans le but de promouvoir le développement et l'adoption de l'auroracoin. Elle reçoit à cet effet 1 000 001 unités de la part des fondateurs.

Voici le tableau des cours de l'auroracoin depuis ses débuts :

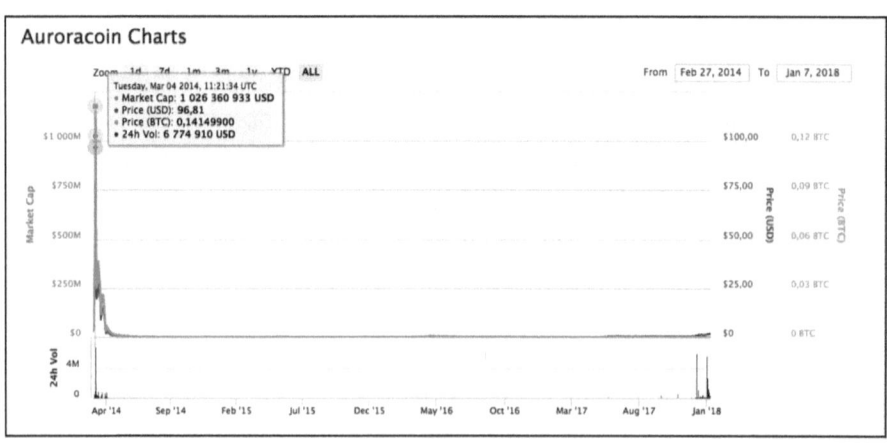

Source : Coin Market Cap

Il apparaît sur le graphique que le 4 mars 2014, soit une vingtaine de jours avant la distribution, l'auroracoin cote déjà 96,81 $, ce qui donne une capitalisation de 1,026 milliard $, faisant de cette nouvelle cryptomonnaie la troisième, derrière le bitcoin et le ripple, mais devant le litecoin !

Ainsi que nous l'avons déjà souligné, ces données prouvent que le critère de la capitalisation peut être trompeur, car il consiste à multiplier le cours par le nombre d'unités émises, mais, dans les faits, il n'y avait pas 10,5 millions d'auroracoins en circulation – et même encore aucun à cette date – et à peine plus de cinq millions à la fin de l'airdrop.

Le cours tombe vite près de 0 et n'en bougera pas pendant plus de trois ans et demi. Signalons toutefois qu'il y a de nouveau de l'activité sur l'auroracoin depuis quelques semaines :

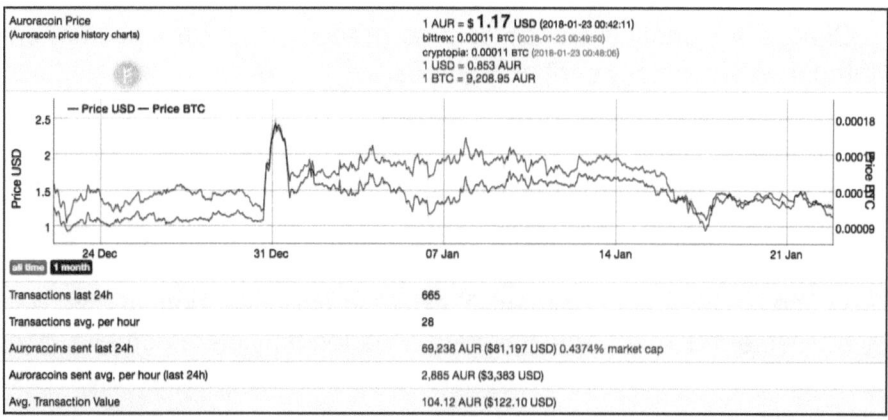

Source : Bitinfo Charts

Est-ce l'annonce d'une nouvelle aube pour l'auroracoin ? En attendant de le vérifier à moyen terme, signalons que la banque centrale islandaise n'a pas annoncé de projet de création d'une cryptomonnaie nationale.

Chapitre 2

2) L'Écosse

Elle n'est pas (encore) un pays et n'émet donc pas sa propre monnaie – elle utilise la livre sterling, bien que les banques écossaises puissent imprimer leurs propres billets. Pourtant, « sa » cryptomonnaie existe déjà : le scotcoin. Voici ce qu'en disent ses promoteurs sur le site du projet :

« Le scotcoin a été créé en 2013 et est l'une des premières et plus réussies monnaies numériques alternatives liées à un pays.

Le scotcoin est fier de ses racines écossaises, mais il ne se limite pas à l'Écosse. Il peut être utilisé par des particuliers et des entreprises du monde entier pour transférer des richesses, des produits et des services.

Afin de traiter les transactions rapidement et en toute sécurité, Scotcoin utilise la plateforme Counterparty, qui profite de la puissance de la blockchain du bitcoin, désormais bien établie. (...)

Chaque transaction en scotcoin se rattache à une transaction en bitcoin où ses détails sont enregistrés. »[76]

Même si le site annonce que « le scotcoin sera bientôt accepté dans 2 000 lieux au Royaume-Uni », à peine plus d'une dizaine est recensée pour l'instant sur la page des « Merchants », dont deux appartiennent au repreneur du scotcoin, David Low. En effet, le véritable créateur est Derek Nisbet, qui en offre 1 000 unités à chaque résident adulte de l'Écosse lors du lancement. Il explique ainsi ses motivations : « Il y a tellement d'incertitudes avec la situation financière actuelle, que l'introduction d'une cryptomonnaie volontaire, qui pourrait à l'avenir servir de moyen d'échange pour le peuple écossais, ne peut que lui être bénéfique si devait se produire un bouleversement majeur. »[77]

Ce qui s'apparente à un coup de communication est organisé en août 2017 : un ami de David Low lui achète son appartement, évalué à 60 000 £, et le paie avec dix millions de scotcoins, soit une parité de 1 £ = 167 S.

---

76. www.scotcoinproject.com.
77. *Bitcoin goes national with Scotcoin and Auroracoin*, Alex Hern, *The Guardian*, 25/03/2014.

Les détails de la transaction peuvent être lus sur la version en ligne du *Daily Mail*, qui présente ainsi le scotcoin : « (...) À l'instar d'autres monnaies numériques, comme l'infâme bitcoin, les paiements sont effectués directement entre particuliers ou entreprises, ce qui supprime le besoin de banques. Le dernier prix du scotcoin, qui peut être acheté en ligne, est indiqué à 7 £ pour 1 000 unités. Ceci est à mettre en relation avec le prix de vente de 3 021 £ pour un seul bitcoin. Il existe un milliard de scotcoins, ce qui signifie que si la demande augmente, la valeur de chacun augmentera également. »[78]

Le scotcoin méritait de figurer dans ces pages, car même s'il n'a pas été créé par une institution nationale, son site présente huit objectifs pour 2017, dont le dernier promet : « Nous offrirons le scotcoin et son écosystème au gouvernement écossais dans le cadre d'un processus leur permettant de prendre le contrôle de la politique monétaire en Écosse. »

Ambition louable, qui suppose toutefois un prérequis : l'indépendance de l'Écosse. Si cet événement devait se produire, au moins, la cryptomonnaie souveraine est prête – même si elle ne vaut pas (encore) grand chose aujourd'hui.

Source : WorldCoin Index

---

78. *Two-bed flat worth £60,000 becomes the first in the country to be bought using digital currency as it sells for 10 million Scotcoins*, Keiran Southern, MailOnLine, 22/08/2017.

Chapitre 2

Il existe d'autres cryptomonnaies semblables à l'auroracoin et au scotcoin, c'est-à-dire portant une identité nationale et nées d'initiatives privées voire individuelles, tels le GaelCoin (Irlande – il a quasiment disparu depuis) ou le PesetaCoin, créé en 2014, qui, ainsi que son nom l'indique, a l'Espagne pour origine. Dans l'immédiat, un tel projet ne peut avoir d'envergure, car la monnaie du pays reste l'euro, et la Banque centrale européenne interdit les cryptomonnaies nationales, ainsi que nous l'exposons ci-dessous. Le lecteur intéressé peut néanmoins visiter le site officiel : www.pesetacoin.info.

Source : WorldCoin Index

3) L'Équateur

Même si leurs fondateurs leur ont donné une identité nationale, les premières cryptomonnaies présentées dans ce chapitre ne sont pas émises par des pays. Étudions maintenant les situations réellement liées à des États. Le premier cas est l'Équateur, qui présente la particularité d'avoir abandonné en 2000 sa devise, le sucre, au profit du dollar américain, par suite d'instabilité monétaire et de dépréciations répétées.

Quinze ans plus tard, CNBC titre : *L'Équateur devient le premier pays à déployer sa propre monnaie numérique*.[79] Il s'agit du Dinero electrónico, qui, ainsi que le présente une étude de la Banque des règlements internationaux, « est un service de paiement mobile où la banque centrale fournit les comptes sous-jacents au public. Les citoyens peuvent ouvrir un compte en téléchargeant une application, en enregistrant leur numéro d'identité national et en répondant aux questions de sécurité. Les personnes déposent ou retirent de l'argent en se rendant dans des centres de transactions désignés. En tant que tel, c'est un exemple (rare) d'un système de compte en monnaie déposée. Étant donné que l'Équateur utilise le dollar américain comme monnaie officielle, les comptes sont libellés dans cette monnaie. »[80]

Le 30 août 2017, une nouvelle étape est annoncée : « 1. La Banque centrale de l'Équateur ne tiendra plus de comptes de monnaie électronique dès que les banques et les coopératives mettront en place leurs systèmes en production. Ces plateformes respecteront des normes internationales garantissant la sécurité et la qualité. »[81]

Certes, il s'agit réellement d'un système de monnaie électronique, mais il ne correspond pas au principe d'une cryptomonnaie, basée sur la technologie de la blockchain. L'Équateur est d'ailleurs l'un des premiers pays à avoir banni l'utilisation du bitcoin, votée par l'Assemblée nationale le 24 juillet 2014 (session n° 286). La banque centrale rappelle encore dans un communiqué officiel le 8 janvier 2018 que « le bitcoin n'est pas un moyen de paiement autorisé dans le pays (...) conformément à l'article 94 du Code organique monétaire et financier », même si l'achat et la vente par internet de cryptomonnaies ne sont pas interdits.

---

79. *Ecuador becomes the first country to roll out its own digital cash*, Everett Rosenfeld, CNBC, 6/02/2015.
80. *Central bank cryptocurrencies*, Morten Linnemann Bech et Rodney Garratt, Banque des règlements internationaux, 17/09/2017.
81. *Dinero electrónico será manejado por la banca pública, privada y el sistema financiero popular y solidario*, Banco Central del Ecuador, communiqué du 30/08/2017.

Chapitre 2

4) L'Uruguay

Malgré une année d'analyse, la banque centrale (BCU) ne se prononce toujours pas fin 2017 sur la question de savoir si le bitcoin peut être considéré comme de l'argent électronique et donc soumis potentiellement à la supervision des autorités monétaires. En revanche, le 3 novembre, son président, Mario Bergara, annonce le lancement d'un projet pilote de « billets digitaux » qui durera six mois, auprès de dix mille clients de la compagnie nationale de téléphonie mobile Antel.

Ils doivent télécharger une application sur le site www.epeso.com.uy qui fonctionne sur tous types d'appareils téléphoniques, s'enregistrer et approvisionner leur compte via le système de paiement national Red Pagos. Ensuite, ils pourront payer dans le réseau de commerçants adhérents et s'envoyer de l'argent entre eux, mais il ne s'agit pas d'une cryptomonnaie, basée sur la blockchain. Dans le principe, cela ressemble à ce qu'a mis en place l'Équateur.

5) Le Canada

Le 22 mai 2017, l'Enterprise Ethereum Alliance (EEA), qui regroupe de nombreuses entreprises intéressées par la technologie de la Blockchain Ethereum, annonce par communiqué qu'elle a été rejointe par quatre-vingt-six nouveaux membres, dont Toyota, Samsung SDS, Deloitte, Merck, Rabobank... et la Banque nationale du Canada. En fait, c'est dès 2016 que cette dernière a commencé à expérimenter la technologie de la blockchain, en vue d'en analyser les bénéfices et les risques. Cette expérimentation, appelée « Projet Jasper », est développée en collaboration avec les banques.

Même s'il est créé une monnaie numérique pour les besoins des tests, le CAD-coin, le document de présentation de Jasper publié par la Banque du Canada en juin 2017 montre qu'il s'agit plutôt, dans l'immédiat, de tests portant sur l'intégration éventuelle de la technologie blockchain au sein du système de paiement général. Cela n'exclut pas l'utilisation à terme d'une cryptomonnaie nationale, d'autant plus que les banques s'échangent déjà des CAD-coins convertibles en dollars canadiens dans le cadre de l'expérimentation. Il est toutefois encore trop tôt pour savoir la direction que prendra la Banque du Canada sur la question de la création d'une cryptomonnaie souveraine destinée au public, bien qu'elle paraisse une option probable dans le futur.

6) Les Pays-Bas

De Nederlandsche Bank (DNB), la banque centrale, informe dans un rapport daté du 16 mars 2016 qu'elle a conduit des essais pour développer une cryptomonnaie basée sur la blockchain, « une innovation qui pourrait avoir de lourdes conséquences, y compris pour les paiements et les opérations sur titres. Alors que nous reconnaissons les nouvelles opportunités des monnaies digitales, nous en voyons également les risques. »[82]

La DNB ne peut lancer de cryptomonnaie nationale, car elle fait partie de la zone euro. En revanche, son expérience est instructive, et voici le résumé de ses observations :

« Avantages potentiels des monnaies virtuelles (…) :

- les transactions peuvent être effectuées directement entre l'auteur et le destinataire, sans intermédiaires et à faible coût.

- La technologie est rapide et toujours disponible, ce qui permet de traiter les transactions presque en temps réel et en continu. Cela signifie qu'une opération transfrontalière peut être réalisée en quelques secondes.

- Les données sont fiables, car toutes les transactions sont vérifiées de manière décentralisée. De plus, le système résiste aux cyberattaques, car les informations sont stockées à différents endroits du réseau.

Inconvénients potentiels des monnaies virtuelles (…) :

- Problèmes de gouvernance : la nature décentralisée du réseau obscurcit les responsabilités de ses membres, ce qui signifie qu'aucun d'entre eux ne peut être tenu pour responsable en cas d'incidents.

---

82. www.dnb.nl => Virtual Currencies.

Chapitre 2

- La technologie n'est pas encore complètement mûre. Une normalisation plus poussée est nécessaire pour assurer l'interopérabilité des nouveaux systèmes.

- Si les institutions financières traditionnelles ou les opérateurs de transactions devaient introduire les nouvelles technologies, des risques opérationnels apparaîtraient en termes de robustesse, de sécurité et d'interopérabilité. »

En conclusion, voici ce que déclare la DNB : « Nous reconnaissons les possibilités offertes par la nouvelle technologie. L'introduire exigera également des ajustements de la part des banques centrales et des autorités de surveillance. Une option serait que les banques centrales émettent elles-mêmes des devises numériques. Plusieurs banques centrales étrangères étudient actuellement la question. Nous avons construit un réseau de test basé sur la technologie blockchain à des fins d'étude et pour acquérir une expérience pratique. Nous sommes également impliqués dans un test dans lequel une banque néerlandaise conserve ses données dans un réseau blockchain, ce qui permet à ses superviseurs d'avoir des informations à jour en tout temps. »

Cette expérience a été partagée avec plusieurs autres banques centrales, certaines ayant progressé dans la création d'une cryptomonnaie souveraine, ainsi que nous allons le constater avec les pays suivants.

7) Le Royaume-Uni

Sur son site internet, la Banque d'Angleterre informe : « Nous ne prévoyons pas actuellement d'émettre une devise numérique de banque centrale. Cependant, nous menons des recherches pour mieux comprendre les implications d'une banque centrale, comme la Banque d'Angleterre, émettant une monnaie numérique. Nous avons commencé à inclure dans notre programme de recherche cette possibilité d'émettre une monnaie numérique en février 2015. »[83] Ce projet a été développé en partenariat avec des chercheurs du University College London et la monnaie s'appelle le RSCoin.

---

83. www.bankofengland.co.uk => Digital Currencies.

Le 20 décembre 2017, Mark Carney, le gouverneur, déclare devant les parlementaires que la technologie de la blockchain pourrait améliorer la façon dont les transactions sont conduites entre les institutions financières, mais « il pourrait y avoir des risques d'instabilité financière si une telle approche était déployée dans toute l'économie à travers une cryptomonnaie destinée au grand public ».[84]

Il explique que, comme il n'y aurait plus d'intermédiaire avec un tel système, cela pourrait « provoquer une situation de ruée instantanée vers les banques », qui n'auraient pas assez de fonds pour payer ceux qui voudraient vider leur compte pour en ouvrir un autre, notamment à la banque centrale. Cela pourrait créer de graves turbulences dans l'économie, d'autant plus que les banques n'auraient plus de dépôts suffisants pour allouer des prêts, tandis que la Banque d'Angleterre se retrouverait avec d'immenses disponibilités qu'elle ne serait pas en mesure de distribuer. Ce dernier point nous semble discutable, car la banque centrale pourrait mettre en place un dispositif de distribution, mais c'est un autre débat – nous l'ouvrons en conclusion.

Lors de son intervention, il répète que le bitcoin, malgré ses mouvements erratiques, ne présente aucune menace pour la stabilité financière globale.

Le 4 janvier 2018, le *Financial Times Adviser* publie l'information que la banque centrale leur a indiqué renoncer à lancer une cryptomonnaie nationale pour les raisons évoquées par Mark Carney ci-dessus, mais qu'elle continuera les recherches dans ce domaine. « Elle s'est également inquiétée de sa capacité à maintenir la stabilité financière grâce à la politique de taux d'intérêt dans un monde de monnaies numériques. »[85]

Il n'y aura donc pas de cryptomonnaie nationale au Royaume-Uni, du moins dans les mois à venir. En tout cas, les raisons invoquées par la Banque d'Angleterre, complémentaires des observations de la De Nederlandsche Bank, ne peuvent qu'inspirer d'autres banques

---

84. *BoE's Carney sees problems with central-bank issued cryptocurrencies*, Andy Bruce, Reuters, 20/12/2017.
85. *Bank halts crypto-currency plans over stability fears*, David Thorpe, *FT Adviser*, 4/01/2018.

centrales, notamment dans les pays dits « riches », où l'introduction d'une cryptomonnaie nationale pourrait provoquer l'effondrement du système bancaire.

À noter toutefois qu'une ou plusieurs cryptomonnaies privées pourraient progressivement devenir suffisamment importantes au point de supplanter la livre sterling dans certains domaines de l'économie. La Banque d'Angleterre disposerait encore d'un atout (majeur) pour éviter l'effondrement bancaire : interdire les paiements dans tout autre devise que la monnaie qu'elle émet – avec les conséquences négatives que cela pourrait aussi entraîner, sur lesquelles nous reviendrons ci-dessous.

8) La Pologne
En février 2018, la presse révèle que la banque centrale – Narodowy Bank Polski – a dépensé environ 27 000 $ dans des campagnes publicitaires anti-cryptomonnaies sur les réseaux sociaux, auprès de Google, Facebook et un YouTuber polonais populaire comptant plus de 900 000 abonnés. L'une des vidéos s'intitule *J'ai perdu tout mon argent !?*. Le problème est que le public est trompé puisqu'il n'est pas précisé qu'il s'agit de publicité, en faisant faussement croire que ce sont de vrais messages. La pratique est illégale, mais cela ne gêne pas la banque centrale. En tout cas, c'est une méthode originale pour lutter contre les cryptomonnaies.

Parallèlement, la Pologne avance sur le développement d'une cryptomonnaie souveraine, ainsi que l'annonce en janvier le quotidien polonais *Puls Biznesu*. Cette monnaie, intitulée le Digital PLN (dPLN), regroupe l'expertise de plusieurs partenaires, dont le Polish Blockchain Technology Accelerator (PATB), le ministère de la Digitalisation et l'université Lazarski de Varsovie. Le Pr Krzysztof Piech, qui est aussi le président du PATB, déclare au journaliste : « Nous avons créé une monnaie cryptographique, que nous avons privée de caractéristiques spéculatives. Nous voulons donner à notre économie de l'argent qui ne génère pas de profit et ne nécessite pas d'infrastructure coûteuse, et, à propos, son transfert est ultra-rapide. »[86]

---
86. *Poland is Developing National Cryptocurrency*, Arnab Shome, *FinanceMagnates*, 17/01/2018.

Nous considérons qu'ôter ou au moins limiter les possibilités de spéculer sur une cryptomonnaie est une condition indispensable pour sa réussite à long terme. Il nous paraît néanmoins difficile de les supprimer totalement à partir du moment où il y a possibilité d'échange avec d'autres monnaies.

Même si le projet n'a pas encore reçu l'accord du gouvernement pour son déploiement, il est novateur et intéressant, et pourra servir de modèles aux institutions financières d'autres pays. Le Pr Krzysztof Piech indique aussi qu'ils ont exploré l'option de créer une banque décentralisée basée sur la blockchain, mais ont abandonné l'idée, à cause de la complexité légale, pas technique.

9) La Russie

Le 27 janvier 2014, la Banque centrale de Russie publie un communiqué de presse annonçant que fournir un service d'échanges de monnaies virtuelles par des sociétés commerciales sera considéré comme une violation des lois contre le blanchiment d'argent et le financement du terrorisme.

Deux ans plus tard, le 28 février 2016, la Banque centrale informe qu'elle « a créé un groupe de travail sur l'analyse des technologies de pointe et des innovations dans le domaine financier. Parmi les questions prioritaires figure l'étude des technologies de distribution (par exemple, la blockchain), ainsi que les nouveaux développements dans les domaines de la téléphonie mobile, des paiements et autres ».[87]

Au Forum économique international de Saint-Pétersbourg, le 2 juin 2017, Olga Skorobogatova, vice-gouverneur de la Banque centrale de Russie, annonce que « nous allons arriver à la monnaie nationale virtuelle, nous avons déjà commencé à travailler dessus ».[88] L'information circule qu'elle pourrait s'appeler le « CryptoRouble ».

---

87. *Банк России займется анализом и оценкой возможностей применения новых финансовых технологий*, Banque centrale de Russie, communiqué du 28/02/2016.
88. *ЦБ начал работу над созданием национальной криптовалюты*, Ria Novosti, 2/06/2017.

Chapitre 2

En août, le vice-Premier ministre, Igor Shuvalov, confirme que la Russie a des plans pour introduire sa propre monnaie virtuelle basée sur la technologie de la blockchain. Il précise que le FSB [Service de sécurité] « travaille activement au niveau international et veut s'assurer que les problèmes de sécurité soient résolus dès le début », et que cette technologie est d'un intérêt bien plus grand que le seul usage des cryptomonnaies, car « elle fournit aussi le mécanisme pour un service public professionnel, transparent et rapide ».[89]

Le site spécialisé The Cointelegraph publie un article le 15 octobre basé sur des sources russes informant que le président Poutine a confirmé que la Russie créera bien le « CryptoRouble », ainsi que l'annonce alors Nikolay Nikiforov, ministre des Communications. Émis, contrôlé et maintenu par les autorités, il ne sera pas miné et se situera sur une parité égale à celle du rouble.[90]

En décembre, Alexeï Moïseïev, ministre des Finances, déclare qu'il travaille avec la Banque centrale de Russie et le Comité des marchés financiers du Parlement à un projet de loi pour réglementer toutes les activités liées au bitcoin et aux autres cryptomonnaies, que ce soit l'échange, le minage, l'utilisation comme moyen de paiement, les ICO, etc.

Mi-janvier, Arseni Scheltsin, directeur de la Russia's Cryptocurrency and Blockchain Association, annonce que les propositions de création et de régulation du CryptoRouble seront présentées en juillet 2018, pour un lancement qui n'interviendra pas avant 2019.[91]

Fin janvier 2018, un projet de loi est soumis au Parlement afin que le CryptoRouble soit accepté comme un (futur) moyen de paiement officiel, ce qui implique d'amender le Code civil. Un autre projet de loi portant sur la réglementation du minage et de la circulation des actifs financiers digitaux est également déposé.

Le monde est désormais dans l'attente des prochaines annonces, que ce soit sur cette nouvelle législation ou le CryptoRouble, d'autant

---

89. *Kremlin considers crypto-ruble & use of blockchain in public service*, Russia Today, 24/08/2017.
90. *BREAKING: Russia Issuing 'CryptoRuble'*, John Buck, The CoinTelegraph, 15/10/2017.
91. *Russia Postpones "Crypto Ruble" Launch to Mid-2019*, Forklog, 16/01/2018.

plus que les différents officiels qui se sont exprimés ces six derniers mois n'envisagent pas que leur cryptomonnaie ne soit utilisable qu'à l'intérieur de la Russie. C'est peut-être pour cette raison que le lancement, pourtant annoncé en octobre 2017 comme prévu « dans les semaines à venir », est décalé. Nous reviendrons au Chapitre 3 sur le développement international du CryptoRouble.

10) L'Abkhazie

Situé sur les bords de la mer Noire, ce petit territoire de 8 653 km^2 et moins de 250 000 habitants déclare son indépendance de la Géorgie en 1992, qui la refuse, de même que l'Onu, considérant qu'elle en fait toujours partie. En tant qu'État indépendant, elle n'est d'ailleurs reconnue que par la Russie, le Venezuela, le Nicaragua et Nauru.

Cette situation politique ambiguë ne l'empêche pas début octobre 2017 « d'annoncer un plan pour lever l'équivalent d'un milliard de dollars en cryptomonnaie via une ICO. L'État séparatiste aspire depuis longtemps à la légitimité internationale et a du mal à attirer des investissements pour financer ses projets de développement interne – une situation qu'il espère renverser en créant une cryptomonnaie parrainée par l'État.

Lors d'une conférence à Moscou la semaine dernière, des officiels du gouvernement abkhaze, Adgur Ardzinba et Evgeny Galiakhmetov, ont déclaré que le pays naissant allait bientôt commencer à vendre des ARC (Abkhazian Republic Coins). Ils ont dit que cette cryptomonnaie (limitée à 8 milliards d'unités) serait ouverte aux investisseurs étrangers et qu'elle deviendrait à terme la seule monnaie légale du pays. Les Abkhazes seraient fortement incités à adopter les ARC, car, pour les trois premières années, le gouvernement renoncerait à une série de taxes pour les utilisateurs. »[92]

Cette cryptomonnaie permettrait aussi de contourner d'éventuelles sanctions internationales. Des précisions n'ont pas encore été apportées sur la réalisation de ce projet, ni même sur sa faisabilité, compte tenu des incertitudes politiques. En effet, la création d'une

---

92. *Abkhazia announces ICO to fund first state-run cryptocurrency*, Luke Parker, Brave NewCoin, 19/10/2017.

Chapitre 2

cryptomonnaie pourrait être considérée comme un pas de plus vers l'indépendance et entraîner... la guerre avec la Géorgie.

11) Le Kirghizistan

Cette ancienne république de l'URSS au cœur de l'Asie centrale, d'environ 200 000 km^2 et six millions d'habitants, a vraisemblablement commencé son histoire officielle avec les cryptomonnaies le 18 juillet 2014, par un avertissement de sa banque centrale :

« La Banque Nationale de la République kirghize note que le monde a récemment vu l'émergence et la propagation de ce nouveau phénomène de "monnaie virtuelle", en particulier le bitcoin. Elles sont également appelées "cryptomonnaie", "monnaie digitale", "monnaie virtuelle décentralisée" (...). On a pu observer au Kirghizistan aussi des tentatives de propagation et d'utilisation de "monnaies virtuelles", pour les populariser parmi la population de notre pays.

Dans le même temps, nous ne devons pas oublier qu'en vertu de la législation de la République kirghize, la seule monnaie légale sur le territoire de notre pays est la monnaie nationale "som". Et l'utilisation de "monnaies virtuelles", les bitcoins en particulier, comme un moyen de paiement dans la République kirghize sera une violation de la loi de notre État. »[93]

Le début de ce communiqué est sans ambiguïté, mais voici comment il se termine : « Ainsi, des personnes ou des entités utilisant de quelque manière que ce soit une "monnaie virtuelle" sont soumises aux risques susmentionnés. Et aussi, lorsqu'elles sont impliquées dans ces activités, elles assument toutes les conséquences négatives possibles de la possible violation de la législation de la République kirghize. » Pourquoi avoir ajouté « possible » devant violation ?

D'après CoinDesk, les données montrent que de l'ordre de 1 000 portefeuilles officiels bitcoin-Qt ont été téléchargés à l'époque au Kirghizistan, ce qui reste limité.[94]

---

93. Communiqué : *Warning of the National Bank of the Kyrgyz Republic on the spread and use of the "virtual currency", in particular, bitcoins*, 18/07/2014.
94. *Kyrgyzstan: Bitcoin Payments Violate State Law*, Pete Rizzo, CoinDesk, 4/08/2014.

Malgré l'avertissement de la Banque centrale l'année précédente, un premier distributeur de bitcoin est installé dans une pizzeria de Bichkek, la capitale, en septembre 2015 – il serait même le premier appareil de l'Asie centrale. « Beaucoup de gens assistèrent au lancement du distributeur. Surtout des banquiers. Il y avait aussi des représentants de la Banque nationale. Tout le monde était intéressé par ce qu'est le bitcoin. Très peu de gens en avaient entendu parler à ce moment-là », explique l'un des deux promoteurs du projet.[95]

Bien que le bitcoin ne soit toujours pas légalisé, cette installation a pu se faire car « bien que la loi s'applique aux institutions officielles, elle n'agit que comme une recommandation pour les individus », selon l'article de Coinfox. De trois à quatre clients viennent donc chaque mois à la pizzeria pour des achats de bitcoins représentant en moyenne l'équivalent de 1 500 $. Nous ne savons pas ce qu'il est advenu de ce distributeur, mais il n'apparaît pas sur la carte ni dans le listing de Coin ATM Radar (en revanche, le Kazakhstan voisin en a trois début 2018).

Le 14 juin 2017, le Premier ministre annonce que le Kirghizistan est en train de planifier la création d'une cryptomonnaie souveraine soutenue par l'or. Avec la Russie, c'est le premier projet de la sorte au sein de l'Union économique eurasienne (UEE/UEEA : Arménie, Biélorussie, Russie, Kazakhstan et Kirghizistan), suivi par celui du Kazakhstan, qui annonce en octobre travailler sur la création de sa cryptomonnaie nationale (cf. page suivante).

L'une des raisons du Kirghizistan est le fait que les transferts d'argent de ses travailleurs à l'étranger représentent environ 32 % de son PNB (il dépasse légèrement les 20 milliards $ en 2016)[96]. Disposer d'un système aussi puissant et efficace que la blockchain permettrait de recevoir des dizaines de millions de dollars en plus, actuellement payés en frais de transfert donc conservés en partie dans les pays émetteurs (cf. encadré p. 110).

---
95. *Bitcoin enthusiasts advocate cryptocurrency in Kyrgyzstan*, Aliona Chapel, Coinfox, 1/10/2015.
96. *Bitcoin enthusiasts advocate cryptocurrency in Kyrgyzstan*, Aliona Chapel, Coinfox, 1/10/2015.

Chapitre 2

Quant à soutenir sa cryptomonnaie par l'or, cela peut sembler étonnant, mais pas si l'on regarde la cotation des obligations du Kirghizistan par les agences de rating internationales : pour 2017, Moody's leur attribue la note B2 – définition : « Les obligations notées B sont considérées comme spéculatives et sont soumises à un risque de crédit élevé. »[97] Cela signifierait que l'ambition du Kirghizistan avec sa cryptomonnaie nationale est d'aller au-delà de ses frontières.

12) Le Kazakhstan
Le 13 juin 2017, la banque centrale publie un communiqué informant qu'elle a terminé le développement d'une application mobile basée sur la blockchain.[98] En voici le résumé : « Le projet proposé permettra aux citoyens d'acheter et de vendre en ligne des titres de la Banque nationale à partir d'un téléphone cellulaire, sans passer par des intermédiaires (...). Pas de taxe et pas de commission. Liquidité absolue et aucune restriction sur les durées de détention. »[99]

Le 16 juin, Nursultan Nazarbayev, président du Kazakhstan, déclare lors d'une session du 10ᵉ Forum économique d'Astana : « Il est temps d'envisager l'introduction de l'unité de paiement globale. Cela permettra d'épargner au monde les guerres sur les devises, la spéculation, d'éviter les distorsions dans les relations commerciales et de réduire la volatilité sur les marchés. La monnaie devrait avoir un mécanisme d'émission transparent et simple, soumis à ses utilisateurs. Une unité de compte de paiement peut être créée sous la forme d'une cryptomonnaie en prenant en considération la digitalisation et le développement de la blockchain (...) L'introduction d'une monnaie mondiale est possible en organisant un pool de banques centrales, par exemple, auprès du Comité spécial aux Nations Unies. »[100]

---
97. Source Moody's, Rating Scale and Definitions.
98. Ұлттық Банкінің қысқа мерзімді ноттарын «блокчейн» технологиясын пайдалана отырып орналастыру жобасы туралы, Central Bank of Kazakhstan, 13/06/2017.
99. *Kazakhstan Central Bank Develops Blockchain Mobile App for Securities*, Samburaj Das, CCN, 14/06/2017.
100. *Kazakh President proposes international currency, climate solutions at AEF*, Zhanna Shayakhmetova, *The Astana Times*, 19/06/2017.

En attendant cette monnaie mondiale, CNBC annonce le 17 octobre que le gouvernement prépare le lancement de sa propre cryptomonnaie, à la suite des déclarations du directeur de l'Astana International Finance Center, qui a signé un accord à cet effet avec la société Exante, un prestataire de Malte.[101]

D'autres informations devraient être publiées prochainement sur l'avancée de cette cryptomonnaie souveraine.

13) Singapour

Lors d'une question parlementaire sur l'importance qu'ont prise les cryptomonnaies, la Monetary Authority of Singapore (MAS) répond le 2 octobre 2017 qu'une vingtaine de détaillants (seulement) acceptent des bitcoins en paiement. C'est peu, comparativement à d'autres pays. Même le trading à des fins spéculatives est relativement faible, ne serait-ce que par rapport à Hong Kong.[102]

Concomitamment, la MAS conclut la phase 2 de son projet Ubin, qui en compte cinq. De quoi s'agit-il ? De la création d'une monnaie digitale de banque centrale utilisant le principe de la blockchain. Annoncé en 2016 et s'inspirant « de l'architecture, du code et des leçons du Projet Jasper » développé par la banque centrale du Canada, il est prévu que les tests d'Ubin soient terminés pour la fin 2018. La MAS annoncera ensuite son lancement ou non, ou partiellement. Cette cryptomonnaie pourrait, en effet, n'être utilisée que dans les paiements transfrontières entre établissements bancaires. D'ailleurs, plusieurs grandes banques internationales sont associées au projet Ubin, dont Bank of America Merrill Lynch, Citigroup, Credit Suisse, HSBC, J.P. Morgan, Mitsubishi UFJ Financial Group...

Parallèlement, ainsi que l'explique la MAS sur son site, deux programmes complémentaires sont testés : « Le premier, mené par la Bourse de Singapour (SGX), vise à rendre le cycle de liquidation et de règlement des titres à revenu fixe plus efficace grâce à la

---

101. *Kazakhstan plans to launch its own cryptocurrency*, Ryan Browne, CNBC, 17/10/2017.
102. *Reply to Parliamentary Question on the prevalence use of cryptocurrency in Singapore and measures to regulate cryptocurrency and Initial Coin Offerings*, Monetary Authority of Singapore, 2/10/2017.

technologie DLT (Distributed Ledger Technology, ou blockchain). Le deuxième se concentre sur de nouvelles méthodes pour effectuer des paiements transfrontaliers en utilisant la monnaie numérique de la banque centrale. »

Coûteux envois d'argent (« remittances »)

Le mot anglais « remittance » désigne « un transfert d'argent par un travailleur étranger à un particulier de son pays d'origine. »[103] Les montants envoyés représentent une part significative des flux internationaux de capitaux et jouent un rôle de plus en plus important dans l'économie de nombreux pays. La Banque mondiale estime qu'ils s'élèveront à 585 milliards $ pour 2017, dont 442 à destination des pays en développement. Ils transitent principalement par des services spécialisés comme Western Union, Moneygram, Ria, etc.

Le montant des frais de transfert est un problème crucial, auquel s'est attaqué, entre autres, la Banque mondiale, avec la création d'une base de données spécialisée intitulée « Remittance Prices Worldwide » (RPW). Cet index arrive à un coût moyen de 7,09 % du montant envoyé (chiffre au troisième trimestre 2017), avec de fortes disparités entre les pays destinataires, et encore à 2,09 % de l'objectif de 5 % fixé par le G20. D'ailleurs, ainsi que l'indique la page d'accueil du site du RPW, « réduire les prix d'au moins 5 points de pourcentage peut permettre d'économiser jusqu'à 16 milliards de dollars par année. »[104]

---

103. Source : Wikipedia, https://en.wikipedia.org/wiki/Remittance.
104. https://remittanceprices.worldbank.org/en.

Par exemple, WU réalise en 2016 un chiffre d'affaires de 5,4 millards $ et un profit opérationnel de 1 milliard $, avec 550 000 sites dans plus de deux cents pays et territoires et 150 millions de clients.[1] Si nous prenons ce taux moyen de frais de 7,09 %, cela signifie qu'ont circulé approximativement 75 milliards $ via les caisses de WU. Voyons l'impact sur les neuf premiers pays destinataires :

(en milliards $)	2016	2017 (estimations)	Frais 7 %
Inde	62,7	65,4	4,578
Chine	61	62,9	4,403
Philippines	29,9	32,8	2,296
Mexique	28,5	30,5	2,135
Pakistan	19,8	22,3	1,561
Nigeria	19	19,8	1,386
Égypte	16,6	18,2	1,274
Bangladesh	13,7	13,8	0,966
Vietnam	13,4	12,9	0,903
Total	**264,6**	**278,6**	**19,5**

Source : Wikipedia (Remittance)

Les frais inhérents aux transferts ont donc privé les neuf premiers pays de près de 20 milliards $ – en apparence du moins, car une partie des commissions collectées est reversée aux agents ou bureaux locaux. Ces montants sont significatifs, mais ils sont encore plus cruciaux lorsqu'ils représentent une part importante du PNB, comme pour les pays suivants :

---

1. *CEO Letter*, Hikmet Ersek, President, Chief Executive Officer and Director, Western Union.

	Part des *remittances* / PNB
Timor oriental	216,6%
Tadjikistan	42,1%
Kirghizistan	31,5%
Népal	28,8%
Moldavie	24,9%
Lesotho	24,4%
Samoa	23,8%
Haïti	21,1%
Arménie	21,0%
La Gambie	19,8%
Libéria	18,5%
Liban	17,0%
Honduras	16,9%
Le Salvador	16,4%

Source : Wikipedia (Remittance)

Ces pays, tout comme les neuf premiers, auraient un intérêt évident à développer ou à utiliser une cryptomonnaie afin de supprimer la majeure partie des frais de transfert, sans compter les autres avantages comme le fait que les paiements arriveraient immédiatement et directement chez les bénéficiaires, quels que soient le jour et l'heure de l'envoi. Cela contribuerait à accélérer la vitesse de circulation de la monnaie, un facteur de création de richesse important, même s'il n'est pas toujours pris en compte à sa juste valeur.

> D'ailleurs, des réseaux basés sur la blockchain sont en train d'émerger, tel The Blockchain Network, se décrivant sur la page d'accueil de son site comme « la blockchain permettant les transferts d'argent les moins chers pour chacun », en moyenne 86 % de moins que les coûts moyens. Le principe de fonctionnement : « Les partenaires de The Network Blockchain échangent simplement des devises fiduciaires et des cryptomonnaies entre les pays en quelques minutes et avec de faibles frais. »
> L'objectif du G20 de 5 % de coûts sur les montants transférés devrait bientôt être largement dépassé.

14) La Chine

Jusqu'en 2017, elle était l'un des pays les plus importants en matière de cryptomonnaies ; elle continue de l'être pour d'autres raisons, notamment pour les interdictions successives qu'elle édicte : interdiction des plateformes d'échange en septembre 2017, interdiction des ICOs, limitation du minage alors que les plus grandes entreprises mondiales sont chinoises (elles sont en train de migrer sous d'autres cieux), blocage prochain des accès aux plateformes de transactions offshores... En revanche, les transactions de gré à gré entre particuliers, en tout cas pour les petites sommes, ne sont pas (encore) interdits.

Les institutions financières sont également visées, puisque la banque centrale (la Banque populaire de Chine – BPC) leur adresse en janvier 2018 un document interne dont voici un extrait :

« Chaque banque et succursale doit procéder à l'auto-inspection et à la rectification, à partir d'aujourd'hui. (...) Les services pour le trading de cryptomonnaies sont strictement interdits. Des mesures efficaces devraient être adoptées pour empêcher les systèmes de paiement d'être utilisés à des fins de transactions sur des cryptomonnaies. (...)

Les banques devraient améliorer leur surveillance quotidienne des transactions et la fermeture des canaux de paiement en temps

Chapitre 2

opportun lorsqu'elles découvrent des transactions suspectées d'être liées à des cryptomonnaies. »[105]

Tandis que les interdictions et limitations n'ont pas encore été déployées, c'est dès 2014 que la BPC réunit une équipe pour développer sa propre cryptomonnaie. Elle est l'une des premières banques centrales à l'annoncer. En janvier 2016, elle déclare que le projet est en bonne voie. Depuis, peu d'informations ont filtré.

Il est évident qu'une cryptomonnaie nationale offrirait à la banque centrale une perspective sur l'évolution de l'économie quasiment en temps réel, impossible à ce jour avec le système bancaire classique. Cela lui permettrait de piloter au plus juste la politique monétaire, particulièrement sensible en Chine, dont les médias pronostiquent régulièrement le prochain éclatement de bulles – du crédit, de l'immobilier, etc.

Cela rendrait aussi le système de paiement plus rapide et moins coûteux, d'autant plus que la population est déjà largement familiarisée avec le paiement mobile, via des solutions comme Alipay (groupe Alibaba) ou WeChat Pay (Tencent), qui se partagent respectivement 54 % et 40 % d'un total de paiements mobiles évalué à 5 000 milliards $ en 2016.[106]

De plus, une cryptomonnaie ouverte sur l'étranger serait un atout décisif dans le programme des Nouvelles routes de la soie, LE projet géostratégique de la Chine, compte tenu du nombre de pays impactés (soixante-huit, 4,4 milliards d'habitants, selon CNN) et des volumes d'échanges sans précédent au niveau du commerce mondial. Lorsque les paiements s'effectueront en cryptomonnaie, s'ouvrira la porte d'un monde dont il est encore impossible de prévoir les transformations et les évolutions.

---

[105]. *China orders banks to stop financing cryptocurrencies as noose tightens around disrupter*, Xie Yu, *South China Morning Post*, 19/01/2018.
[106]. *Cash is already pretty much dead in China as the country lives the future with mobile pay*, Evelyn Cheng, CNBC, 8/10/2017.

Les Nouvelles routes de la soie[107]

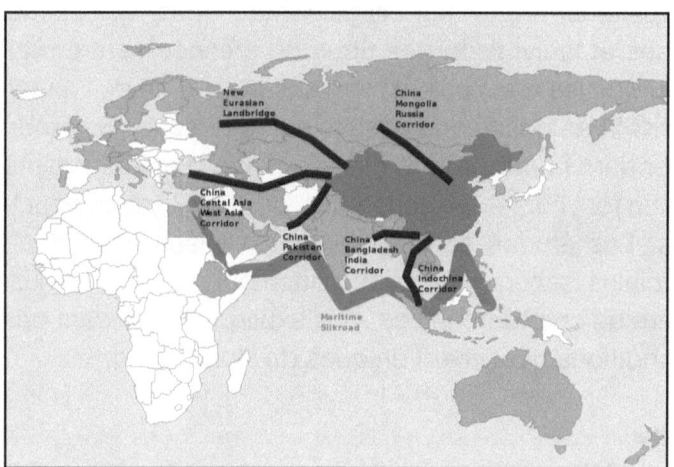

Les six corridors terrestres et la route maritime
(en gris, les pays membres de la Banque asiatique
d'investissement pour les infrastructures – AIIB).
Les corridors s'étendent désormais à l'Europe occidentale,
et bientôt jusqu'à l'Afrique de l'ouest, y compris le Maroc.

15) Hong Kong

Après la Chine, il est logique de s'intéresser à l'un des centres financiers mondiaux les plus dynamiques, qui dispose de sa propre devise, le dollar de Hong Kong. En mars 2017, l'information est publiée par plusieurs médias que « la Hong Kong Monetary Authority (HKMA) a constitué une équipe avec des banques locales et le consortium R3 pour explorer la création d'une monnaie digitale de banque centrale » basée sur le principe de la blockchain.[108]

Les « banques locales » sont les trois banques commerciales qui ont le statut d'émettrices de billets – la Bank of China, HSBC et Standard Chartered. Le projet est aussi mené avec le Hong Kong Interbank Clearing Limited.[109]

---

107. Source : Lommes, Wikimedia Commons.
108. *Hong Kong enters central bank digital currency fray*, Finextra, 11/04/2017.
109. *Legislative Council Panel On Financial Affairs, Financial Services and the Treasury Bureau*, 6/04/2017.

Chapitre 2

L'objectif de cette première phase consiste à étudier la faisabilité pour les paiements inter-bancaires domestiques, les paiements inter-entreprises et la livraison des titres de créance contre règlement. Il est prévu que les tests soient terminés pour la fin de l'année 2017 et que la HKMA se positionne ensuite sur la direction à prendre.

En attendant la publication des résultats, d'autres projets liés à la blockchain font l'objet de recherches, dont l'utilisation pour le négoce de titres. Les études sont également menées avec des banques commerciales, schéma de collaboration qui n'est pas le plus répandu en matière de cryptomonnaies – il s'explique cependant par le statut et les conditions quasiment uniques de Hong Kong.

16) L'Inde
C'est dès 2013 qu'un commerce indien, le restaurant de Bombay du nom de « Kolonial », accepte pour la première fois les paiements en bitcoin. Depuis, la liste ne cesse de s'allonger, bien que la banque centrale (the Reserve Bank of India – RBI) ait mis en garde à plusieurs reprises à partir du 24 décembre 2013 « les utilisateurs, détenteurs et traders de monnaies virtuelles (VC), y compris le bitcoin, des risques financiers, opérationnels, juridiques, de protection des clients et de sécurité auxquels ils s'exposent ».[110] Une première descente des autorités est effectuée deux jours plus tard contre la plateforme Buysellbitco.in (qui deviendra plus tard Zebpay), ce qui amène les autres plateformes à suspendre leurs activités. Le premier site de commerce en ligne n'acceptant en paiement que les bitcoins, HighKart.com, est cependant lancé en décembre 2013.

Le dernier avis de la RBI, daté du 5 décembre 2017, inclut le risque des ICO et rappelle le contenu du précédent communiqué, daté du 1er février 2017, dans lequel elle signale qu'elle « n'a donné aucune licence / autorisation à aucune entité / société pour exploiter de tels systèmes ou traiter en bitcoin ou tout autre VC ».[111]

---

110. *RBI cautions users of Virtual Currencies against Risks*, The Reserve Bank of India, 24/12/2013.
111. *RBI cautions users of Virtual Currencies against Risks*, The Reserve Bank of India, 5/12/2017.

Quelques jours auparavant, le 1er décembre, le leader chinois Bitmain annonce sur son compte Twitter qu'il suspend les ventes de mineurs après que les Douanes indiennes l'ont informé qu'elles n'en accepteront plus l'importation, en attente de la décision de la DGFT (Directorate General of Foreign Trade, une émanation du ministère du Commerce et de l'Industrie).

Actuellement, l'Inde ne représenterait donc que de l'ordre de 2 % de la capitalisation mondiale des cryptomonnaies.[112] Même si le statut de monnaie ne leur est pas reconnu par les autorités, elles n'en sont pas pour autant considérées comme illégales : à partir du moment où elles ne sont pas utilisées pour contrevenir à la loi, les investisseurs peuvent en acheter et les détenir.

C'est alors qu'intervient une action unique à notre connaissance : un « litige d'intérêt général », daté du 3 novembre 2017, est déposé à la Cour Suprême de l'Inde par une avocate, Dwaipayan Bhowmick, demandant la régulation, voire l'interdiction, du bitcoin et des autres cryptomonnaies, entre autres parce que les transactions sont intraçables, que 2 500 nouveaux utilisateurs arrivent chaque jour sur les plateformes d'échange malgré les mises en garde de la RBI, etc.

La Cour se saisit du dossier le 13 novembre et demande aux autorités, dont la RBI, le SEBI (Securities and Exchange Board of India, l'autorité des marchés financiers), le ministère des Finances, celui de la Justice... de se prononcer. Les premières étapes de la procédure devraient intervenir début 2018.

Avant que démarre la mise en place d'un cadre légal pour le bitcoin et ses concurrents, l'information commence à circuler dans la presse indienne à partir de mi-septembre 2017 que la RBI travaillerait sur le projet d'une cryptomonnaie nationale, intitulée « Lakshmi », du nom de la déesse de la fortune, de la prospérité, de la richesse et de l'abondance, épouse de Vishnou. Depuis, il n'y a pas encore eu d'annonce officielle, mais le projet serait développé en collaboration avec d'autres services de l'État. Le lancement du Lakshmi dans un pays comme l'Inde serait évidemment emblématique pour le monde entier.

---

112. *Can the rise of cryptocurrency impact currency market in India?*, Kanishk Agarwal, *Moneycontrol News*, 5/01/2018.

Chapitre 2

17) Dubaï (Émirats arabes unis)

En septembre 2017, Dubai Economy signe un partenariat avec Emcredit, une de ses filiales, et la société britannique Object Tech Group, une start-up spécialisée dans les blockchains. Le projet, intitulé « emCash » porte sur la création d'une cryptomonnaie qui sera utilisée aussi bien dans le privé que pour des services publics.

Il est présenté ainsi dans le communiqué de presse publié le 26 septembre 2017 par Dubai Economy[113] : « Fondé sur la dernière technologie de blockchain, emCash sera la monnaie numérique du portefeuille emPay, lancé par Emcredit pour soutenir les paiements sans contact. EmPay permet aux résidents des Émirats d'effectuer des paiements variés, de leur café quotidien et des coûts de scolarité des enfants aux frais des services publics et aux transferts d'argent, grâce à l'option de Near Field Communication (NFC) présente dans leurs téléphones. Avec emCash, les utilisateurs d'emPay auront l'option d'une monnaie numérique sécurisée. »

Muna Al Qassab, présidente de Emcredit, précise que « les clients peuvent choisir entre deux options de paiement sur la plateforme emPay : le paiement classique avec le dirham ou alors avec emCash. Le paiement en dirham passe par les procédures de règlement habituelles, avec les intermédiaires et les coûts, tandis que les paiements emCash sont réglés directement entre le consommateur et le marchand. Ainsi, emCash offre la valeur des mouvements en temps réel et les commerçants peuvent en répercuter le bénéfice sur les utilisateurs d'emCash. » De plus, disparaissent les parties tierces telles que les banques et Visa/Mastercard.

Le système « exploitera la technologie blockchain pour effectuer des transactions financières, moins chères, plus rapides et plus sûres tout en démontrant les énormes avantages de l'adoption de cette technologie pour les gouvernements, les entreprises et les clients », complète Tom Morgan, directeur et co-fondateur de Object Tech Group. Muna Al Qassab voit d'autres avantages pour les autorités : « Ce système réduit aussi la fraude et l'inflation puisque la monnaie est émise en temps réel en fonction de la demande réelle. »

---

113. *Dubai Economy launches partnership to expedite emCash*, Dubai Economy, 26/09/2017.

En plus de la mise en œuvre, il reste cependant d'autres questions à traiter, dont la fixation du prix et des frais de transaction, ainsi que d'éventuelles autorisations à solliciter auprès des six autres émirats constituant les Émirats arabes unis afin que tous les Émiratis puissent en bénéficier.

L'exemple de Dubaï est intéressant à plus d'un titre, car l'ambition consiste à créer un nouvel écosystème économique à partir d'une cryptomonnaie. L'expérience sera à suivre de près par les gouvernements et les institutions qui voudront en faire de même.

18) L'Arabie saoudite et les Émirats arabes unis

Au cours de 2017, leurs banques centrales expriment leur scepticisme face aux cryptomonnaies, celle des Émirats arabes unis ajoutant qu'elle ne reconnaît pas le bitcoin comme devise officielle.

En décembre dernier, le cheikh saoudien Assim Al-Hakeem décrète sur la chaîne de télévision Zad TV que le bitcoin et les autres monnaies virtuelles sont interdites par la loi islamique parce qu'elles sont « ambiguës » : « Nous savons que le bitcoin reste anonyme lorsque vous vous en servez. Cela signifie que c'est une porte ouverte pour le blanchiment d'argent, l'argent de la drogue et l'argent ''haram'' [c'est-à-dire contraire aux principes de l'islam]. »[114]

Pourtant, Reuters annonce le 13 décembre que le gouverneur de la Banque centrale des Émirats arabes unis, Mubarak Rashed al-Mansouri, a annoncé que son institution travaille avec la Banque centrale d'Arabie saoudite sur un projet commun de monnaie digitale, basée sur la blockchain, qui serait acceptée pour le paiement des transactions entre les deux pays.[115]

Reuters ajoute : « Mansouri a déclaré que les banques centrales voulaient mieux comprendre la technologie blockchain. Il a déclaré aux journalistes que la monnaie numérique EAU-Arabie serait utilisée par les banques, et non par les consommateurs individuels, et rendrait les transactions plus efficaces. »

---

114. *Le grand mufti d'Égypte émet une fatwa contre le bitcoin*, Russia Today, 4/01/2018.
115. *UAE, Saudi working on digital currency for cross-border deals*, Andrew Torchia, Reuters, 13/12/2017.

Chapitre 2

C'est la ré-émergence d'un projet ancien, car « il y a une dizaine d'années, les Émirats arabes unis et l'Arabie saoudite ont discuté de la possibilité de créer une monnaie unique parmi les six membres du Conseil de coopération du Golfe, mais les EAU se sont retirés du projet en 2009 »[116] (l'année même de la création du bitcoin).

Depuis cette époque, la géopolitique de la région s'est transformée, et c'est sans surprise que la monnaie en soit aussi impactée, à partir du moment où « les liens diplomatiques et économiques entre les Émirats Arabes Unis et l'Arabie saoudite se sont renforcés cette année [2017], et, la semaine dernière [05/12], les Émirats Arabes Unis ont annoncé leur intention d'établir un comité bilatéral avec l'Arabie saoudite sur les questions économiques, politiques et militaires. »

Les deux pays introduisent d'ailleurs de concert le 1er janvier 2018 pour la première fois la TVA, une des mesures pour améliorer leur situation budgétaire. Bahreïn, le Koweït, Oman et le Qatar l'ont repoussée à 2019.

19) Israël

Le bitcoin connaissant le succès aussi auprès de la société israélienne, deux distributeurs automatiques sont installés à Tel Aviv, les commissions se situant autour de 5 %. Le premier est arrêté par suite d'un délai de traitement des opérations trop long mais devrait ré-ouvrir. Quant au second, « moins dépendant de l'infrastructure spécifique du marché des cryptomonnaies, le service est toujours opérationnel, bien qu'il ait été fermé périodiquement pour traiter les achats en attente en raison de la forte demande. Les heures de fonctionnement ont également été réduites, et le guichet automatique ferme maintenant à 18 heures tous les jours »[117]. Bien que différents services officiels mettent en garde contre les dangers de cette spéculation, il n'est pas prévu dans l'immédiat de légiférer.

En tout cas vis-à-vis des acheteurs, car les médias financiers

---

116. *Saudi Arabia, UAE poised to launch digital currency*, Richard Wachman, Arab News, 14/12/2017.
117. *Bitcoin ATM in Israel Shuts Down Due to Demand Overload*, Hagar Ravet, Calcalist, 11/12/2017.

rapportent en décembre 2017 que les autorités israéliennes envisagent d'interdire aux sociétés cotées impliquées dans les cryptomonnaies d'opérer à partir de la bourse. C'est le projet que Shmuel Hauser, président de l'organisme de surveillance du marché, la Israel Securities Authority (ISA), déclare vouloir soumettre à son Conseil : « S'il nous est présenté une entreprise dont l'activité principale est les devises numériques, nous ne permettrons pas son introduction. Si elle est déjà inscrite, sa cotation sera suspendue. »[118] Il ajoute que l'ISA doit mettre en place la réglementation appropriée pour de telles sociétés afin d'empêcher la spéculation sur ce qu'il considère comme une bulle.

Il ne cite pas les sociétés visées, mais au moins deux sont concernées, car elles décrivent officiellement les cryptomonnaies ou la technologie de la blockchain comme essentielles dans leur activité : Fantasy Network et Blockchain Mining (nous les avons déjà signalées dans le Chapitre 1).

Fantasy Network, précédemment spécialisée dans le gaming, voit son titre augmenter de 44 % en un jour après avoir annoncé le recrutement d'un consultant en blockchain. Le lendemain, le titre s'apprécie encore de 80 %. Au final, l'action quadruple, avant de perdre 50 % sur les deux dernières semaines (source : Reuters, Steven Scheer, article cité).

Quant aux actions de Blockchain Mining Ltd. (fondée en juin 1981), « qui a changé dimanche son ancien nom de Natural Resources, elles ont grimpé de 5 000% au cours des derniers mois depuis qu'elle a annoncé qu'elle ne se concentrerait plus sur les activités de mines d'or et de fer mais sur le minage de cryptomonnaies »[119].

Le jour même de l'annonce de Shmuel Hauser, leurs cours chutent respectivement de 28 % et 54 %, soit, cependant, une capitalisation encore nettement supérieure à ce qu'elle était avant l'annonce de leur arrivée dans les cryptomonnaies. Mais, dès le lendemain,

---

118. *Israel regulator seeks to ban bitcoin firms from stock exchange*, Steven Scheer, Reuters, 25/12/2017.
119. *Israel regulator seeks to ban bitcoin firms from stock exchange*, Steven Scheer, Reuters, 25/12/2017.

ils repartent à la hausse. Au final, celui de Blockchain Mining Ltd augmente de 5 144,76 % entre le 1er janvier et le 31 décembre 2017 !

La seule spécialité de mine où l'on rencontre de telles « explosions » du cours de bourse en 2017, c'est le minage de cryptomonnaies, ainsi que le prouve ce tableau issu du site Zonebourse.com :

Sociétés minières	Variation du cours En 2017 (en %)	Capitalisation (M$)
Blockchain Mining Ltd	5144,76	-
Bhp Billiton Ltd	18,00	116 459
Bhp Billiton Plc	16,53	116 459
Rio Tinto	24,81	94 229
Rio Tinto Limited	26,56	94 229
Anglo American	33,58	28 928
Freeport-Mcmoran	46,1	27 890
Grupo Mexico S.A. De C.V.	11,61	24 874
Teck Resources Ltd	19,14	15 274
South32 Ltd	26,91	14 118
Fresnillo	17,04	13 768
First Quantum Minerals Ltd	28,63	9 830
Turquoise Hill Resources Ltd	-0,92	6 870
Polymetal International	7,66	5 237
Kaz Minerals Plc	150,42	5 141
Lundin Mining Corporation	28,02	4 883
Eramet	74,53	3 122
Yamana Gold Inc.	2,89	2 965
Vedanta Resources	-8,53	2 927
Ivanhoe Mines Ltd	62,45	2 727
Independence Group Nl	10,19	2 181

La réglementation n'a pas encore été mise en œuvre officiellement par les autorités à l'heure où nous écrivons, mais la question se pose de savoir quelle sera la décision des entreprises concernées si elles ne peuvent plus opérer à la bourse de Tel Aviv : iront-elles se faire coter ailleurs ?

Vouloir réguler le marché des actions des sociétés est une chose, créer une cryptomonnaie en est une autre. Ainsi, « malgré le scepticisme du régulateur du marché, les médias israéliens ont rapporté plus tôt cette semaine que la banque centrale et le ministère israélien des Finances envisageaient la création d'une cryptomonnaie d'État – un shekel numérique – pour les transactions effectuées dans le pays via les téléphones mobiles, ce qui permettrait aux utilisateurs de contourner les banques lorsqu'ils transfèrent de l'argent entre particuliers et entreprises. »[120]

À ce stade d'information, le projet israélien se rapprocherait donc de celui de Dubaï. Avant de le mener à bien, une première étape a lieu devant le Parlement, qui procédera à des auditions à partir du 21 décembre 2017, ainsi que l'annonce Calcalist le 14 décembre[121] : « Le Comité des finances du Parlement israélien entendra des représentants du ministère des Finances et de la banque centrale d'Israël, ainsi que des régulateurs en charge des valeurs mobilières, des marchés de capitaux et de la fiscalité. Des experts en devises virtuelles seront également invités à s'exprimer. »

Ces auditions auront lieu à la suite d'une motion déposée par le leader du Parti travailliste, Isaac Herzog : « Israël ne peut pas ignorer ce qui est devenu une tendance mondiale qui ne disparaîtra pas d'elle-même dans un avenir prévisible. »

Le projet semble même s'accélérer en fin d'année, selon *The Jerusalem Post* : « Depuis plusieurs mois, les régulateurs examinent la possibilité d'une monnaie créée par l'Etat, et le gouvernement pourrait étudier un cadre juridique provisoire en janvier [2018].

---

120. *Israeli regulator becomes latest to crack down on bitcoin*, Ilan Ben Zion, Financial Times, 25/12/2017.
121. *Israeli Lawmakers to Hold First Policy Discussion on Virtual Currencies*, Shahar Ilan, Calcalist, 14/12/2017.

Chapitre 2

La valeur du shekel numérique serait identique à celle du shekel physique actuellement utilisé. »[122]

L'une des raisons de cette prochaine mise en œuvre selon un officiel qui a souhaité s'exprimer de façon anonyme serait le fait que le shekel numérique enregistrera chaque transaction effectuée par téléphone mobile et rendra donc plus difficiles les possibilités d'échapper à l'impôt. C'est effectivement un fléau pour les comptes publics, car « des sources proches du ministère des Finances ont révélé que le marché noir représente au moins 22 % du PIB d'Israël. Leur espoir est qu'une cryptomonnaie créée par l'État diminuerait considérablement ce nombre. »[123]

Parallèlement, d'autres mesures sont envisagées, comme interdire le paiement des salaires en espèces.

La mise en place d'un crypto-shekel pose néanmoins de nombreuses questions, comme décider si le portefeuille est localisé sur un compte à la Banque d'Israël au nom de l'utilisateur ou sur son téléphone, avec les risques que cela implique en cas de vol. De même, l'émission d'une unité numérique doit-elle être compensée par la destruction d'un shekel physique, afin d'éviter le risque inflationniste ? Quelles seront les conséquences si la banque centrale fait du *quantitative easing* avec sa monnaie numérique, ne serait-ce que pour sauver les banques qui verront d'importants flux monétaires leur échapper ? Quelle cyber-sécurité ? Etc.

Comme celui de Dubaï, ce projet de cryptomonnaie nationale sera instructif pour les autres États. Il porte en germe une (r)évolution que nous n'avons pas encore évoquée même s'il en est de plus en plus question dans le monde : la disparition des espèces comme moyen de paiement (nous y revenons en conclusion).

En attendant le shekel numérique, la bourse du diamant de Ramat Gan, une des trois plus importantes dans le monde avec Anvers et Bombay, annonce en septembre 2017 qu'elle va lancer une

---

122. *Israel banking on 'digital shekel' cryptocurrency?*, Max Schindler, *The Jerusalem Post*, 24/12/2017.
123. *Israel could soon be offering its own digital currency*, Jack Dean, Bitconnect.com, 28/12/2017.

cryptomonnaie basée sur le diamant. Les modalités sont confirmées le 7 février 2018 : il y aura deux versions, le Cut, lancé dans les jours suivants et réservé aux seuls échanges professionnels sur la bourse de Ramat Gan, et le Carat, disponible à partir de mai, destiné au public et aux investisseurs, dont la valeur sera soutenue à 25 % par des diamants, afin de le rendre attractif.

Le 19 février, la Israel Tax Authority confirme qu'elle considère les cryptomonnaies comme des actifs financiers et non des monnaies. Elle envisage de soumettre les gains réalisés à une taxe de 25 %. Quant aux traders et aux mineurs, ils seront soumis à un taux de TVA de 17 %.[124]

20) Le Liban

C'est dès le 19 décembre 2013 que la Banque du Liban, la banque centrale, met en garde officiellement contre le bitcoin et l'utilisation de monnaies électroniques non réglementées.[125] Cet avertissement sera régulièrement ré-itéré au fil des ans, tandis que le bitcoin voit ses cours monter et d'autres cryptomonnaies font leur apparition sur le marché.

Le 26 octobre 2017, Riad Salameh, gouverneur de la Banque du Liban, annonce que le projet de lancer une monnaie digitale nationale est à l'étude.[126] Toutefois, déclare-t-il, il est nécessaire de commencer « par développer un système de protection contre le cybercrime », ce à quoi s'attachent alors deux commissions, dont la Commission du contrôle bancaire.

À ce stade, il ne livre pas plus d'information, notamment si cette future monnaie soutenue par l'État et contrôlée par la banque centrale sera basée sur le principe de la blockchain. Il en profite pour répéter son opposition au bitcoin et aux autres cryptomonnaies, qui « constituent une forte menace pour les particuliers mais aussi les

---

124. *Bitcoin Will Be Taxed as an Asset: Israel Tax Authority*, Samburaj Das, CCN, 20/02/2018.
125. Communiqué n° 900 de la Banque du Liban, *Risks related to electronic money*, 19/12/2013.
126. *Salameh: Central Bank to launch digital currency*, Brooke Anderson, *The Daily Star*, 27/10/2017.

Chapitre 2

systèmes de paiement ». Il ajoute qu'elles ne sont « pas vraiment des monnaies, mais plutôt des marchandises dont le prix augmente et chute sans raison. C'est la raison pour laquelle la Banque du Liban a interdit l'usage de ces monnaies au sein du marché libanais. »

21) La Tunisie
Elle est souvent présentée comme le premier pays ayant introduit une monnaie digitale : « À commencer par l'eDinar, "première plate-forme de paiements électroniques en Tunisie tant par son ancienneté que par son volume", selon Moez Chakchouk, PDG de La Poste Tunisienne. Créé en 2000 par cet organisme national et le ministère tunisien des Technologies de la Communication et de l'Économie numérique après une loi sur le e-commerce, l'eDinar est une monnaie virtuelle indexée sur le dinar (un dinar équivaut à un eDinar) et émise par la banque centrale tunisienne qui permet aux Tunisiens de payer par carte prépayée, sur le web, dans les bureaux de tabac ou encore de retirer de l'argent dématérialisé au distributeur. »[127]

Novatrice à l'époque, cette solution ne correspond pas aux principes des cryptomonnaies d'aujourd'hui. Cependant, selon *African Manager*, en juillet 2015, « le ministère tunisien des Technologies et de l'Économie numérique est à la recherche d'un spécialiste qui l'aiderait à introduire dans le pays le bitcoin et la technologie blockchain ».[128]

Les résultats ne se font pas attendre longtemps puisque La Poste crée dès octobre 2015 « en partenariat avec une société tunisienne et une société suisse, Digicash, une nouvelle plateforme indexée sur l'eDinar mais qui fonctionne avec une blockchain (...). Ce n'est pas une monnaie parce que la Banque centrale ne serait pas contente, mais un genre d'eDinar qui utilise une blockchain et qui s'interface exclusivement avec l'eDinar original. »[129]

Excellente analyse en ce qui concerne le point de vue de la Banque

---

127. *En Afrique, les monnaies virtuelles se sécurisent*, Kevin Poireault, RFI, 2/06/2017.
128. *Tunis : Le bitcoin, monnaie numérique, met le cap sur la Tunisie*, African Manager, 31/07/2015.
129. *En Afrique, les monnaies virtuelles se sécurisent*, Kevin Poireault, RFI, 2/06/2017.

centrale, car voici ce que déclare son gouverneur, Chedly Ayari, le 5 avril 2016 au sujet du bitcoin : « Cette monnaie est plus complexe que celle traditionnelle car elle peut être utilisée pour financer le terrorisme. »[130] Toujours le même leitmotiv de la part des banquiers…

Les Tunisiens peuvent néanmoins se procurer des bitcoins et d'autres cryptomonnaies sur diverses plateformes, mais leur statut de moyen de paiement n'est pas encore reconnu fin 2017. De même, le Digicash de La Poste est toujours indexé sur l'eDinar, la Banque centrale interdisant également qu'il soit rendu convertible, donc qu'il puisse être utilisé à l'extérieur du pays, malgré l'importance de la diaspora tunisienne.

Finalement, c'est (uniquement) dans le cadre de la lutte contre les espèces, lors d'une réunion de travail le 20 octobre 2017 ayant pour thème « Réflexion sur la réduction du cash (de-cashing) dans l'économie : état des lieux, enjeux et feuille de route », que la Banque centrale de Tunisie conclut dans son communiqué de presse : « Par ailleurs, une réflexion sera lancée prochainement sur la « crypto-monnaie » visant à mettre en place une stratégie nationale et arrêter les choix qui s'imposent vis-à-vis de ce moyen de paiement d'avenir. »[131]

La Tunisie, qui avait pris de l'avance sur les moyens de paiement électroniques, entre autres avec l'eDinar et Digicash, n'en est plus désormais qu'au stade de la « réflexion (…) prochainement » sur le principe d'une cryptomonnaie nationale.

22) Le Sénégal, l'Uemoa et l'Umoa

L'Union économique et monétaire ouest-africaine (Uemoa) regroupe huit pays : le Bénin, le Burkina Faso, la Côte d'Ivoire, la Guinée-Bissau, le Mali, le Niger, le Sénégal et le Togo. Créée en 1994, elle a pour mission d'édifier en Afrique de l'Ouest un « espace économique harmonisé et intégré », afin d'assurer la liberté de circulation pour les personnes, les capitaux, les biens, les services et les facteurs de

---

130. *La Banque centrale de Tunisie s'inquiète du recours au bitcoin, l'accusant de financer le terrorisme*, Antony Drugeon, HuffPost Tunisie, 7/04/2016.
131. Banque Centrale de Tunisie, communiqué de presse du 20/10/2017.

Chapitre 2

production, ainsi que le droit de résidence des citoyens sur l'ensemble du territoire – plus de 3 millions km² et 112 millions d'habitants. La zone partage le franc CFA comme monnaie (cf. encadré page suivante).

L'Umoa est l'Union monétaire ouest-africaine, distincte de l'Uemoa, mais elle regroupe les mêmes huit pays pour administrer leur politique monétaire. L'institut d'émission commun est la Banque Centrale des États de l'Afrique de l'Ouest (BCEAO), dont le siège est à Dakar (Sénégal). Elle « est investie des missions fondamentales suivantes :

- définir et mettre en œuvre la politique monétaire au sein de l'Umoa,
- veiller à la stabilité du système bancaire et financier de l'Umoa,
- promouvoir le bon fonctionnement et assurer la supervision et la sécurité des systèmes de paiement dans l'Umoa,
- mettre en œuvre la politique de change de l'Umoa dans les conditions arrêtées par le Conseil des Ministres,
- gérer les réserves officielles de change des États membres de l'Umoa. »[132]

En novembre 2016, les médias informent que le Sénégal introduira une cryptomonnaie nationale, basée sur la blockchain, nommée « eCFA », qui aura cours légal, comme le franc CFA (FCFA). Elle naît d'un partenariat entre la Banque Régionale de Marchés (la BRM est une banque de marchés, d'affaires et de gestion d'actifs, comme l'indique son site internet) et eCurrency Mint Limited, un prestataire spécialisé dans l'émission de monnaies numériques, notamment pour les banques centrales. L'eCFA sera d'abord disponible au Sénégal, puis il est prévu qu'il soit étendu dans une seconde phase aux sept autres pays de l'Umoa.

Ce qui est étrange dans cette annonce, c'est que l'initiateur est la BRM, pas la BCEAO, pourtant la banque centrale et l'institut d'émission. Effectivement, un rectificatif publié initialement par *Enquête* est rediffusé le 19 janvier par Osiris (Observatoire sur les Systèmes d'Information, les Réseaux et les Inforoutes au Sénégal) sur son site, à la suite d'une note communiquée par la direction de

---

132. Source : site de la BCEAO.

la BRM : « Contrairement à ce qui aurait pu être compris ou écrit, le projet d'émission de monnaie électronique de la BRM ne saurait impliquer la Banque Centrale des États de l'Afrique de l'Ouest. » Le communiqué ajoute que « la BCEAO n'émet pas de monnaie électronique et, afin d'éviter définitivement toute confusion entre le FCFA émis par la BCEAO et la monnaie électronique eCFA, la Banque Régionale de Marchés informe qu'elle a « décidé de retirer le nom eCFA de son projet d'émission de monnaie électronique ». »[133]

Depuis, aucune information n'a été communiquée, que ce soit sur la date de sortie ou les spécifications techniques. Le Sénégal n'a donc pas encore sa cryptomonnaie, ni les autres États de l'Umoa.

Le franc CFA

Créé en 1945, le franc CFA (FCFA) signifie à l'origine « Franc des colonies françaises d'Afrique ». Il correspond aujourd'hui à deux monnaies communes à plusieurs pays africains :
- le franc de la communauté financière en Afrique, émis par la Banque centrale des États de l'Afrique de l'Ouest (BCEAO) pour les huit États membres de l'Union monétaire ouest-africaine (Umoa) : le Bénin, le Burkina Faso, la Côte d'Ivoire, la Guinée-Bissau, le Mali, le Niger, le Sénégal et le Togo ;
- le franc de la coopération financière en Afrique centrale, émis par la Banque des États de l'Afrique centrale (BEAC) pour les six États membres de la Communauté économique et monétaire de l'Afrique centrale (Cemac) : le Cameroun, le Congo, le Gabon, la Guinée équatoriale, la République centrafricaine et le Tchad.
« En Afrique, les zones franc constituent des espaces monétaires et économiques. (...) Après l'accession à l'indépendance, la plupart des nouveaux États sont restés dans un ensemble monétaire

---

133. *La BRM sur le projet d'émission de monnaie électronique : « Il ne saurait impliquer la BCEAO »*, Enquête, 19/01/2017.

homogène dont le cadre institutionnel a été rénové et structuré par un système de change commun. Leurs devises sont des contrevaleurs à parité fixe avec l'euro, dont la valeur est garantie par le Trésor public français, dans le cadre du traité de Maastricht. »[1]

En contrepartie, les pays de la zone FCFA doivent déposer 50 % de leurs réserves de change auprès du Trésor public français, soit de l'ordre de 14,3 milliards € en 2014.

Même si le système du FCFA est parfois décrié et remis en cause, il constitue un modèle dans le cadre de la réflexion sur les cryptomonnaies inter-étatiques, puisqu'il est la devise commune respectivement à huit et six États, avec une seule banque centrale pour chacune des deux zones, qui réussit à composer avec les intérêts et les besoins de chaque pays dont elle a la responsabilité de l'émission monétaire. La création d'une cryptomonnaie commune pour les pays de l'Umoa et/ou de la Cemac posera peut-être un problème : la position de la France.

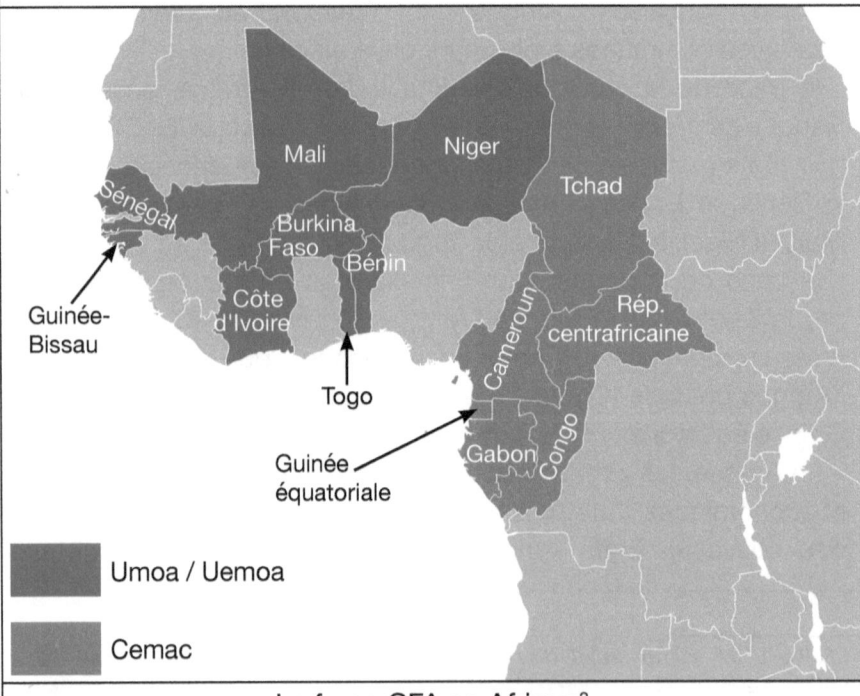

Le franc CFA en Afrique[2]

1. Source : Wikipedia.
2. Source : Jarry1250, Wikimedia Commons.

23) Le Nigeria

Dans le pays le plus peuplé d'Afrique, avec 190 millions d'habitants, la Securities and Exchange Commission émet le 12 janvier 2017 une alerte ressemblant à celle des autorités financières et banques centrales de nombreux autres pays sur le risque de ces investissements : « La Commission souhaite informer le public qu'aucune des personnes, sociétés ou entités promouvant des cryptomonnaies n'a été reconnue ou autorisée par elle ou par d'autres organismes de réglementation au Nigeria à recevoir des dépôts du public ou à fournir des investissements ou d'autres services financiers au ou à partir du Nigeria. Le public doit également être conscient que toutes les opportunités d'investissement promues par ces personnes, sociétés ou entités sont susceptibles d'être de nature risquée avec un risque élevé de perte d'argent, alors que d'autres peuvent être des stratagèmes frauduleux purement pyramidaux (…). »[134]

Quelques jours plus tard, le 17 janvier, c'est au tour de la Banque centrale du Nigeria (CBN) d'émettre une circulaire contre les cryptomonnaies :

« L'attention des banques et autres institutions financières est attirée sur les risques ci-dessus et vous êtes tenus de prendre les mesures suivantes en attendant la décision de la CBN relative à la réglementation.

• Assurez-vous de ne pas utiliser, conserver, échanger et/ou effectuer des transactions en aucune façon dans des monnaies virtuelles ; (…). »[135]

D'autres exigences complètent le texte, ce qui revient à interdire aux banques toute transaction de quelque nature que ce soit avec le bitcoin et les autres monnaies virtuelles. Néanmoins, il est estimé que les Nigérians échangent chaque semaine pour environ 4 millions $ de cryptomonnaies sur les treize plateformes du pays.[136]

---

134. *Public Notice on Investments in Cryptocurrencies and other Virtual or Digital Currencies*, Securities and Exchange Commission (Nigeria), 12/01/2017.
135. *CBN bars banks from bitcoin, virtual currencies*, Mathias Okwe, The Guardian, 18/01/2017.
136. *Nigerians Trade $4 Million in Bitcoin Weekly, despite Warnings*, Lubomir Tassev, Bitcoin.com, 19/02/2018.

Chapitre 2

Mi-septembre 2017, la presse se fait l'écho de la déclaration du directeur adjoint des systèmes de paiement de la CBN lors d'une conférence sur la cryptomonnaie à Lagos : « [La banque centrale] ne peut pas arrêter la vague d'ondes générée par la technologie blockchain et ses dérivés. Actuellement, nous avons pris des mesures pour créer quatre départements au sein de l'institution en vue d'harmoniser le livre blanc sur la cryptomonnaie. »[137]

La réflexion porte sur la création d'une monnaie digitale nationale mais aussi sur l'utilisation de la blockchain dans d'autres domaines, comme la gestion des titres à la bourse. À ce stade, il est encore impossible de préciser la direction que prendra la banque centrale, mais elle avance.

24) L'Afrique du Sud

Le trading par la population locale est de plus en plus important. Ainsi, la plateforme ICE3X estime qu'entre 200 et 300 000 Sud-Africains s'investissent dans les cryptomonnaies, tandis que la plateforme Luno indique qu'ont été échangés en bitcoins l'équivalent de 300 millions de rands (environ 24,2 millions $) pour la seule journée du 1er décembre 2017.[138]

En conséquence, comme dans de nombreux pays, les autorités fiscales (le South African Revenue Service – Sars) s'intéressent de près à la question, afin de taxer les transactions, ce que confirme le Dr Randall Carolissen, directeur du groupe de recherche du Sars : « Comme vous pouvez l'imaginer, c'est très difficile – la technologie blockchain. Sans trop en dire – nous discutons avec certaines des plus grandes entreprises technologiques du monde qui font un travail similaire pour le Canada et le Royaume-Uni et nous espérons obtenir cette technologie. »[139]

Il ajoute que, actuellement, les plus-values sur les cryptomonnaies sont imposées comme celles réalisées sur le capital, mais qu'ils ont

---

137. *CBN mulls digital currency*, Ibukun Igbasan, The Guardian, 15/09/2017.
138. *South Africans riding the cryptocurrency wave*, eNCA, 8/12/2017.
139. *South Africa Wants to Track and Tax bitcoin Trading*, Avi Mizrahi, Bitcoin.com, 17/12/2017.

soumis la question à l'OCDE, avec d'autres pays : « Nous faisions partie des groupes de travail de l'OCDE et cela a certainement été intégré dans notre environnement politique. Nous sommes donc à la pointe du sujet. En fait, l'Afrique du Sud est citée comme l'un des principaux intervenants de l'environnement des cryptomonnaies. »

En effet, c'est dès février 2017 que la banque centrale, la South African Reserve Bank (Sarb), étudie la possibilité d'émettre une monnaie virtuelle basée sur le principe de la blockchain, car cela permettrait d'augmenter la vitesse des transactions tout en réduisant les frais. C'est d'ailleurs ce que déclare Tim Masela, responsable du Système des paiements nationaux à la Sarb : « Si nous empruntons la voie de l'émission d'une monnaie numérique, l'objectif serait de tirer parti des technologies émergentes pour en cueillir les avantages. [...] Nous prévoyons que ces avantages pourraient être réels, ce qui serait bon pour ceux qui effectuent des transactions. Mais, bien sûr, les risques doivent également être pris en compte et c'est ce que nous voulons équilibrer. »[140]

En juillet, il est annoncé qu'un prestataire fournisseur de solutions de blockchain a été sélectionné pour un premier test. Le projet est donc en marche.

25) Le Venezuela

Nous terminons notre tour du monde par cette cryptomonnaie souveraine, car elle est emblématique et ses enjeux dépassent largement les frontières du Venezuela.

Malgré des réserves de pétrole prouvées parmi les plus riches au monde, sans compter d'autres ressources naturelles comme le gaz, l'or... ce pays ravagé, entre autres, par de graves troubles civils et des sanctions imposées par les États-Unis et l'Union européenne, n'a cessé de voir sa situation se dégrader au cours de l'année dernière : selon le Fonds monétaire international, l'économie du Venezuela baissera de 12 % en 2017 et son taux d'inflation annuel

---

140. *South African Reserve Bank Planning to Test Cryptocurrrency Regulations*, Ashour Iesho, Inside Bitcoins, 22/07/2017.

Chapitre 2

devrait dépasser 2 300 % en 2018.[141] Quant à la dette publique, l'année 2018 commence aussi mal que 2017 s'était terminée, avec un nouveau défaut de paiement, cette fois de 35 millions $. Le pays, ainsi que sa compagnie pétrolière nationale Petróleos de Venezuela (PDVSA), sont d'ailleurs déclarés en défaut de paiement partiel par les agences de notation internationales depuis décembre.

En conséquence de cette situation désastreuse, le bolivar (VEF) – la monnaie nationale –, perd en novembre sur le marché noir 57 % de sa valeur contre le dollar US, passant d'une parité d'1 USD = 10 000 VEF fin juillet à 1 USD = +100 000 VEF début décembre. Et la pauvreté continue de se répandre dans tout le pays.

C'est pour échapper à cette situation que de nombreux Vénézuéliens commencent le trading de bitcoins, avec des volumes en perpétuelle augmentation, comme le montre ce graphique de Localbitcoins repris par Bloomberg :

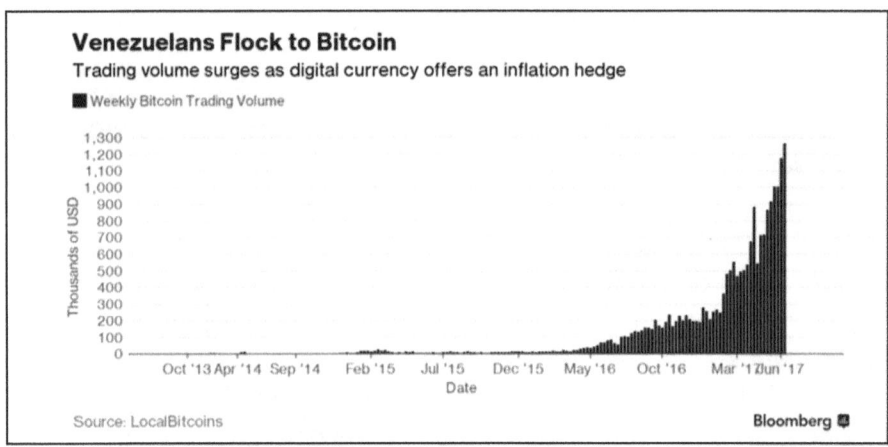

Le trading explose littéralement en à peine plus d'un trimestre, car la plateforme Localbitcoins, par exemple, voit ses volumes de transactions multipliés par quatre entre juin et octobre 2017.[142]

---

141. *Venezuela Announces the Creation of Oil-Backed National Cryptocurrency – the Petro*, Kevin Helms, Bitcoin.com, 4/12/2017.
142. *Localbitcoins in Venezuela Continues to set new Trading Volume Records*, JP Buntinx, NewsBTC, 19/10/2017.

Parallèlement à la crise démarre aussi le minage de cryptomonnaies, particulièrement adapté au Venezuela, parce que l'électricité y est subventionnée et ne coûte quasiment rien. Évidemment, le bitcoin dépasse toutes les autres en volume, mais l'ether gagne en popularité, car, ainsi que l'explique un mineur, « miner de l'ETH ou du bitcoin repose à peu près sur le même principe, c'est-à-dire utiliser de l'électricité gratuite pour générer de l'argent... mais le minage de l'ether est plus abordable : tout ce dont vous avez besoin est un logiciel libre et un PC avec une carte vidéo. N'importe quel policier est facilement trompé en pensant que votre appareil pour miner l'ether est juste un ordinateur ordinaire. »[143] En effet, les autorités opèrent désormais des descentes contre des plateformes ou des mineurs, afin de faire cesser cette activité considérée comme détournant le principe des subventions publiques sur l'énergie à des fins d'enrichissement d'entreprises et de particuliers – à moins qu'il s'agisse plutôt de leur survie.

C'est ce qui fait déclarer Daniel Osorio, de Andean Capital Advisors, à CNBC en septembre 2017 « que l'hyperinflation rend impossible l'utilisation des liquidités, car les dollars sont rares au Venezuela. Il explique que l'on commence à y constater, potentiellement, la première bitcoinisation d'un État souverain ».[144]

Du constat aux décisions, le pas est vite franchi, compte tenu du désastre économique qui continue d'empirer. En conséquence, le dimanche 3 décembre 2017, le président Maduro annonce la création d'une cryptomonnaie nationale intitulée le « Petro », qui sera garantie par des réserves de pétrole, de gaz, d'or et de diamant. Le but est d'aider le Venezuela « à progresser dans les questions de souveraineté monétaire, à réaliser des transactions financières et à surmonter le blocus financier »[145] imposé par les États-Unis.

C'est la première fois qu'une telle décision est prise dans le monde pour résoudre une situation de crise (monétaire) : habituellement, les

---

143. *Venezuelan Bitcoin Mining Continues Despite Government Crackdown*, Samuel Haig, bitcoin.com, 15/08/2017.
144. *Venezuela Announces the Creation of Oil-Backed National Cryptocurrency – the Petro*, Kevin Helms, Bitcoin.com, 4/12/2017.
145. *Enter the 'petro': Venezuela to launch oil-backed cryptocurrency*, Alexandra Ulmer, Deisy Buitrago, Reuters, 3/12/2017.

solutions transitaient exclusivement par le système bancaire, tandis que cette fois, c'est une cryptomonnaie nationale se passant des banques qui est promue. Puis le processus s'accélère dans les jours suivants, avec l'annonce par le président Maduro qu'il va signer les certificats pour garantir le petro avec des barils de pétrole de la Ceinture pétrolière de l'Orénoque. Il commissionne le ministre du Pétrole et nouveau président de la compagnie pétrolière et gazière nationale PDVSA, Manuel Quevedo, pour coordonner l'équipe qui créera le petro.

Le 8 décembre est publié au Journal officiel vénézuélien (*Gaceta Oficial* n° 41.296) le décret n° 3.196 autorisant la création de la Superintendance de la Cryptomonnaie, dont le rôle consistera à gérer les transactions en petro. L'article 3 stipule : « Le présent décret a pour objectif d'établir, au sein des politiques de développement intégral de la Nation et, d'une manière légale, des conditions réglementaires énoncées dans le Code civil vénézuélien, l'achat/vente d'actifs financiers, l'application, l'utilisation et le développement des technologies Blockchain (chaîne de blocs), le minage, le développement de nouvelles cryptomonnaies dans le pays, afin de miser sur une économie capable de maintenir la cohésion sociale et la stabilité politique. »

Le mardi 12 décembre est formellement installé l'Observatoire de la Blockchain du Venezuela (« Observatorio Blockchain de Venezuela »), qui sera en charge de gouverner le schéma de la nouvelle monnaie virtuelle et de « renforcer, évaluer et contrôler tout ce qui a trait à l'utilisation de la technologie de cryptomonnaie au Venezuela ». Il servira aussi de base institutionnelle pour son lancement, dont la distribution s'effectuera par « le biais de ventes aux enchères ou de placement direct ».

L'Observatoire a également pour mission de créer un Registre des mineurs de cryptomonnaies, dont la page web est mise en service à partir du 22 décembre (https://registro.blockchain.gob.ve/web/). Tous ceux qui veulent participer au minage ont jusqu'au 21 janvier pour s'inscrire. La Superintendance envisage également la création de fermes de minage de grande échelle dans des zones économiques spéciales de développement technologique. Des réunions ont lieu avec Corpoelec, la compagnie nationale d'électricité, afin de s'assurer d'un approvisionnement suffisant pour cette activité.[146]

Le 27 décembre, le président Maduro signe le décret mettant en garantie cinq milliards de barils de pétrole pour la création du petro, sur la base de 1 petro = 1 baril. Certains, notamment parmi les opposants, expriment le fait que, dans ces conditions, le petro n'est pas une cryptomonnaie mais une reconnaissance de dette basée sur du pétrole. C'est pourtant bien une cryptomonnaie, mais la situation du Venezuela ne lui permet pas de lancer une monnaie qui ne présenterait pas de garantie, d'autant plus que sont envisagés d'effectuer des paiements internationaux avec le petro, ce qui permettrait de contourner les sanctions financières imposées par les États-Unis, en s'affranchissant du dollar. Le prix du baril de pétrole se négociant actuellement ente 60 et 70 $, cela donne une garantie donc une valeur élevée au petro.

Le 9 janvier, le Parlement le déclare illégal, car il contrevient aux dispositions de la Constitution.

Coup de théâtre : il est annoncé le 23 janvier que les élections présidentielles fixées pour octobre 2018 seront anticipées et se tiendront avant le 30 avril. Pas plus que la déclaration du Parlement, cette décision n'interrompt le lancement du petro, qui s'effectuera en deux phases :

---

146. *Criptomoneda Petro: Venezuela abre Observatorio del Blockchain para registro de minería digital*, LaRed, 26/12/2017.

- Phase 1 : prévente réservée aux investisseurs de 38,4 % du total de 100 millions de petros à émettre, soit 38,4 millions de tokens à une valeur faciale de 60 $, vendus avec une décote ;
- Phase 2 : ICO portant sur 44 millions de petros. Elle commencera le 20 mars et se terminera lorsque le total aura été vendu. Le public pourra en acheter en payant en devises ou avec d'autres cryptomonnaies, en fonction du cours du baril de pétrole vénézuélien.

Le bolivar ne sera pas accepté en paiement lors de ces deux premières phases, mais le sera ensuite sur le marché secondaire. Le gouvernement conserve le solde des petros, soit un peu plus de dix-sept millions d'unités. Il est pré-miné sur la blockchain Ethereum en utilisant le standard ERC-20.

Fin janvier : 860 000 Vénézuéliens sont désormais inscrits sur le Registre des mineurs de cryptomonnaies (la population totale dépasse 31 millions d'habitants).

Le 6 février, José Gregorio Vielma Mora, ministre du Commerce extérieur, annonce qu'il a reçu un groupe d'investisseurs brésiliens prêts à investir 300 millions $ et que la Pologne, le Danemark, la Norvège, le Honduras et le Vietnam, entre autres, ont accepté d'exporter des produits alimentaires et des médicaments pour l'équivalent de 435 millions $ payés en petros.[147]

La Phase 1 commence le 20 février et dès le premier jour est annoncé un total équivalent à 735 millions $, ce qui ressemble à un premier succès (logiquement, 735 = 435 + 300 annoncés par le ministre le 6/02). Le département du Trésor des États-Unis ne manque pas de rappeler qu'en acheter pourrait être considéré comme une extension de crédit au Venezuela, ce qui violerait le régime des sanctions et exposerait les citoyens états-uniens à des risques légaux.[148]

Désormais, la première cryptomonnaie souveraine au monde est née, et Nicolás Maduro déclare en ce jour de lancement : « Voici le petro et les choses doivent être faites différemment, d'une nouvelle manière. Une nouvelle ère économique s'ouvre pour le Venezuela. »[149]

---

147. *Brazil and Other Countries To Invest in Venezuela's Petros*, Telesur, 6/02/2018.
148. *Venezuela launches the 'petro,' its cryptocurrency*, Rachelle Krygier, *The Washington Post*, 20/02/2018.
149. *Estos son los servicios que se pagarán con El Petro*, Telesur, 21/02/2018.

Les enjeux dépassent largement les frontières du pays, ainsi qu'il l'avait précédemment souligné : « Le Venezuela s'est placé à l'avant-garde du monde. C'est le premier pays qui crée une cryptomonnaie soutenue par ses richesses naturelles. »[150]

Il est encore trop tôt pour savoir si le petro rencontrera définitivement le succès et sauvera le pays de la catastrophe économique et de la banqueroute, en un mot, du chaos. Si c'est le cas, cela aura été réussi quasiment à l'écart voire à l'encontre du système bancaire traditionnel. Ce succès suscitera forcément un débat intense ailleurs dans le monde, qui se résumera en ces termes : grâce aux cryptomonnaies et à la technologie de la blockchain, avons-nous encore besoin des banques commerciales ? Nous reviendrons sur cette question essentielle en conclusion.

26) Les Îles Marshall (RMI)

Le 28 février 2018, le Parlement de cet archipel d'environ 1 100 îles de l'Océanie adopte une loi donnant naissance au Sovereign (SOV), sa future monnaie digitale souveraine, qui fonctionnera à côté du dollar américain, la devise actuelle (en attendant de le remplacer ?). L'émission est prévue pour la fin de l'année via une ICO, tous les résidents bénéficiant d'une attribution gratuite (la population totale compte un peu plus de 70 000 habitants), avant l'ouverture aux investisseurs. Le SOV sera basé sur une blockchain spécifique, qui nécessitera de s'enregistrer afin de lutter contre l'anonymat et les fonds d'origine douteuse.

Voici ce qu'explique le Dr. Hilda C. Heine, présidente des Îles Marshall : « La RMI investira les revenus pour soutenir ses efforts de lutte contre le changement climatique, l'énergie verte, les soins de santé pour ceux qui sont encore affectés par les essais nucléaires américains, et l'éducation. »[151]

N'est-ce pas un projet magnifique que favorise cette nouvelle cryptomonnaie ?

---

150. *Decreto presidencial respalda al petro con reservas de la faja petrolífera*, El Universal, 27/12/2017.
151. *Marshall Islands to be first to issue own sovereign cryptocurrency*, Samantha Herbert, *The Telegraph*, 1/03/2018.

Chapitre 2

La Catalogne
De l'indépendance à la cryptomonnaie ?

Les élections au Parlement régional du 21 décembre 2017 donnent la majorité des sièges aux trois partis indépendantistes, bien que ce soit le parti centriste libéral qui soit arrivé en tête des suffrages. Il est donc difficile de savoir ce que l'avenir réserve à la Catalogne : l'indépendance ou le maintien au sein de l'Espagne ?

Dans les semaines qui précèdent, les dirigeants catalans sont prévenus qu'en cas d'indépendance, ils seront exclus non seulement de l'Union européenne mais aussi de l'Eurozone, ce qui signifie qu'ils n'auront plus le droit d'utiliser l'euro, donc se retrouveront sans monnaie.

C'est évidemment une situation fâcheuse, mais cela le serait peut-être plus encore pour l'euro, car l'économie catalane pèse environ 220 milliards €, soit plus que sept pays de la zone euro, dont le Portugal. Son départ aurait inévitablement des conséquences sur la parité de l'euro avec les autres devises.

Il est alors annoncé dans différents médias qu'une Catalogne indépendante se tournera de préférence vers la création d'une cryptomonnaie basée sur la blockchain. Il est également évoqué le fait que Vitalik Buterin, le fondateur de l'Ethereum, intervient déjà comme conseiller pour l'éventuelle future plateforme, la préparation de l'etherCat et l'ICO de lancement.

Signalons que la région et la ville de Barcelone ont déjà acquis une expérience des cryptomonnaies, notamment pour financer des projets à dimension sociale. Il reste à voir désormais comment évoluera la situation politique, car, sur le plan monétaire, tout semble prêt, ou presque.

III. D'autres situations nationales

Cette partie ne consiste pas à passer en revue la position de tous les pays sur le sujet des cryptomonnaies mais à présenter plusieurs exemples qui illustrent des situations et des visions différentes, à un stade où n'est pas encore ou à peine engagé le processus de création d'une monnaie digitale nationale. Nous commencerons par trois pays importants en matière de cryptomonnaies.

1) Les États-Unis

Au niveau législatif, plusieurs initiatives ont été menées par des élus pour inciter les agences gouvernementales à surveiller l'utilisation des cryptomonnaies à des fins terroristes ou de blanchiment d'argent. Par exemple, la représentante démocrate Kathleen M. Rice dépose le 16 mai 2017 le projet H.R.2433 intitulé « Homeland Security Assessment of Terrorists Use of Virtual Currencies Act ». Il stipule : « (Sec. 2) Ce projet de loi confie au Bureau du renseignement et de l'analyse du Department of Homeland Security : 1) en collaboration avec les partenaires fédéraux compétents, l'élaboration et la diffusion d'une évaluation de la menace posée par les individus qui utilisent la monnaie virtuelle pour mener à bien leurs activités d'acte de terrorisme, y compris la fourniture de soutien matériel ou de ressources à une organisation terroriste étrangère ; et 2) de partager cette évaluation avec les responsables de l'application des lois de l'État, locaux et tribaux. » Le texte est voté à la Chambre le 12 septembre 2017 puis transmis au Sénat le lendemain, où il est toujours à l'étude au moment de la rédaction de ces pages.

Moins de dix jours après la Chambre des Représentants, c'est un groupe de sénateurs qui dépose le 25 mai 2017 la loi « S. 1241: Combating Money Laundering, Terrorist Financing, and Counterfeiting Act of 2017 ». Il s'agit d'une « loi pour améliorer les interdictions en matière de blanchiment, et pour d'autres fins ». Dans sa section 13, elle ajoute les cryptomonnaies, qui entreront dans le champ de la loi après que le Comité sénatorial de la Justice se sera prononcé (cette loi n'a pas encore été votée fin 2017).

En revanche, l'utilisation des cryptomonnaies reste encore essentiellement dans la sphère privée, la Federal Reserve (Fed) n'ayant pas annoncé de projet dans ce domaine. Pourtant, c'est depuis 2014 déjà que des voix se font entendre demandant que la Fed crée le Fedcoin, ou, au minimum, utilise la technologie de la blockchain. Il est clair cependant que le projet est à l'étude (cf. encadré p. 145).

La Federal Reserve ne se désintéresse pas pour autant du phénomène des cryptomonnaies. Ainsi, sa présidente, Janet Yellen, signale dès février 2014 que son organisme n'a aucune autorité pour réguler le bitcoin. Elle le répète en décembre 2017, considérant que le bitcoin n'est pas une source de valeur stable et constitue un actif hautement spéculatif. Même si elle ajoute qu'il joue un rôle très limité dans le système de paiement international, elle précise de nouveau que « la Fed ne remplit aucun rôle de régulation concernant le bitoin, si ce n'est de s'assurer que les organisations bancaires que nous supervisons sont attentives au fait de gérer de façon appropriée toute interaction qu'elles ont avec les participants de ce marché, et traitent de façon appropriée leurs responsabilités contre le blanchiment d'argent dans le cadre du Bank Secrecy Act.[152] »[153]

En effet, plusieurs institutions financières états-uniennes ont annoncé des initiatives dans le domaine des cryptomonnaies, à commencer par la bourse de Chicago. Ainsi, le Chicago Board Options Exchange (CBOE) émet le 11 décembre 2017 les premiers contrats à terme sur le bitcoin :

« Lancés à 15 000 dollars, ces premiers contrats à terme arrivant à échéance en janvier 2018 ont pris jusqu'à 25,67 %, à 18 850 dollars, au cours de leur première séance. À la fermeture des marchés européens, ils cotaient 18 200 dollars, en hausse de 21,33 %.

Les échanges ont dû être suspendus temporairement à deux reprises afin d'éviter de trop grandes fluctuations de prix. Et

---

152. Le Bank Secrecy Act date de 1970 et exige des institutions financières qu'elles collaborent avec le gouvernement des États-Unis et ses agences dans la lutte contre le blanchiment d'argent et la fraude.
153. *Fed chief Yellen says bitcoin is a 'highly speculative asset'*, John Melloy, CNBC, 13/12/2017.

dans les vingt premières minutes de la séance, le trafic était si important que le site internet du CBOE a été rendu temporairement inaccessible. »[154]

Environ 2 300 contrats à terme sont échangés ce jour-là, mais cela reste « une goutte d'eau dans le crypto-océan », ainsi que le titre Bloomberg dans son graphique résumant la journée, les contrats à terme du CBOE représentant 3 % du trading global sur le bitcoin dans les premières heures :

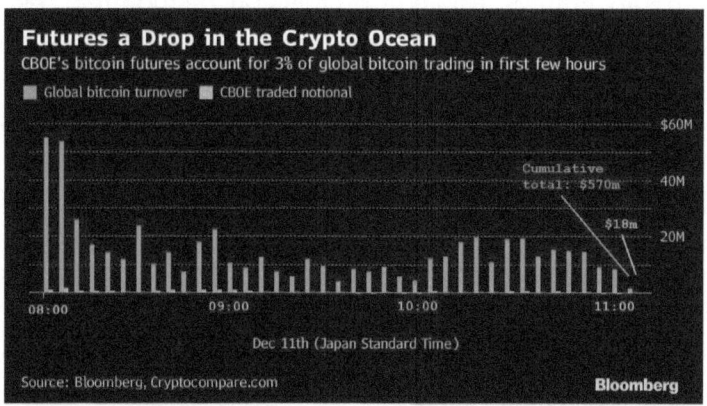

Une semaine après le CBOE, soit le 17 décembre, le Chicago Mercantile Exchange (CME), l'autre grand marché à terme états-unien, lance ses contrats sur le bitcoin. À partir du moment où il y a cotation sur l'une de ces grandes bourses, cela signifie que les groupes bancaires ne sont pas loin.

Ainsi, Goldman Sachs annonce en octobre 2017 son intérêt pour les cryptomonnaies et confirme en décembre qu'elle souhaite ouvrir un *desk* spécialisé d'ici juin 2018. D'autres banques comme Citigroup, JP Morgan, etc. ont déjà des projets plus ou moins avancés dans le domaine des cryptomonnaies. Pour l'instant, il s'agit plutôt de proposer des services et des produits à leurs clients et de spéculer dans ce domaine que de créer de telles monnaies. Jusqu'à quand ?

---

154. *Le bitcoin fait des débuts prometteurs en Bourse*, Leila Marchand, *Les Échos*, 11/12/2017.

Chapitre 2

Cela ne devrait plus tarder, puisque le président de Citigroup Inc., Michael Corbat, déclare le 8 novembre lors d'une interview à Bloomberg que « notre banque expérimente en interne sa propre monnaie, baptisée Citicoin, qui peut réduire les tensions sur les transactions internationales de change »[155].

Le 6 février 2018, lors d'une audition devant la Commission bancaire du Sénat, Jay Clayton, président de la Securities and Exchange Commission (SEC), et Christopher Giancarlo, président de la Commodity Futures Trading Commission, se montrent résolument ouverts et positifs envers les cryptomonnaies et la blockchain. Certes, il faut veiller à protéger les consommateurs et les utilisateurs, mais il est plutôt question d'accompagner et d'encourager cette innovation que de la brider par une réglementation inappropriée.

Rappelons toutefois que la Federal Reserve appartient aux principales banques américaines et pas à l'État fédéral, il y a donc peu de chance dans l'immédiat que toute décision qui pourrait aller contre leurs intérêts, la création d'une cryptomonnaie souveraine en faisant partie, puisse être mise en œuvre, quels que soient les besoins et la situation de la population.

---

155. *Bitcoin, Beware: Citigroup's CEO Predicts State-Sponsored Digital Currencies*, Erik Schatzker et Dakin Campbell, Bloomberg, 8/11/2017.

Le Fedcoin

La Banque des règlements internationaux constate dans une étude de septembre 2017 qu'il n'existe encore aucune cryptomonnaie émise par une banque centrale à destination du public. Elle reprend toutefois l'hypothèse du Fedcoin, car, selon elle, c'est l'une des plus débattues :

« Le concept, qui a été proposé par Koning (2014) mais n'a pas été approuvé par la Réserve fédérale [des États-Unis], est que la banque centrale crée sa propre cryptomonnaie. Elle pourrait être convertie dans les deux sens à parité avec le dollar américain, et la conversion serait gérée par les Federal Reserve Banks. Au lieu d'avoir une règle d'approvisionnement prédéterminée, comme c'est le cas avec le bitcoin, l'offre de Fedcoin, de la même façon que les espèces, augmenterait ou diminuerait selon le désir des consommateurs de le détenir. Le Fedcoin deviendrait une troisième composante de la base monétaire (…)

Les Fedcoins ne seraient créés (détruits) que si un montant équivalent d'argent ou de réserves était détruit (créé) en même temps. Comme les espèces, le Fedcoin serait décentralisé dans la transaction et centralisé dans l'offre. »[156]

La plupart des banques centrales ne sont pas encore prêtes à franchir le pas vers la création de cryptomonnaies nationales, car elles mettraient en danger l'existence des banques commerciales, qui perdraient leur monopole, même s'il est de plus en plus battu en brèche par les nouvelles solutions apparaissant partout dans le monde, particulièrement dans les pays dits « émergents ».

---
156. *Central bank cryptocurrencies*, Morten Linnemann Bech et Rodney Garratt, Banque des règlements internationaux, 17/09/2017.

Chapitre 2

Cryptomonnaie chez les Sioux

Les États-Unis n'ont pas (encore) leur monnaie virtuelle, mais l'une des nations natives, les Sioux Oglalas – l'un des sept clans de la nation lakota – a pratiquement la sienne, le MazaCoin[157], depuis mars 2014. Ainsi que l'explique *Newsweek*, ils font partie des tribus les plus pauvres, avec un revenu annuel moyen par personne de 2 892 $, selon le United States Census Bureau (données 2013). Alors, Payu Harris, descendant d'Indiens et résident du Dakota du Sud, décide de créer une cryptomonnaie, le MazaCoin, « conçu pour remplacer le financement fédéral annuel de plus de 200 millions de dollars accordé à la nation des Sioux Oglalas par "un financement que nous contrôlons. Nous pouvons construire notre économie à partir de rien." »[158]

Il souhaite laisser la moitié des fonds dans un trust tribal, donc à l'abri des impôts américains. En effet, « le bitcoin et ses cousins sont des monnaies sans frontière, non contrôlées par une autorité centralisée et revêtues d'anonymat. En revanche, Harris veut que le MazaCoin soit "entièrement transparent" et contrôlé par l'équivalent d'une banque centrale pour les Sioux Oglalas et potentiellement d'autres tribus, un outil pour l'autodétermination et la construction de la nation pour aider à guérir des prisons économiques virtuelles de plein air que sont de nombreuses réserves tribales. »

Un protocole d'accord est signé en janvier 2013 avec les représentants des Sioux Oglalas, afin d'explorer le potentiel du MazaCoin et, en fonction des résultats, adopter cette monnaie au sein de la nation lakota. Selon ce que déclare à *Newsweek* W. Gregory Guedel, conseiller fiscal spécialisé, voici un scénario potentiel : « Si le nombre croissant de détaillants nationaux

---

157. Le MazaCoin est nommé d'après le mot lakota « mazaska », qui signifie « argent ».
158. *Oglala Sioux Hope bitcoin Alternative, Mazacoin, Will Change Economic Woes*, Lynnley Browning, *Newsweek*, 14/08/2014.

Cryptomonnaies souveraines

acceptant maintenant le bitcoin, qui inclut désormais Overstock.com et Dell, acceptaient également le MazaCoin en échange de biens, alors un consommateur, disons en Suède, pourrait utiliser la monnaie tribale pour acheter des livres sur Amazon, avec un pourcentage de la transaction verser au trust tribal, ce qui ouvre potentiellement un marché mondial à cette tribu. »

Nous n'en sommes pas encore là, mais l'idée commence à progresser, ainsi qu'en témoigne ce graphique communiqué par CoinMarket au 8 janvier 2018 :

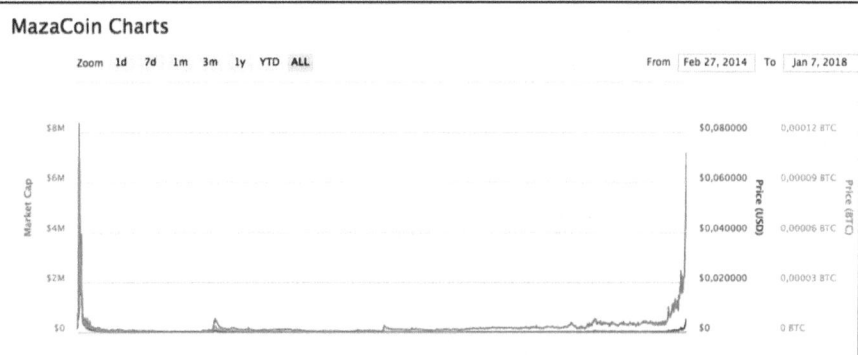

Les données pour le dernier mois de transactions :

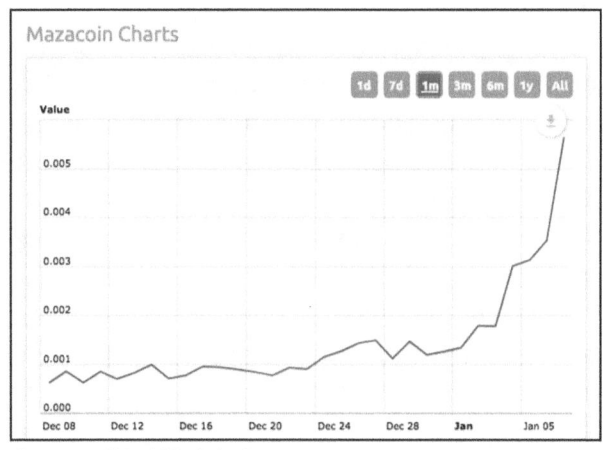

Source : WorldCoinIndex

Chapitre 2

> C'est à partir de mi-novembre 2017 que la valeur du MazaCoin commence à augmenter, avec une accélération en décembre qui, pour l'instant, ne se dément pas. La capitalisation totale n'est encore que de 7,7 millions $, mais il s'en est quand même échangé pour près de 130 000 $ sur les dernières 24 heures. Sera-t-il le « nouveau bison, qui autrefois constituait toute notre survie ? Nous l'utilisions pour la nourriture, pour nous vêtir, pour tout. C'était notre économie », ainsi que le déclare P. Harris à *Forbes*.[1]
> Les Sioux Oglalas seront-ils bientôt un exemple de développement à prendre en considération par le monde entier ? D'autant plus que « le minage du MazaCoin est actuellement beaucoup plus simple que celui du bitcoin, ce qui nécessite beaucoup moins de puissance de traitement. Cela en fait l'une des cryptomonnaies les plus respectueuses de l'environnement, car les calculs n'utilisent pas autant de ressources et peuvent même être effectués sur des machines périmées qui ne sont plus assez puissantes pour le bitcoin ».[1]
>
> 1. *The Battle of Little Bitcoin: Native American Tribe Launches Its Own Cryptocurrency*, Jasper Hamill, *Forbes*, 27/02/2014.

2) Le Japon

Il est devenu le premier marché de trading du bitcoin, devant les États-Unis et la Corée du Sud. Tandis que la Chine ne cesse d'attaquer tout ce qui concerne les cryptomonnaies privées, le Japon suit le chemin inverse, avec des mesures quasiment uniques sur la planète. Tokyo n'est plus le principal centre financier en Asie, mais ses décisions sur les monnaies virtuelles pourraient l'amener à être leader dans ce domaine hautement stratégique à l'avenir. Pourtant, c'est au Japon qu'eut lieu en février 2014 la plus grande faillite d'une plateforme d'échanges, celle de Mt. Gox, qui causa des pertes énormes et n'a, d'ailleurs, pas encore livré tous ses mystères (cf. Chapitre 1).

Voici les principales mesures prises par les autorités :

- 4 mars 2016 : un projet de loi est introduit à la Diète (le parlement) afin de réguler les plateformes d'échanges. Une disposition prévoit que les cryptomonnaies puissent être considérées comme instruments de paiement ;

- 1er avril 2017 : la loi ayant été votée, le Payment Services Act est amendé afin de reconnaître les cryptomonnaies comme moyen de paiement légal ;

- 1er juillet 2017 : la taxe à la consommation de 8 % sur les transactions en bitcoin est supprimée ;

- le 29 septembre 2017, la Japan Financial Services Agency enregistre officiellement onze plateformes d'échanges, ce qui revient à leur accorder une licence d'exercer. Dans le même temps, dix-sept cryptomonnaies sont approuvées pour être négociées sur ces plateformes, dont le bitcoin, l'ether, le ripple, le litecoin, etc.

Le Japon se classe désormais au premier rang mondial, avec de 30 à 50 % des échanges. C'est aussi près de 300 000 commerçants qui acceptent le bitcoin fin 2017. La banque centrale n'a donc pas annoncé la création d'une monnaie digitale nationale. En revanche, des banques privées, incluant la banque postale du Japon et sa puissance financière, étudient actuellement la possibilité de lancer leur propre cryptomonnaie, appelée « J-Coin ». Elle serait liée au yen et utilisée via une application mobile. Le projet n'en est qu'aux prémices, mais l'objectif annoncé est qu'il soit opérationnel pour les Jeux Olympiques de Tokyo en 2020.

3) La Corée du Sud

Elle est considérée comme le troisième marché mondial des cryptomonnaies, après le Japon et les États-Unis, et réaliserait 20 % des transactions mondiales en bitcoin. Sur une population totale de plus de 51 millions d'habitants, près d'un million de Coréens en détiendraient. Ainsi que nous l'avons vu au Chapitre 1, la demande pour les bitcoins est telle qu'ils s'échangent à un prix supérieur en moyenne de 15 à 20 % par rapport aux autres pays.

Chapitre 2

Face aux fraudes et aux escroqueries qui se multiplient, et aux risques d'éclatement de ce qui pourrait s'avérer une bulle, avec des conséquences catastrophiques à l'échelle du pays, les autorités coréennes se mobilisent pour réglementer cette spéculation d'un genre nouveau :

- le 29 septembre : toutes les formes d'ICO et de levées de fonds en cryptomonnaies sont interdites, sous peine de sanctions ;
- début décembre : le gouvernement constitue une task force sur le sujet des cryptomonnaies afin de prendre des mesures urgentes ;
- le 13 décembre : l'ensemble des institutions financières n'a plus le droit d'utiliser les monnaies virtuelles, ni même d'en détenir ; les étrangers et les mineurs sont interdits de trading. Cependant, les transactions restent autorisées et ne sont pas soumises à la taxation sur les plus-values ;
- le 28 décembre : il est annoncé qu'à partir du mois prochain, les comptes anonymes en cryptomonnaies sont interdits. Les banques ne peuvent plus offrir non plus de services pour les échanges non identifiés, afin de lutter contre le blanchiment ; les autorités menacent même de fermer des plateformes d'échanges, voire toutes. L'annonce de ces décisions fait chuter le bitcoin de presque 12 % et l'ether de 8 % ;
- le 2 janvier : le gouvernement informe que les mesures interdisant les comptes anonymes seront effectives autour du 20 janvier. De plus, les comptes ouverts auprès des plateformes devront correspondre à des comptes nominatifs réels, et uniquement celui déclaré par un investisseur pourra être utilisé pour les transactions.

Si elles sont menées jusqu'à l'extrémisme consistant à fermer l'ensemble des plateformes coréennes, cela aurait des conséquences qu'on ne peut encore imaginer, y compris sur le plan de la paix civile. Comment, en effet, réagiraient près d'un million de Coréens qui s'estimeraient dépouiller par leur gouvernement, car le cours chuterait immanquablement ? L'impact se répandrait également sur la plupart des pays asiatiques, et, logiquement, au-delà.

Une telle décision ne serait pas sans conséquence non plus sur le futur de la Corée du Sud, puisque de nombreux groupes ont des projets liés aux cryptomonnaies et à la technologie de la blockchain : « Malgré les fluctuations, les investisseurs individuels et plusieurs grandes entreprises coréennes passent à l'action. Samsung a annoncé en mai un projet utilisant la blockchain – la plateforme pour toutes les cryptomonnaies – afin de suivre les ordres d'expédition en temps réel. Kakao, fabricant de la principale application de messagerie du pays, a fait l'acquisition de Dunamu, la start-up fintech, pour lancer en octobre sa propre plateforme de cryptomonnaie, nommée Upbit. Et le géant du jeu vidéo, Nexon, est maintenant le plus gros actionnaire de Korbit, la troisième plus importante plateforme de cryptomonnaies en Corée. »[159]

De plus, décider de fermer toutes les plateformes générerait de sérieux problèmes juridiques, économiques et politiques, y compris devant le Parlement ; rien ne dit que le gouvernement pourrait survivre à la crise qu'il aurait déclenchée. Le bitcoin, désormais, *too big to fail* en Corée (« trop important pour disparaître ») ?

Bien que le pays se soit mis à la pointe du combat pour la régulation des cryptomonnaies, aucune devise virtuelle publique ne semble en préparation, ni même envisagée. Peut-être faudrait-il y penser, afin de survivre à la crise qui pourrait provenir du... bitcoin.

D'autant plus qu'une autre crise menace la Corée du Sud en s'étant accentuée depuis plus d'un an, c'est le risque de guerre avec la Corée du Nord. Commençons par observer l'évolution du bitcoin sur la plateforme coréenne Bithumb.com sur l'année 2017 :

---

159. *Why is South Korea suddenly terrified of bitcoin?*, David Josef Volodzko, *South China Morning Post*, 1/01/2017.

Chapitre 2

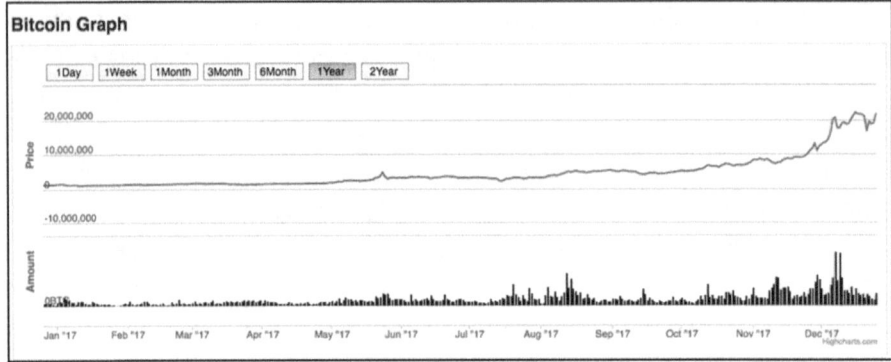

Nous constatons une progression plutôt régulière sur les dix premiers mois de l'année, à l'exception du 24 mai, où apparaît une forte pointe :

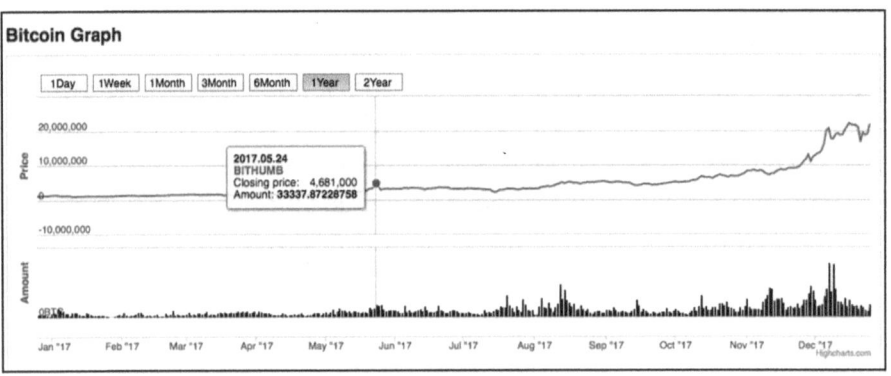

Source : Bithumb.com

Ce jour-là, le prix de clôture monte à 4 681 $, alors que, la veille, il se situe à 3 540 $ et retombe dès le lendemain à 3 525 $, soit une augmentation de près de 33 % en une journée. Il chute même à 2 809 $ le 26 mai avant de repartir à la hausse le jour d'après.

Or, ce 24 mai, il n'y a aucune perturbation majeure sur le marché des changes, la parité entre le won et le dollar se maintient à 0,00089 :

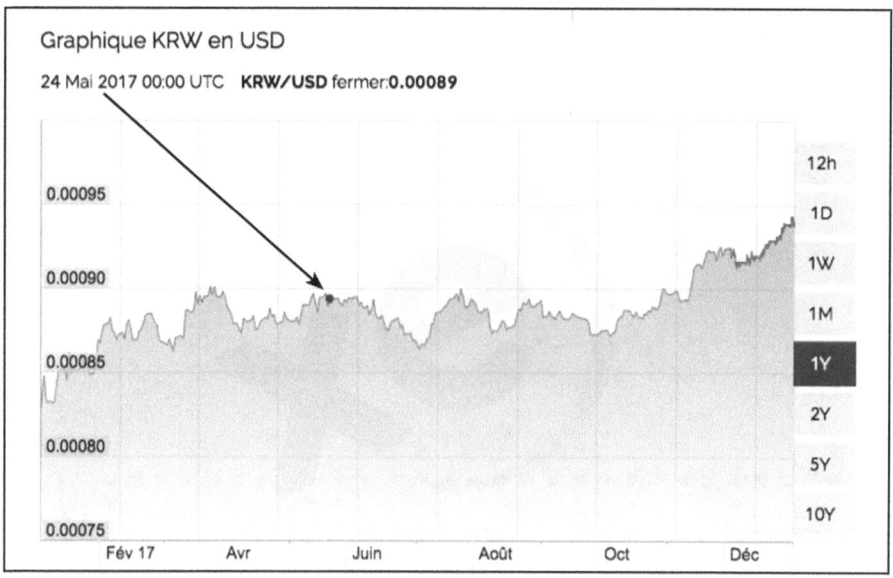

Source : www.xe.com

Quelle est la raison de ce pic soudain du bitcoin ? Un événement de l'actualité sud-coréenne peut-il en être la cause ? Nous avons regardé ce qui se passe ce jour-là : sur le plan économique, aucune nouvelle ne paraît pouvoir justifier ce saut ; en revanche, la veille dans l'après-midi, l'armée tire plus de quatre-vingt-dix coups de canon contre ce qui semble un objet volant non identifié venant de la Corée du Nord. L'incident, sans doute l'un des plus sérieux durant cette période de fortes tensions, n'est rapporté que plus tard, et ce n'est que le lendemain, donc le 24, que les militaires déclarent finalement qu'il ne s'agissait que de ballons transportant sans doute de la propagande. Néanmoins, les Sud-coréens purent croire, l'espace d'un jour, que la guerre avait commencé. Comme au Zimbabwe, le bruit des bottes fait-il résonner le bitcoin ?

Cela pourrait être une explication, ainsi que pour la forte hausse des cours à partir de novembre, qui ne se dément pas en fin d'année malgré les menaces de régulation du gouvernement, tandis que les rumeurs et les préparatifs de guerre ne cessent de s'amplifier,

Chapitre 2

y compris début janvier 2018 lorsque la presse internationale révèle que des troupes chinoises se rassemblent autour des fleuves Yalu et Tumen et que des villages à la frontière ont été désignés pour recevoir les réfugiés nord-coréens.

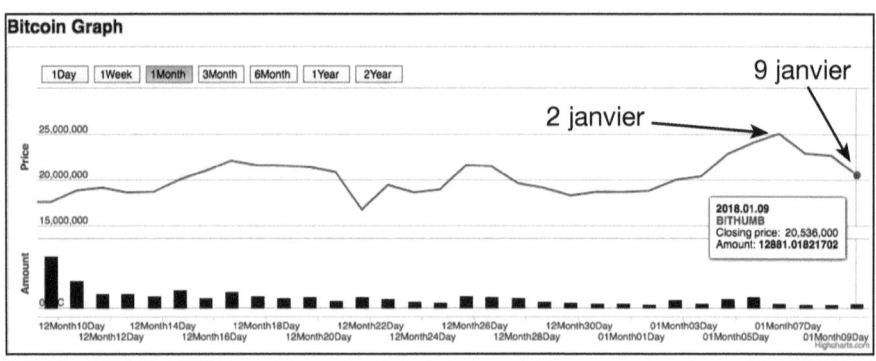

Source : Bithumb

Le fait que le bitcoin soit au plus bas sur l'une des principales plateformes sud-coréennes, avec une tendance baissière le 9 janvier, pourrait confirmer la relation entre géopolitique et cryptomonnaies, car c'est le jour où les deux Corées se retrouvent pour des négociations. Cela dit, il y a sans doute d'autres paramètres à prendre en compte, et le recul est encore insuffisant pour tenter la moindre analyse. D'autant plus que les dernières nouvelles sur le plan de l'interdiction gouvernementale sont contradictoires, mais contribuent sans doute à la baisse des derniers jours. En effet, Reuters rapporte le 11 janvier, selon ce que le ministre de la Justice a déclaré, que le gouvernement prévoit d'interdire le trading de cryptomonnaies, et que des descentes de police ont eu lieu contre des plateformes au motif d'évasion fiscale. Face à la plongée des cours, le bureau de la Présidence rectifie le tir dans les heures suivantes et annonce que l'interdiction est l'une des mesures envisagées, mais qu'elle n'est pas encore finalisée. Les cours se maintiennent au-dessus de 30 % de ce qu'ils sont en moyenne dans le monde.

Il est évident qu'une interdiction complète ferait chuter les cours, sans compter les autres conséquences, mais, ajoute Reuters, « une fois que le projet de loi sera rédigé, la législation interdisant totalement le commerce de cryptomonnaies nécessitera un vote majoritaire sur les 297 membres de l'Assemblée nationale, un processus qui pourrait prendre des mois, voire des années ».[160]

La sagesse venant avec le temps, Reuters rapporte le 31 janvier que Kim Dong-yeon, le ministre des Finances, a déclaré que le gouvernement n'envisage pas d'aller aussi loin que la Chine et « n'a pas l'intention d'interdire ou de supprimer le marché des cryptomonnaies », la tâche immédiate consistant à réguler les plateformes d'échanges.[161]

Bitcoin, inflation, PIB et endettement

Nous avons montré que le bitcoin a déjà constitué pour les particuliers et les entreprises une valeur refuge en cas de crise politique et/ou économique. Quel peut être son impact sur les États, la comptabilité publique, le PIB, l'inflation... ?

En soi, le bitcoin n'est pas inflationniste pour un pays, car, même si c'est un moyen de paiement créé à partir de rien, pour en acquérir, il faut l'échanger contre une devise ou faire du minage, processus extrêmement lent. Aussi étonnant que cela puisse paraître, le bitcoin pourrait même mieux résister aux pressions inflationnistes qu'une cryptomonnaie nationale, car son nombre est limité, ce qui pourrait ne pas être le cas d'une devise numérique publique (l'histoire a montré jusqu'à quels excès peuvent aller les banques centrales en matière d'émission monétaire).

En revanche, il pourrait avoir des conséquences inflationnistes pour un pays en cas de forte évolution de son cours. Prenons l'exemple de la Corée du Sud, où il est estimé qu'y sont effectuées 20 % des transactions mondiales sur le bitcoin.

---

160. *South Korea plans to ban cryptocurrency trading, rattles market*, Cynthia Kim, Dahee Kim, Reuters, 11/01/2018.
161. *South Korea doesn't intend to shut down virtual coin trading: finance minister*, Reuters, 31/01/2018.

Admettons, pour la simplicité de la démonstration, que les Coréens possèdent donc 20 % du total de bitcoins émis, soit environ 3,2 millions d'unités au début de janvier 2017.

Si le cours est multiplié par dix en un an, de 1 000 $ à 10 000 $, ils verraient leur patrimoine également multiplié par dix (toutes choses étant égales par ailleurs), qui passerait de 3,2 milliards $ à 32 milliards $. Ils pourraient alors décider de profiter de la situation et, par exemple, en revendre 20 % à la fin de l'année, soit l'équivalent en wons de 6,2 milliards $, donc le double de leur patrimoine initial.

S'ils laissent la totalité de cette somme dormir sur leurs comptes bancaires, les banques vont s'en réjouir. En revanche, si cet argent part directement dans le circuit économique, par des achats de produits, de services, de biens immobiliers, etc., il est inévitable qu'une telle masse d'argent – même si elle ne représente « que » 0,4 % du PIB (6,4 milliards $ sur 1 521 milliards $, montant du PIB attendu par le FMI pour la Corée du Sud en 2017) – aura un impact sur les prix, donc un effet inflationniste.

C'est d'ailleurs ce que vient confirmer un article de Jim Edwards sur *Business Insider* au sujet du Japon : « La hausse de la valeur du bitcoin pourrait ajouter 0,3 % à la croissance du PIB japonais, selon les analystes de Nomura, Yoshiyuki Suimon et Kazuki Miyamoto. Dans une note récente adressée aux clients, ils ont fait valoir que « l'effet de richesse » sur les détenteurs de bitcoins japonais devrait stimuler les dépenses de consommation, qui auront un effet mesurable sur le PIB. »[1]

Ils l'évaluent à 851 millions $, disponibles pour l'« extra-consommation ». Cette analyse va à l'encontre de ce qu'affirment régulièrement les banquiers et les économistes, qui considèrent que le bitcoin est trop petit pour influencer l'économie, mais nous pensons exactement le contraire, au minimum pour le Japon et la Corée. En effet, même si « seulement trois des 500 plus

---

1. *Bitcoin could be adding 0.3% to Japanese GDP*, Jim Edwards, *Business Insider*, 1/01/2018.

> grands détaillants en ligne acceptent le bitcoin comme moyen de paiement » d'après l'article, nous considérons que cela n'a pas grande importance lorsque la spéculation prend le pas sur la fonction de paiement, car les investisseurs individuels qui auront vu leur patrimoine en bitcoin se multiplier par deux jusqu'à dix, voire plus, pourront avoir envie de le réaliser au moins partiellement, ne serait-ce que pour se protéger d'une chute brutale des cours, dont ils ne sont pas à l'abri et qui peut se produire à tout moment pour de multiples causes. Dans ce cas, la monnaie fiduciaire devient une valeur refuge contre la volatilité de la cryptomonnaie.
> Quoi qu'il en soit, nul doute que les autorités coréennes sauront prendre en compte cette dimension économique avant de légiférer dans une direction absolutiste qui pourrait être préjudiciable à tout le pays, et au-delà.

4) La Corée du Nord

À notre connaissance, elle n'a pas de projet de cryptomonnaie nationale. D'ailleurs, à quoi pourrait-elle bien lui servir étant donné sa situation géopolitique ? Pourtant, le pays de Kim Jong-Un occupe une place à part dans les médias dès qu'il est question de ce sujet. En effet, « pour le régime voyou de la Corée du Nord, l'émergence du bitcoin offre de nouvelles possibilités de revenus pour contourner les sanctions de plus en plus strictes »[162]. Essentiellement dans deux directions :

    A) Le minage

Selon les données disponibles, la Corée du Nord est un exportateur net d'énergie. Évidemment, les sanctions économiques de l'Onu suite au développement du programme nucléaire et aux tirs de missiles ont compliqué la situation, aussi bien pour l'exportation d'électricité que l'importation de produits pétroliers, désormais soumise à quotas (résolution 2397). Néanmoins, utiliser l'électricité produite pour miner

---

[162]. *North Korea's Bitcoin Play*, Dune Lawrence, *Bloomberg Businessweek*, 18/12/2017.

Chapitre 2

du bitcoin revient à l'exporter à l'abri des sanctions, tant que le lien n'est pas établi entre les adresses bitcoin et l'origine de leur titulaire.

Compte tenu des cours actuels de la cryptomonnaie, il pourrait même s'avérer plus intéressant de miner du bitcoin que d'exporter de l'électricité. Essayons de vérifier cette hypothèse, même s'il est difficile d'obtenir des données fiables et précises en la matière.

Tout d'abord, rappelons que les différentes technologies pour générer de l'électricité ne supportent pas les mêmes coûts de production. Afin, néanmoins, de pouvoir les comparer a été créé un outil mathématique, le Levelized cost of electricity (LCOE), dont l'objectif est de mesurer le coût de production d'1 MWh en fonction de sa source. Étant donné qu'il existe plusieurs variantes de calcul du LCOE, nous utiliserons celui publié par la Banque Lazard en novembre 2015, généralement considéré comme un standard de l'industrie. Il pose toutefois problème, car il est basé sur les coûts aux États-Unis, forcément plus élevés qu'en Corée du Nord. C'est néanmoins une base de comparaison utile.

Selon les dernières données de la Banque mondiale, le pays de Kim produit son électricité principalement à partir du charbon, du pétrole et de l'hydroélectricité, mais pas du nucléaire. Ces informations sont à retraiter, car, normalement, depuis l'élargissement des sanctions, la Corée ne peut plus importer autant de pétrole qu'auparavant ; quant au nucléaire, les observations par satellite prouvent que la centrale nucléaire de Yongbyon a été ré-ouverte, au moins début 2017.

Nous retiendrons donc du tableau de la Banque Lazard uniquement les LCOE pour ces deux sources :

LCOE	(En $ / MWh)		
Type d'usine	Minimum	Maximum	Moyenne
Charbon	65	150	108
Nucléaire	97	136	117

En conséquence, pour produire 1 MWh d'électricité par centrale thermique au charbon, il en coûte entre 65 et 150 $ aux États-Unis.

Nous avons vu dans le premier chapitre que pour générer en revenu de minage 500 bitcoins sur un mois, il faut de l'ordre de 4 000 MWh, ce qui donne le tableau suivant, construit à partir du précédent :

Minage 500 BTC	(En $ / 4 000 MWh)		
Type d'usine	Minimum	Maximum	Moyenne
Charbon	260 000	600 000	430 000
Nucléaire	388 000	544 000	466 000

En nous basant sur la moyenne de la colonne « Moyenne » pour le charbon et le nucléaire, le coût pour produire 500 bitcoins se situe aux alentours de 450 000 $, ce qui donne la marge suivante au cours du bitcoin à 10 000 $:

	(En $)
Prix de l'énergie	450 000
500 bitcoins à 10 000 $	5 000 000
Marge	4 550 000

Pour tomber au point mort, il faudrait que le cours du bitcoin redescende à 900 $ – en sachant que le LCOE se base sur des coûts de production de l'électricité aux États-Unis, donc plus importants.

Dans la grille tarifaire du kWh d'électricité vendu aux consommateurs sud-coréens, le prix de facturation le plus élevé est de 0,62 $, à multiplier par 1 000 pour obtenir le prix d'1 MWh, ce qui donne 620 $. En multipliant cette somme par les 4 000 MWh de notre démonstration, nous obtenons un prix de vente de 2 480 000 $.

Même s'il est évident que la Corée du Sud achète son électricité à un prix inférieur, il l'est encore plus que la Corée du Nord n'a plus intérêt à la vendre à son voisin, mais plutôt à miner du bitcoin ![163]

La démonstration s'applique également à tout pays exportateur d'électricité.

B) Hacking, vol, rançon

La deuxième raison pour laquelle la Corée du Nord est très présente dans les médias occidentaux au sujet des cryptomonnaies, sont les opérations frauduleuses. Voici, par exemple, ce que déclare à CNN Lee Dong-geun, un directeur de la Korea Internet and Security Agency, agence gouvernementale sud-coréenne[164] :

« C'est un fait que la Corée du Nord a attaqué les échanges de devises virtuelles. Nous ne savons pas combien elle en a volées jusqu'à présent, mais nous savons que la police a confirmé les tentatives de piratage par le régime. »

La Corée du Nord a aussi été rendue responsable de la cyber-attaque mondiale WannaCry, dont la rançon devait être payée en bitcoin, que nous avons présentée au Chapitre 1. Or, voici ce que publie *Bloomberg Business Week* le 18 décembre 2017 : « Plus tôt cette année, la société de cybersécurité Recorded Future Inc. a obtenu un cache de données provenant de l'utilisation d'internet en Corée du Nord pour la première moitié de l'année. Les données ne montraient aucune activité liée au bitcoin jusqu'au 17 mai, date à laquelle Priscilla Moriuchi, directrice du développement de la menace stratégique et ancienne responsable de la cybersécurité à l'Agence de sécurité nationale des États-Unis (NSA), a découvert qu'il s'agissait de minage. Les données ont également montré les traces des

---

163. Remarque : pour que le calcul soit complet, il faudrait aussi intégrer aux coûts du minage non seulement l'électricité nécessaire, mais aussi l'amortissement du matériel, les salaires, les locaux, etc. Il faudrait néanmoins qu'ils soient exorbitants pour totalement changer la conclusion.
164. *North Korea may be making a fortune from bitcoin mania*, Sherisse Pham, CNN, 13/12/2017.

utilisateurs – vraisemblablement quelques-uns des rares membres de l'élite politique et militaire de Pyongyang ayant la permission d'accéder à internet – en faisant des achats payés en bitcoin. »[165]

Le minage de bitcoins aurait donc démarré quelques jours après l'une des dates clés de la diffusion de WannaCry, surtout actif à partir du 12 mai. Il nous paraît difficile de lier les deux événements. Il est toutefois intéressant d'apprendre que des dignitaires nord-coréens effectuent des achats payés en bitcoins ; dommage de ne pas avoir de précision sur quels sites de quel(s) pays. De la Corée du Nord ?

5) Le Cambodge

En décembre 2017, la Banque nationale du Cambodge (BNC) reconfirme qu'elle ne reconnaît pas le bitcoin comme devise légale, et qu'elle en a informé aussi les banques commerciales.[166] En revanche, elle annonce en avril avoir signé un partenariat pour développer la technologie de la blockchain afin d'offrir à la population un système de transfert de fonds rapide, sécurisé et peu coûteux. C'est d'autant plus indispensable que le Cambodge dispose d'infrastructures financières et bancaires limitées (par exemple, il existe peu de distributeurs automatiques), alors que le taux de pénétration des téléphones est bien plus grand que celui des banques. Dans l'immédiat, l'utilisation de la blockchain a donc pour objectif de fournir des services financiers simples, pas encore de proposer une cryptomonnaie nationale.[167]

6) La Thaïlande

À ce jour, la banque centrale ne semble pas en pointe dans l'utilisation de la technologie blockchain et encore moins dans la création d'une cryptomonnaie, puisqu'il est annoncé le 15 août 2017 que s'est tenue ce jour-là une réunion avec Vitalik Buterin, le fondateur de l'Ethereum.

---

165. *North Korea's Bitcoin Play*, Dune Lawrence, *Bloomberg Businessweek*, 18/12/2017.
166. *Bitcoin Not Recognised by National Bank of Cambodia*, Mom Chandara Soleil, Agence Kampuchea Presse, 19/01/2018.
167. *Cambodia taps Japanese blockchain tech for payment system*, *Nikkei Asian Review*, 21/04/2017.

Chapitre 2

Les réalisations dans ce domaine ne sont donc pas imminentes. Cela s'explique probablement par l'avance que la Thaïlande a prise avec le lancement en janvier 2017 de PromptPay, un système interbancaire national de transfert d'argent et de paiement électronique.

Voici ce que déclare alors Apisak Tantivorawong, ministre des Finances : « Depuis dix ans, nous essayons de changer le mode de paiement d'une société du numéraire vers une société numérique. Nous avons fait le premier pas vers une société sans argent. »[168]

PromptPay est d'abord utilisé par le gouvernement en phase de pré-lancement en décembre 2016, avec le versement de prestations sociales aux plus démunis. Environ deux millions de personnes sont inscrites dès janvier (la population totale se situe autour de 68 millions). Le système rencontre rapidement le succès, avec 7,5 millions de transactions en quatre mois et jusqu'à 100 000 par jour.[169]

La Thaïlande figure également dans notre présentation, car l'un de ses principaux groupes bancaires, Kasikornbank (ou Kbank), lance en partenariat avec IBM en 2017 un service de lettres de garantie basé sur la blockchain. L'objectif est « d'utiliser les contrats intelligents intégrés sur un registre afin de limiter les tâches administratives et d'émettre les lettres de garantie dans un écosystème transparent ».[170] Ainsi, la KBank devrait générer l'équivalent de 9 milliards $ de lettres de garantie en 2018, dont 5 % seraient traitées par la blockchain IBM. Le pourcentage augmentera en fonction des résultats de cette première expérience.

7) L'Estonie, l'Union européenne et l'Eurozone

Fin août 2017, l'Estonie annonce vouloir lancer l'estcoin, sa cryptomonnaie basée sur l'Ethereum, dans le cadre de son programme e-Residency. Le problème est que ce pays balte fait partie de la zone euro, donc Mario Draghi, le président de la BCE, réagit sans équivoque dans les jours suivants : « Je commenterai

---

168. *Thailand rolls out PromptPay money transfer service*, Yukako Ono, *Nikkei Asian Review*, 27/01/2017.
169. *PromptPay 'a big success'*, Jon Fernquest, *Bangkok Post*, 2/06/2017.
170. *Major Thai Bank and IBM Co-Launch Blockchain Platform to Settle Letters of Guarantee*, Joseph Young, CoinTelegraph, 10/08/2017.

la décision estonienne : aucun État membre ne peut introduire sa propre monnaie. La monnaie de l'Eurozone est l'euro. »

En conséquence, le projet estonien est enterré avant d'avoir vu le jour, car aucun des dix-neufs États ayant adopté l'euro ne peut créer de cryptomonnaie.

Fin 2017, la situation n'a pas évolué, puisque, selon Carl-Ludwig Thiele, membre du directoire de la Bundesbank, la banque centrale de l'Allemagne, l'introduction d'une cryptomonnaie étatique dans la zone euro est toujours exclue, en tout cas, « pour le moment », précise-t-il, avant d'ajouter : « Il existe cependant un vaste débat sur les avantages de l'argent numérique émis par la banque centrale dans un système fermé, comme le prototype que nous avons développé avec la Deutsche Börse (bourse allemande). (...) La question ici est d'explorer la pertinence de la technologie bitcoin pour le règlement des paiements et des opérations sur titres. »[171]

Dans son interview, il ne manque pas de rappeler que le bitcoin est hautement volatile et spéculatif. L'Autorité bancaire européenne avait d'ailleurs mis en garde les consommateurs face aux dangers des monnaies virtuelles dès décembre 2013.[172]

8) La Suède

Bien que faisant partie de l'Union européenne, elle n'a pas adopté l'euro et n'a pas l'intention de le faire dans un avenir proche. C'est pourquoi elle peut autoriser la création de sociétés avec un capital déposé en bitcoin, ainsi que nous l'avons vu dans le cas de Brave New World Investments et de ses activités en Iran.

La Suède est considérée comme l'un des pays les plus avancés en matière de remplacement de la monnaie fiduciaire :

« À la fin de 2016, plus de 5 millions de Suédois (plus de 50 % de la population) avaient installé l'application mobile Swish, qui leur permet de transférer de l'argent des banques commerciales avec

---

[171]. *Bundesbank-Vorstand warnt vor Investitionen in Bitcoins*, Handelsblatt, 23/12/2017.
[172]. *Warning to consumers on virtual currencies*, European Banking Authority, 12/12/2013.

effet immédiat (jour ou nuit), en utilisant leurs appareils de poche (...)

La demande pour les espèces chute rapidement en Suède (...). Déjà, de nombreux magasins ne les acceptent plus et certaines succursales bancaires n'en délivrent ni n'en collectent plus. Ces évolutions sont une source de préoccupation pour la Riksbank [la banque centrale]. »[173]

Par suite, elle travaille sur le projet d'une e-couronne, qui pourrait apparaître d'ici cinq ans. La technologie de la blockchain fait partie des options techniques, mais aucune solution n'a pour l'instant été validée, car elles sont encore à l'étude. En fonction du choix, l'e-couronne s'apparenterait plus à une monnaie digitale qu'à une cryptomonnaie, au sens strict du terme.

En attendant, la Suède reste un pays accueillant pour les activités liées aux fintechs. Une plateforme a même été créée, à la suite de l'expérience du pionnier Brave New World Investments, afin de « guider les particuliers et les entreprises qui veulent démarrer et exploiter une société suédoise avec une cryptomonnaie, sans compte bancaire ».[174]

Le pays pourrait aussi devenir l'un des plus importants en matière de minage, notamment après les décisions de la Chine, dont les fermes vont devoir migrer. La Suède constate déjà les premières implantations et relocalisations d'opérateurs étrangers, pour lesquels elle présente des avantages indéniables : sa stabilité politique et économique, un écosystème déjà largement tourné vers les fintechs, un climat froid qui refroidit naturellement les machines à miner, et une électricité peu chère, grâce notamment à ses centrales hydro-électriques.

---

[173]. *Central bank cryptocurrencies*, Morten Linnemann Bech et Rodney Garratt, Banque des règlements internationaux, 17/09/2017.
[174]. http://bolag-utan-bank.se

Le minage, nouvel Eldorado

La Suède n'est pas seule sur ce marché prometteur, ainsi que l'explique anonymement Cui, fondateur et dirigeant d'un important pool de minage en Chine, avec plus de 100 000 machines, au *South China Morning Post* en novembre dernier : « Beaucoup d'entre nous ont déjà visité le Vietnam, le Laos, la Thaïlande, la Russie et les États-Unis, en négociant les prix de l'électricité avec les autorités locales et en achetant des sites pour un usage futur. Le business est destiné à migrer à l'étranger, même s'il n'y a une possibilité que de 1 % que la répression de la Chine contre le bitcoin s'étende au minage. »[1]

C'était en novembre 2017 ; depuis, le 1 % est devenu 100 %, la Chine décidant en janvier de mettre fin aux activités de minage sur son territoire.

Cela pourrait, voire devrait, provoquer la baisse des cours du bitcoin, car, d'ici à ce que toutes les installations soient relocalisées, il y a des risques que les transactions soient validées en nettement plus de temps, faute de capacités de traitement – rappelons qu'il est estimé que la Chine représente 60 % des opérations sur le bitcoin. Notons toutefois que les autorités n'ont pas agi du jour au lendemain, l'information a suffisamment circulé à l'avance pour laisser aux grandes organisations comme celle de Cui le temps d'anticiper et de déménager sous d'autres cieux accueillants.

Si impact il y a, il se produira quasi exclusivement sur le bitcoin, car la plupart des autres monnaies ne nécessitent pas autant de puissance de calcul et peuvent être effectuées sur de « simples » ordinateurs, à condition toutefois de disposer d'une carte graphique adéquate. En résumé, un ether peut être miné par un particulier, ce n'est presque plus le cas pour un bitcoin.

Outre les pays ci-dessus qui se positionnent pour remplacer la

---

1. *China's bitcoin miners, wary of tighter government scrutiny, make plans to move overseas*, Sarah Dai, *South China Morning Post*, 18/11/2017.

Chine, la province du Québec met en avant ses nombreux atouts, assez similaires à ceux de la Suède. Ainsi, David Vincent, directeur du développement à Hydro Québec, explique que plus de trente-cinq clients potentiels sont venus se renseigner, et qu'il reçoit une sollicitation par jour, la demande ayant explosé. Les besoins de ces clients représenteraient près de 70 % du total de la capacité de production en développement d'Hydro Québec. En effet, tandis que le stade de hockey des Canadiens de Montréal nécessite 5 mégawatts et qu'un data center en a besoin de 30 à 60, c'est 200 à 300 mégawatts qu'il faut fournir à chacune des cinq plus grosses fermes de minage au monde, actuellement en négociation avec Hydro Québec.[1]

Cette situation pose toutefois problème : les capacités industrielles nécessitent du temps pour être amorties ; or, rien ne dit que le minage de bitcoin perdurera encore suffisamment longtemps dans de telles proportions. Qu'adviendra-t-il alors des installations de production d'électricité ?

Le cas de l'Islande aussi peut faire réfléchir : la société HS Orka, producteur local d'énergie à partir de la géothermie, prévoit que la consommation d'électricité dans le pays en 2018 pour miner les bitcoins sera de 840 GWh, contre seulement 700 GWh pour l'ensemble des foyers islandais.

En tout cas, nul doute que la décision de la Chine modifiera la carte du monde du minage et rééquilibrera peut-être la valeur des monnaies entre elles, avec d'autres conséquences sur l'univers des cryptomonnaies qu'il est encore impossible de déterminer avec certitude.

---

1. *Quebec Lures Cryptocurrency Miners as China Sours on Industry*, Aaron Stanley, CoinDesk, 10/01/2018.

Cryptomonnaies souveraines

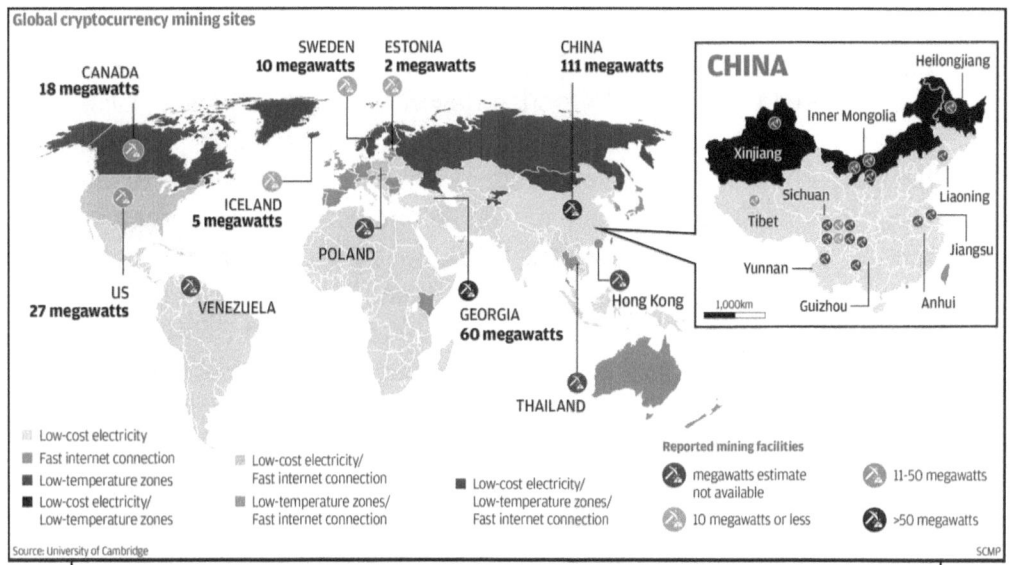

Cette carte de l'université de Cambridge témoigne que les pays disposant d'un avantage compétitif pour miner du bitcoin sont le Canada, l'Islande, la Scandinavie et la Russie (de l'ouest vers l'est), car ils bénéficient d'électricité bon marché, de températures basses et de connections internet rapides.
(À noter que les consommations électriques indiquées sont déjà largement dépassées.)

Soulignons d'ailleurs qu'il n'est pas fréquent d'assister à des délocalisations industrielles au départ de la Chine vers des pays à coûts de main d'œuvre (plus) élevés. C'est aussi parce que le minage requière peu de personnel, étant une activité principalement capitalistique.

En fait, si les Chinois avaient vraiment voulu porter un coup fatal au bitcoin, ils s'y seraient pris autrement, et auraient même pu aller plus loin encore, en interdisant la fabrication et l'exportation de mineurs.

Chapitre 2

9) La Biélorussie

La résolution n° 279 de la Banque nationale de la République du Belarus du 11 juillet 2017 autorise désormais les banques à utiliser la technologie de la blockchain pour le transfert des garanties bancaires[175]. Elles pouvaient déjà posséder un nœud du réseau blockchain, d'autant plus que la technologie s'est largement répandue depuis 2008, ainsi que l'indique la banque centrale.

Elle annonce également que la prochaine étape sera la mise en œuvre de la blockchain à la bourse, au JSC Belarusian Currency and Stock Exchange, ce qui « créera les conditions pour l'amélioration de la transparence et le développement du marché des actions dans la République du Belarus ».

À ce stade, l'utilisation de la technologie de la blockchain n'inclut pas les transactions sur les cryptomonnaies. Le pas est franchi le 21 décembre 2017, lorsque le bureau du président Alexandre Loukachenko informe de la signature d'une loi sur l'économie digitale, autorisant, entre autres, les transactions en cryptomonnaies sur le territoire national.[176]

L'ambition est grande puisqu'il est annoncé que « la Biélorussie créera un environnement réglementaire sans précédent pour la circulation des cryptomonnaies et des tokens »[177]. L'objectif est d'attirer les entreprises de haute technologie spécialisées dans le domaine, en leur offrant un cadre juridique accueillant, y compris pour les ICO. Avancée significative, elles opéreront en partie sous la loi britannique, sans comparaison avec la législation biélorusse, issue de l'ancien monde soviétique.

Même les particuliers sont encouragés, car ils « ont le droit de posséder des tokens, d'effectuer des opérations de minage, d'échanger des tokens, de les acheter et de les vendre contre des roubles biélorusses, des devises étrangères et des monnaies

---

175. *The information network based on the blockchain technology was built up in the Republic of Belarus*, communiqué de presse de la Banque nationale de la République du Belarus, 19/07/2017.
176. *Belarus adopts crypto-currency law to woo foreign investors*, Andrei Makhovsky, Reuters, 22/12/2017.
177. Kit media présentant le décret, p. 5.

digitales, ainsi que de présenter et de léguer des tokens. L'activité de minage des particuliers, l'achat et la vente de tokens ne seront pas considérés comme une activité entrepreneuriale. »

Les cryptomonnaies deviennent donc même échangeables contre des devises disponibles sur les marchés des changes locaux, et toutes les transactions seront exonérées d'impôt durant les cinq prochaines années, jusqu'en janvier 2023.

Il y a de fortes chances que ces décisions attirent de nouveaux investisseurs étrangers des IT[178], dans lesquelles la Biélorussie s'est diversifiée depuis plusieurs années. En revanche, il n'est pas encore annoncé de projet de création d'une cryptomonnaie nationale.

Cette nouvelle loi revêt d'ailleurs clairement une dimension géopolitique, car le kit média de présentation des mesures inclut une rubrique intitulée « 14 questions au sujet de la nouvelle loi sur l'économie digitale », dont la dernière est formulée ainsi : « Les compagnies ukrainiennes et russes vont-elles se relocaliser en Biélorussie ? » Voici la réponse apportée par le document :

« Il est important que l'Ukraine et la Russie, nos pays voisins, suivent de près l'adoption de cette loi. Chaque pays a ses propres problèmes, qui se reflètent dans le secteur des IT. La Russie subit des sanctions. Comme vous pouvez le voir sur le schéma ci-dessous, selon le dernier rapport de crunchbase.com, les investissements américains dans le secteur russe des IT sont tombés à zéro. En Russie, de nombreuses discussions de haut niveau ont eu lieu sur le soutien aux IT et l'adoption de la législation sur la blockchain. Cependant, aucune législation n'a été introduite.

L'Ukraine a un autre problème : des fouilles fréquentes dans les bureaux des sociétés des IT. Il convient de mentionner le cas récent de la descente de police chez Forklog [cf. encadré p. 170].

Avec l'adoption de la loi, sont créées en Biélorussie des conditions sans précédent dans la région. Cela peut aussi être une bonne opportunité pour les entreprises des IT des pays voisins. Il serait possible, par exemple, d'avoir un siège social en Biélorussie avec

---

178. IT est l'abréviation de « Information Technology », « Technologies de l'information ».

les développeurs basés en Russie ou en Ukraine. Compte tenu de la simplification de la procédure de recrutement de spécialistes d'autres pays, le transfert d'équipes entières dans notre pays ne serait pas non plus un problème. »

Voilà un discours clair.

Le cas Forklog en Ukraine

Cette société est le plus important média en langue russe d'informations diffusées en ligne au sujet des cryptomonnaies (www.forklog.net). Le 18 décembre 2017, elle publie l'article suivant :

« À 8 heures, le 15 décembre, des agents du Service de sécurité ukrainien (SBU) et deux témoins civils sont entrés chez Anatoly Kaplan, fondateur et PDG du magazine en ligne Forklog, à son appartement loué à Odessa et ont procédé à une perquisition. (...) Le motif allégué est une affaire pénale impliquant un groupe de ressortissants ukrainiens et américains se livrant à des activités frauduleuses avec des cartes bancaires.

Selon le SBU, les suspects « ont échangé des bitcoins contre des hryvnias [monnaie nationale ukrainienne] en utilisant le service en ligne Forklog ». Les représentants du magazine furent choqués et désorientés par ces affirmations, puisque ni le site principal, ni les autres ressources associées n'ont jamais fourni de tels services et ne possèdent pas même ni n'exécutent les logiciels nécessaires.

De plus, il n'a pu être démontré aucun lien entre au moins l'un des suspects et Forklog ou son fondateur. Forklog n'offre aucune assistance pour ce genre d'activités.

Alors qu'ils fouillaient l'appartement de M. Kaplan, les agents du SBU confisquèrent son ordinateur portable, plusieurs appareils de stockage ainsi que d'autres effets personnels.

De plus, selon M. Kaplan, l'un des agents a tenté de transférer immédiatement des bitcoins à une autre adresse au beau milieu de la perquisition. L'agent fut arrêté dans son action seulement après que l'avocat de M. Kaplan eut appelé la police, les alertant de ce qui ressemblait à une évidente tentative de vol.
Cependant, dès le lendemain, un montant important d'ETH (ether) fut transféré du portefeuille de M. Kaplan à une nouvelle adresse. De plus, M. Kaplan a rapporté la tentative ratée par un tiers inconnu de retirer 3 000 hryvnias (environ 110 $) avec sa carte bancaire personnelle. »
L'article se poursuit avec une déclaration du dirigeant de Forklog : « Je crois que cette situation étrange illustre parfaitement l'un des scénarios possibles pour les relations entre les autorités et la crypto-communauté. C'est pourquoi nous avons décidé de la rendre publique. Il ne s'agit pas tant de protéger mes intérêts personnels que ceux de toute la communauté. Cela devrait envoyer un avertissement à tous ceux qui sont liés aux technologies blockchain. »
Au même moment, le bureau de Forklog à Odessa est également perquisitionné, avec la saisie de tout l'argent disponible et de matériel coûteux (10 iMacs).
Artem Afian, directeur associé du cabinet d'avocats Juscutum et défenseur de la société, « a insisté sur le fait que cet incident revêt une importance particulière pour la crypto-communauté dans son ensemble. (...) La dernière vague de perquisitions dans les bureaux des sociétés IT et chez les personnalités de l'industrie a commencé dès 2015, lorsque plus de 2 500 professionnels hautement qualifiés furent contraints de quitter l'Ukraine. L'un des cas les plus emblématiques fut le raid sur l'appartement de Michael Chobanian, fondateur de l'agence Kuna Bitcoin et co-fondateur de la Bitcoin Foundation Ukraine. La raison invoquée fut une enquête criminelle concernant les informations sur le commerce de bitcoins diffusées sur le site web de Kuna. »

Chapitre 2

> Le pays en paye les conséquences, car, toujours d'après Artem Afian :
> « Selon diverses sources, le secteur des IT en Ukraine a perdu environ 40 millions de dollars en raison de la pression exercée par les forces de l'ordre. Les dommages liés à la destruction et à la saisie d'équipements coûteux s'élèvent à 9 millions de dollars.
> Récemment, en raison de la croissance exponentielle de l'industrie de la cryptographie en 2017, le SBU a également commencé à cibler les exploitants de fermes de minage, même si cette activité n'est pas illégale en Ukraine. »
> Fin décembre 2017, Pavel Lerner, directeur général de la plateforme d'échange Exmo, est kidnappé à la sortie de son bureau par des inconnus. Sa libération aurait été obtenue contre le paiement d'une rançon d'un million de dollars, selon différentes sources.
> Nul doute qu'avec de pareilles actions, la Biélorussie devrait vite être considérée par les Ukrainiens comme un paradis des cryptomonnaies.

10) L'Ukraine

Après la lecture du cas Forklog et de la nouvelle loi digitale biélorusse, il est logique de s'intéresser à la position des autorités ukrainiennes sur les cryptomonnaies. En un mois, trois projets de loi sont soumis au Parlement, la Rada :

    a) le 6 octobre 2017, un groupe de députés, en coopération avec l'Ukrainian Blockchain Association, des plateformes et des mineurs, propose que les cryptomonnaies ne soient pas considérées comme des moyens de paiement mais des biens pouvant être échangés contre d'autres biens et services ; que toutes les transactions soient complètement légalisées ; que le minage soit légalement reconnu ; et que les propriétaires soient libres de disposer comme bon leur semble de leur portefeuille. Le texte prévoit aussi que ce marché sera régulé par la Banque nationale d'Ukraine (BNU).[179]

---

[179]. *Ukraine Proposes Law to Completely Legalize Cryptocurrency Transactions*, Kevin Helms, Bitcoin.com, 10/10/2017.

L'article ajoute que cette dernière n'a pas encore pris position sur la question, avec l'un de ses représentants confirmant qu'ils observent ce qui se passe à l'étranger, avec « des pays qui interdisent, d'autres qui régulent, et d'autres encore qui ne régulent pas ».

b) Le deuxième texte est soumis le 10 octobre et porte le titre « De la stimulation du marché des cryptomonnaies et de leurs dérivés en Ukraine », avec le n° 7183-1. Le responsable à la Rada du Comité de la politique financière et bancaire propose de reconnaître les cryptomonnaies comme un actif financier : « Cela n'a aucun sens de réinventer la roue et de créer de nouvelles règles pour cela. Le modèle le plus efficace est l'adaptation des cryptomonnaies à la législation existante. C'est pourquoi nous proposons de les reconnaître comme un actif financier. »[180] Les plateformes d'échange devront néanmoins obtenir une licence pour leurs activités. Un deuxième volet de cette proposition de loi a pour objectif de stimuler le minage.

c) Le 30 octobre, le projet n° 7246, soumis par le Comité des impôts et des douanes, demande l'amendement du Code fiscal afin d'exonérer les profits réalisés sur les opérations d'achat et vente de cryptomonnaies et le minage. La note suivante accompagne le texte : « Afin de créer un mécanisme efficace pour stimuler le marché de la cryptomonnaie en Ukraine, l'étape logique est l'exonération de l'impôt sur les bénéfices des entreprises – Les revenus provenant des opérations de cryptomonnaie ne doivent pas être inclus dans le calcul du revenu imposable mensuel (annuel) total, et les transactions en cryptomonnaie et les produits du minage sont classés comme des transactions non assujetties à l'impôt. »[181]

Globalement, il en ressort que les autorités ukrainiennes se montrent plutôt favorables au développement des cryptomonnaies,

---

180. *Ukraine's New Bill Treats bitcoin as Financial Asset and Encourages Mining*, Kevin Helms, Bitcoin.com, 19/10/2017.
181. *Ukraine Drafts Law to Exempt Crypto Income and Profits from Taxation*, Kevin Helms, Bitcoin.com, 3/11/2017.

Chapitre 2

ainsi que le confirme le 16 octobre le ministre des Finances : « Il existe de nombreux problèmes en suspens et, en Ukraine, le statut de la cryptomonnaie n'est pas défini par la loi, mais cela ne signifie pas qu'elle est interdite. L'Ukraine devrait surveiller les tendances mondiales et ne pas manquer la moindre chance d'utiliser les nouvelles technologies et innovations dans le secteur financier. »[182]

Le 28 novembre, le Conseil municipal de Kiev décide lors d'une session « de présenter une pétition au Président du pays, au Parlement et à la Banque nationale d'Ukraine pour soutenir les startups dans les fintechs et le financement participatif », afin qu'elles ne soient pas obligées de s'expatrier, « et que l'Ukraine développe une cryptomonnaie nationale ». Ainsi, Igor Ovadychy, élu du Conseil municipal, déclare que « ce serait un message envoyé au monde que le pays est un État ouvert et innovant ».[183]

C'est le 11 janvier 2018 que la Banque nationale d'Ukraine informe, via sa page Facebook, qu'elle « étudie des technologies nouvelles et innovantes », mais « envisage l'introduction possible d'une hryvnia électronique, pas de notre propre cryptomonnaie. »[184] En effet, la solution de la blockchain n'est pas retenue, « au moins pour le moment », bien que la réflexion continue.

Parallèlement est annoncée, en réponse notamment aux textes de loi proposés en octobre, la création d'un groupe de travail afin d'étudier la prise en compte des cryptomonnaies dans la loi ukrainienne.

11) La Suisse

Comment ne pas terminer notre tour d'Europe par le pays des banques et des fondations ? En fait, notre visite sera courte : il n'y a pas de cryptomonnaie nationale en cours d'élaboration, pas de législation spécifique, pas d'interdiction particulière tant que les

---

182. *Ukraine's New Bill Treats bitcoin as Financial Asset and Encourages Mining*, Kevin Helms, Bitcoin.com, 19/10/2017.
183. *Ukraine to Develop National Cryptocurrency? Kiev City Council Deputies Hope*, Miguel Gomez, Cryptovest, 28/11/2017.
184. *Ukraine Wants A National Digital Currency, Not Its Own Cryptocurrency*, William Suberg, The CoinTelegraph, 12/01/2018.

lois sont respectées, notamment sur le blanchiment d'argent et le financement du terrorisme. Cependant, la « Banque nationale suisse (BNS) observe et analyse elle-même attentivement le développement des monnaies cryptées, maintient le dialogue à ce sujet avec les acteurs du marché, les régulateurs et d'autres banques centrales ».[185]

De même, la Finma (l'Autorité fédérale de surveillance des marchés financiers) examine attentivement les ICO, de plus en plus nombreuses, et a déjà arrêté des projets qu'elle considérait potentiellement frauduleux. Comme presque partout, les autorités et les banquiers ont déjà mis en garde la population contre les dangers du bitcoin et des cryptomonnaies.

Néanmoins, la Suisse ambitionne de se positionner comme un centre mondial de la technologie de la blockchain et des cryptomonnaies. Il existe d'ailleurs dans le canton de Zoug, connu pour sa politique fiscale attractive, ce qui est désormais appelé « la Crypto Valley », écosystème souhaitant attirer les fintechs du monde entier. Plusieurs acteurs de poids s'y sont déjà installés, dont Bitmain, le leader chinois des mineurs, Bitcoin Suisse AG et la Fondation Ethereum.

De nombreuses autres fondations rejoignent la Suisse, ainsi que le constate Swissinfo : « Ces structures juridiques ont été en grande partie mises en place à Zoug pour abriter les produits de campagnes de crowdfunding, qui ont permis de réunir les capitaux de lancement d'entreprises globales de fintech. Lors du premier semestre de l'année [2017], environ le quart des 1,2 milliard de dollars récoltés dans le monde par des Initial Coin Offering – une nouvelle manière de lever des fonds permettant aux start-up de récolter de l'argent en échange de jetons donnant droit à leurs produits – ont atterri dans ces fondations suisses. »[186]

---

185. *Le bitcoin commence à envahir la Suisse*, Philippe Rodrik, *La Tribune de Genève*, 25/08/2017.
186. *La Suisse se rêve en centre mondial des cryptomonnaies*, Matthew Allen, Swissinfo, 31/08/2017.

Avant de quitter la Suisse, signalons une expérience rare lancée par les CFF, les Chemins de Fer Fédéraux, qui, à partir du 11 novembre 2016, proposent la possibilité d'acquérir des bitcoins sur plus de mille automates à billets accessibles dans les gares 24 heures sur 24 et même de régler des « achats sans carte de crédit ni coordonnées bancaires dans plus de 10 000 points de vente à travers le monde ».[187] Pour ceux qui souhaitent en savoir plus sur le mode de fonctionnement de cette solution, consulter l'article *Blockchain : Nous avons testé le distributeur de bitcoins des CFF*, de Charles Kangnivi Azanlekor, sur le lien en note de bas de page.[188]

12) Le Brésil
Le 8 juillet 2015 est présenté le projet de loi n° PL 2303/2015 par le député Áureo, dont voici le résumé : « Prévoit l'inclusion des monnaies virtuelles et des programmes de kilométrage aérien dans la définition des "moyens de paiement" sous la supervision de la Banque centrale. »[189]

Après un processus à travers divers comités, la Présidence de la Chambre prend la décision le 23 mai 2017 de créer une Commission spéciale « afin d'émettre un avis sur le Projet de Loi n° 2303 ». Le député Expedito Netto est nommé comme rapporteur.

Le 16 novembre 2017, Banco Central do Brasil émet une « Alerte sur les risques découlant des opérations de garde et de négociation de monnaies dites virtuelles ».[190] Néanmoins, le communiqué se termine ainsi : « Enfin, la Banque centrale du Brésil affirme son engagement à soutenir les innovations financières, y compris celles basées sur les nouvelles technologies qui rendent le système financier plus sûr et plus efficace. » Le principe de la blockchain n'est donc pas exclu.

Le 12 décembre, Jonatas Ramalho, son directeur exécutif des affaires digitales déclare lors d'une audience devant les députés dans le cadre du projet de loi PL 2303/2015 : « Une éventuelle

---
187. Source : site des CFF, www.sbb.ch.
188. https://fr.linkedin.com/pulse/blockchain-nous-avons-test%C3%A9-le-distributeur-de-des-azanlekor-pmp
189. Câmara dos Deputados, PL 2303/2015.
190. Comunicado n° 31.379, Banco Central do Brasil, 16/11/2017.

réglementation du marché des devises virtuelles, comme le bitcoin, pourrait permettre un environnement plus favorable à l'utilisation de ces produits, réduire les risques, favoriser les consommateurs et permettre la participation des institutions financières. » Position intéressante et ouverte, pas toujours la plus répandue dans les banques centrales.

Le 20 décembre, les déclarations du député Expedito Netto, rapporteur de la Commission spéciale sur les cryptomonnaies, sont présentées sur le site de la Chambre des Députés : « Je défends l'interdiction de l'émission de cryptomonnaies sur le territoire national, ainsi que leur commercialisation, intermédiation et comme moyen de paiement. Elles pourront continuer à circuler de gré à gré, mais, selon le texte, les entreprises qui achètent et vendent du bitcoin, par exemple, pourront répondre d'un crime. »[191] Ce texte serait ajouté au Code pénal. Tout au plus admet-il de laisser « ouverte la possibilité d'émission de cryptomonnaie pour usage dans un environnement restreint, sous la responsabilité de l'émetteur, et seulement pour l'acquisition de biens et services offerts par l'émetteur ou par des tiers ». L'avenir paraît alors sombre pour les cryptomonnaies au Brésil.

Mais la réponse ne tarde pas, tout d'abord, de la part du député Áureo, l'auteur du projet de loi, qui déclare que « ce n'est pas ce que nous voulons pour le Brésil ». Ensuite, le président de la Commission, le député Alexandre Valle, annonce que le rapporteur s'est précipité et que lui-même ne présentera pas un projet de loi qui n'aura pas été plus approfondi sur un sujet « très important ». Le site de la Chambre ajoute qu'« en outre, contrairement au rapport, le député Thiago Peixoto (PSD-GO) a présenté un vote séparé et a soutenu que, contrairement à l'interdiction, il est nécessaire de créer des conditions pour que le Brésil puisse bénéficier de l'utilisation de monnaies virtuelles ».

Le 12 janvier 2018, « la Comissão de Valores Mobiliários (CVM), qui réglemente les marchés financiers au Brésil, a décidé d'interdire

---

191. *Relator quer proibir emissão de moedas virtuais*, Câmara dos Deputados, 20/12/2017.

l'achat direct de devises virtuelles telles que le bitcoin par des fonds d'investissement réglementés et enregistrés dans le pays ».[192] La CVM considère en effet que « les cryptomonnaies ne peuvent pas être considérées comme des actifs financiers », d'où cette interdiction.

Il semble que, malgré les positions parfois contradictoires qui s'expriment au cours de ce processus législatif, le Brésil finisse par adopter une réglementation favorisant le développement des cryptomonnaies. Il est d'ailleurs considéré actuellement comme le quatrième marché mondial pour les transactions. Quant à la création d'une devise virtuelle souveraine, elle n'est pas encore d'actualité.

13) Le Mexique
Il présente une situation particulière sur le plan législatif, avec la Loi pour réguler les institutions de technologie financières, dite « Loi Fintech ». Préparée avec l'ensemble des intervenants du secteur, elle comprend trois axes : les paiements électroniques, le financement collectif et les actifs virtuels, qui traitent des cryptomonnaies. Sur cette troisième partie, l'originalité du Mexique provient de l'article 30 : il stipule qu'elles pourront être utilisées comme moyens de paiement à condition qu'elles aient été préalablement inscrites sur une liste établie par la banque centrale du Mexique. Elle disposera de vingt-cinq mois pour la préparer après la mise en application de la loi.

La loi Fintech est votée à l'unanimité par le Sénat le 5 décembre 2017 et doit désormais être approuvée par la Chambre des députés. De nombreux professionnels souhaitent qu'elle soit définitivement ratifiée avant fin décembre, mais le vote ne peut avoir lieu avant la législature suivante commençant en février 2018.

L'enjeu de cette loi est majeur, au moins sur trois plans :

- selon la Comisión Nacional Bancaria y de Valores, seulement 39 % de la population a accès aux services bancaires classiques ;

- d'après la Banque interaméricaine de développement, le secteur des fintechs mexicain est le deuxième plus important de l'Amérique latine, après le Brésil, avec entre 200 et 300 entreprises recensées ;

---

192. *CVM proíbe fundos de investir em Bitcoin e outras criptomoedas*, Darlan Alvarenga, *Globo*, 12/01/2018.

- le Mexique est le quatrième pays au monde à recevoir le plus de *remittances* (cf. encadré p. 110), avec 30 milliards $ environ estimés pour 2017. Si les transferts s'effectuaient via des systèmes utilisant la blockchain, cela représenterait plusieurs centaines de millions de dollars reçus en plus par les bénéficiaires et injectées dans l'économie.

Il reste désormais à attendre de savoir comment les députés voteront cette loi, puis connaître les critères sur lesquels se basera la Banque nationale pour établir la liste des cryptomonnaies utilisables comme moyens de paiement. Sera-t-elle élargie à un grand nombre de valeurs ou limitée à quelques-unes ? En tout cas, il n'est pas prévu, dans l'immédiat, de création d'une cryptomonnaie nationale.

14) L'Argentine
Rappelons qu'elle arrive en tête du Bitcoin Market Potential Index (BMPI), outil présenté en introduction du chapitre.

Effectivement, compte tenu de l'évolution de son économie et de sa monnaie, des restrictions sur le régime des changes et d'un taux d'inflation annuel à plus de 25 %, la population adopte rapidement le bitcoin comme moyen de paiement, y compris dans la vie quotidienne. Selon le *Panam Post*, c'est dès juillet 2014 qu'est installé dans un restaurant de Buenos Aires le premier distributeur automatique de bitcoins.[193]

C'est en ce même mois que l'Unidad de Información Financiera (UIF) publie au Bulletin officiel la Resolución 300 au sujet du blanchiment d'argent et du financement du terrorisme, qui impose aux organismes financiers et bancaires de déclarer mensuellement les opérations réalisées en cryptomonnaies à partir du 1er août – les commerces ne sont pas concernés.[194] Les déclarations doivent être saisies en ligne avant le 15 de chaque mois sur le site de l'UIF (www.uif.gob.ar). Ce texte revient à autoriser les transactions en cryptomonnaies, d'autant

---
193. *Instalaron el primer cajero automático de bitcoin en Argentina*, Belén Marty, PanamPost, 8/09/2014.
194. *Prevención del lavado de activos y de la financiación del terrorismo*, Resolución 300/2014, Unidad de Información Financiera, 4/07/2014.

Chapitre 2

plus que l'article 2 stipule : « Aux fins de la présente résolution, on entend par "monnaie virtuelle" la représentation numérique d'une valeur qui peut être objet du commerce numérique et dont les fonctions sont de constituer un moyen d'échange, et/ou une unité de compte, et/ou une réserve de valeur, mais qui n'a pas cours légal, n'est pas émise et garantie par aucun pays ou juridiction. » Parallèlement, la BCRA (Banco Central de la República Argentina) émet un communiqué confirmant que les cryptomonnaies « n'ont pas cours légal » dans le pays.

Néanmoins, c'est en Argentine qu'est annoncé en juillet 2017 le lancement du Crypto Assets Fund, le premier fonds d'investissement privé d'Amérique latine en bitcoins, ethers, litecoins, ripple, dash...

Même si elle ne concerne pas directement les cryptomonnaies, signalons une initiative originale de la BCRA, qui informe le 4 mai 2017 :

« (…) avoir autorisé à partir de ce jour l'installation de distributeurs automatiques par des entités non bancaires. De cette manière, le réseau actuel de près de 20 000 guichets automatiques appartenant à des entités financières peut être étendu avec des appareils installés par les supermarchés, les stations-service ou toute autre entité commerciale, qui peuvent même être rechargés avec leur propre collecte de billets.

Aujourd'hui, l'Argentine a un taux de pénétration de distributeurs plus faible que celle des pays voisins. En effet, 20 % des localités du pays n'ont pas de distributeur automatique, ce qui oblige leurs habitants à se déplacer pour obtenir de l'argent. »[195]

Quatre mois plus tard, il est annoncé que deux mille distributeurs automatiques compatibles avec les cryptomonnaies seront progressivement installés dans le pays.[196]

En revanche, il ne semble pas, depuis, que la banque centrale ait annoncé la création d'une cryptomonnaie nationale.

---

195. *El BCRA impulsa la instalación de cajeros no bancarios*, Banco Central de la República Argentina, 4/05/2017.
196. *Instalarán en el país 2000 cajeros automáticos compatibles con criptomonedas*, Andrés Krom, *La Nación*, 14/09/2017.

15) La Colombie

Le 29 août 2017, la société R3, qui développe la plateforme Corda, annonce par communiqué qu'elle a signé un accord avec la banque centrale de la Colombie (Banco de la República Colombia – BRC) afin de lui permettre de découvrir et d'expérimenter les dernières avancées en matière de technologie blockchain. Le directeur de la technologie au sein de la BRC confirme qu'« il est dans notre intérêt de tester les avantages de cette technologie pour la gestion sûre et efficace de l'échange de titres dans le système financier colombien ».[197]

La banque centrale confirme ensuite que « cette participation n'a aucun rapport avec la création ou la transaction de cryptomonnaies ».[198] Apparemment, la Colombie n'est pas encore engagée sur cette voie, mais une première pierre est posée.

16) Le Pérou, le Chili, le Paraguay...

Les autres pays d'Amérique latine en sont plus ou moins au même niveau, avec des mises en garde publiées par les autorités comme celles déjà présentées dans les pages précédentes, des banques centrales qui suivent l'évolution de la situation, éventuellement commencent à étudier le principe de la blockchain, mais, dans l'immédiat, il n'y a pas de projet de création de cryptomonnaie nationale déclaré officiellement.

17) La Namibie

Dans cette partie du Chapitre 2, nous ne sommes pas encore passés par l'Afrique. Alors atterrissons à Windhoek, la capitale de la Namibie, car elle présente une particularité : le Bank of Namibia Act (1997) reconnaît le dollar namibien comme monnaie légale, mais aussi le rand sud-africain. Les deux devises ont donc cours légal dans le pays, mais la réciproque n'est pas vraie en Afrique du Sud, qui est

---

197. *Banco de la República Colombia se vincula con R3 para fomentar innovación financiera*, R3, 29/08/2017.
198. *"Sabemos que Banrep se ha acercado a empresas de bitcoin y Blockchain": Fundación Bitcoin*, Dinero, 19/12/2017.

le premier partenaire économique de la Namibie. Cette situation est facilitée par le fait que les deux pays appartiennent à l'Aire monétaire multilatérale (Multilateral Monetary Area), qui comprend aussi le Lesotho et le Swaziland.

Pour mémoire, la Namibie est une ancienne colonie allemande conquise par l'Afrique du Sud en 1915, qui en reçoit le mandat d'administration par la Société des Nations (SDN) en 1920. Intégrée comme cinquième province, elle commence la lutte pour son indépendance à partir des années 1960 (création de la Swapo), et l'obtient en 1990, après un long conflit armé qui implique aussi des troupes cubaines et le mouvement des Forces armées populaires pour la libération de l'Angola. Le 21 mars 1990, le jour de la proclamation de l'indépendance, le président Samuel Nujoma déclare : « La dernière colonie d'Afrique est, à partir d'aujourd'hui, libérée. Le destin de notre pays est maintenant entre nos mains. »

En septembre 2017, la Bank of Namibia, la banque centrale, publie un document intitulé *Position on Distributed Ledger Technologies and Virtual Currencies in Namibia*.[199] On y retrouve l'avis habituel sur les cryptomonnaies des institutions monétaires que nous avons déjà eu l'occasion de présenter précédemment. À signaler, toutefois, la fin de l'article 3.8.2 : « La Banque comprend cependant que les monnaies virtuelles, lorsqu'elles sont échangées contre des monnaies fiduciaires au cours légal, peuvent être utilisées pour faciliter les transactions de paiement, les envois de fonds et de nombreux autres services financiers, mais, en l'absence d'un principe juridique, la Banque est incapable d'approuver de telles activités en Namibie en ce moment ».

Quant à l'article 3.10.3, il stipule :

« (...) Bien que les risques et les implications potentiels ne soient pas entièrement clairs et totalement compris, cette technologie [de la blockchain] est perçue comme ayant le potentiel de transformer l'infrastructure du secteur financier et, par conséquent, les opérations.

---

[199]. *Position on Distributed Ledger Technologies and Virtual Currencies in Namibia*, Bank of Namibia, 09/2017.

La Banque a l'intention de mener des recherches sur les utilisations possibles de la technologie de la blockchain et d'établir une position en conséquence. »

Il ne reste donc plus qu'à attendre.

18) Le Swaziland

Ancienne colonie britannique, cette monarchie absolue de 17 363 km^2 et d'environ 1,4 million d'habitants proclame son indépendance le 6 septembre 1968. Sa monnaie est le lilangeni, mais, comme en Namibie, le rand sud-africain y a cours légal. L'Afrique du Sud y est aussi le premier partenaire économique. L'espérance de vie dépasse à peine cinquante ans, entre autres raisons parce que le Swaziland a le taux de Sida le plus élevé au monde, avec plus d'un quart de la population adulte touchée (source : CIA World Factbook 2012).

Selon le *Swazi Observer* du 31 octobre 2017, bien que la Banque centrale du Swaziland (CBS) reste prudente sur l'usage des cryptomonnaies, son gouverneur, Majozi Sithole, déclare qu'ils évaluent la possibilité de les utiliser à l'avenir : « Il n'est peut-être pas judicieux de rejeter les monnaies virtuelles et, en tant que CBS, nous apprenons et voulons accepter et soutenir l'innovation. Si c'est de l'innovation, nous ne voulons pas l'étouffer. Nous voulons en apprendre plus à ce sujet. Même avec le paiement mobile, il nous a fallu du temps pour savoir de quoi il s'agissait et nous nous sommes mis en relation avec les pays qui y sont parvenus. »[200]

Effectivement, un aussi petit pays, quasiment sans fintech, peut difficilement développer seul un projet de cryptomonnaie, malgré tout le bénéfice qu'il pourrait en retirer. Nous y reviendrons dans le chapitre suivant.

19) La Communauté d'Afrique de l'Est (CAE)

Fondée en 1967, dissoute en 1977, puis recréée en 2000, elle forme un ensemble de six pays avec une population totale d'environ 170 millions de personnes répartie entre le Burundi, le Kenya, le

---

200. *CBS Cautious, but Assessing Possibility of Embracing Cryptocurrencies*, Majaha Nkonyane, *Swazi Observer*, 31/10/2017.

Rwanda, le Soudan du Sud, la Tanzanie et l'Ouganda. Il s'agit d'un marché commun, d'une union douanière, mais la coopération porte également sur d'autres plans, dont, éventuellement à terme, la constitution d'une fédération politique.

En novembre 2013, les cinq États membres – le Soudan du Sud n'adhère qu'en 2016 – signent un protocole d'accord pour la constitution dans les dix ans d'une union monétaire, avec une banque centrale et une monnaie communes. L'objectif est de multiplier les échanges économiques et attirer les investisseurs internationaux, afin de créer la prospérité pour tous.

Le 2 janvier 2018, le *Daily News*, principal journal tanzanien – la CAE a son siège en Tanzanie – interroge la banque centrale du pays (BoT) « sur la menace que l'usage croissant des monnaies numériques fait peser sur l'intention d'utiliser une monnaie unique pour les six membres ».[201] Bernard Dadi, directeur du système de paiement national à la BoT, explique que le processus pour l'adoption d'une monnaie commune est toujours en cours, malgré de nouveaux défis qui apparaissent, comme le développement des cryptomonnaies. Il rappelle que les banques centrales africaines et au-delà ont mis en garde les populations contre les dangers du bitcoin. Il indique également au journaliste que la Bank of Tanzania émettra prochainement une directive sur son utilisation dans le pays et que des experts britanniques en cryptomonnaies ont organisé des ateliers sur ces questions pour l'équipe de management.

Il est donc encore trop tôt pour savoir ce que sera la future monnaie de la Communauté d'Afrique de l'Est, ni même si elle sera basée sur la blockchain, mais, compte tenu de l'évolution en cours dans le monde, elle pourrait constituer l'une des premières cryptomonnaies communes à un ensemble de pays ayant renoncé à leur devise nationale. Cela justifie qu'il s'agisse d'un projet au minimum à moyen terme.

---

201. *EAC wary of surrogate coins*, Sauli Giliard, *Daily News*, 2/01/2018.

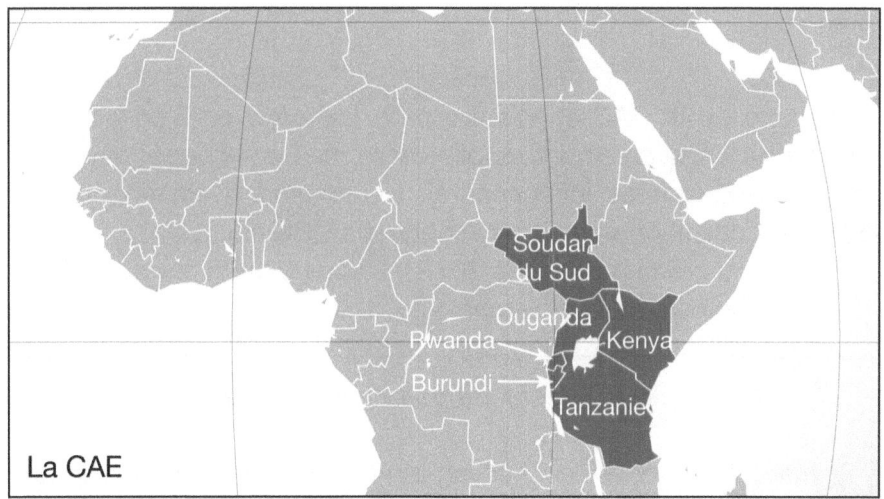

La CAE

20) Le Kenya

Le projet de création d'une monnaie commune de la CAE, dont fait partie le Kenya, n'empêche pas sa banque centrale de développer des initiatives nationales. L'expérience acquise pourra aussi servir à l'ensemble de la communauté. Dans une interview au *Standard*, le principal quotidien du pays, Patrick Njoroge, gouverneur de la Central Bank of Kenya (CBK), commence par renouveler la mise en garde contre les dangers du bitcoin et des autres cryptomonnaies – la CBK l'avait déjà fait en 2015 –, qui pourraient être des schémas pyramidaux. Le Kenya est d'ailleurs considéré comme l'un des quatre pays africains les plus importants pour le bitcoin, avec l'Afrique du Sud, le Nigeria et le Ghana. Le gouverneur évoque aussi le risque de bulle, de blanchiment d'argent, de financement du terrorisme, etc. Il reconnaît toutefois que « ces cryptomonnaies utilisent une technologie connue sous le nom de blockchain. Il se peut qu'il y ait un avenir pour la blockchain. Nous travaillons avec nos pairs du monde entier sur des programmes qui pourraient mener à l'utilisation de cette technologie de manière particulière ».[202]

Il ne donne pas plus de précisions, mais le lancement d'une cryptomonnaie nationale n'est logiquement pas une priorité pour la CBK, car, d'une part, elle participe à la création de la monnaie

---

[202]. *CBK Governor Patrick Njoroge warns Bitcoin rush could be pyramid scheme*, Otiato Guguyu, *The Standard*, 25/11/2017.

commune de la CAE et, d'autre part, le Kenya est l'un des pays au monde où le paiement mobile est le plus développé, depuis de nombreuses années (cf. encadré). Néanmoins, il est annoncé fin 2017 l'organisation d'une réunion entre la CBK et la Capital Markets Authority au premier trimestre 2018, au sujet des cryptomonnaies et de la technologie de la blockchain.

Le fabuleux succès du paiement mobile kenyan

En mars 2017, l'opérateur kenyan de télécom Safaricom fête les dix ans de sa plateforme de paiement mobile M-Pesa. Le succès est sans précédent : « Dans un pays peu bancarisé mais où 54 % de la population possédait un téléphone mobile, les premiers résultats ont largement dépassé les attentes. En huit mois, M-Pesa avait conquis 1 million de clients et ce chiffre avait triplé en juin 2008. Aujourd'hui, l'application revendique 30 millions d'utilisateurs réguliers dans le monde, dont 18 millions au Kenya, soit 70 % de la population adulte du pays. »[1]

Le système consiste à charger en argent le téléphone auprès d'un réseau de plus de 100 000 agents, présents aussi en zone rurale où il n'y a pas de banque, qui peuvent être, par exemple, le supermarché ou le marchand de téléphones. Conçu à l'origine pour faciliter l'accès au microcrédit, le service permet aujourd'hui de :
- déposer et retirer de l'argent ;
- transférer de l'argent à d'autres clients ou à des personnes non-clientes ;
- payer des factures ;
- acheter des crédits de communication ;
- transférer de l'argent entre le service M-Pesa et un compte bancaire (dans certains pays seulement, dont le Kenya).[2]

---

1. *Mobile banking : une success-story nommée M-Pesa*, Laure Broulard et Mark Anderson, *Jeune Afrique*, 3/04/2017.
2. Source : Wikipedia.

> D'autres services sont progressivement ajoutés, comme M-Shwari, qui permet de créer un compte d'épargne et de percevoir des intérêts, et d'utiliser le microcrédit. « En dix ans, M-Pesa a fondamentalement transformé l'économie kényane, de plus en plus digitalisée, avec des transactions rapides, plus sûres et surtout traçables. Une étude du Massachusetts Institute of Technology estime que 2 % des Kényans sont sortis de la pauvreté grâce aux microcrédits souscrits par mobile. Selon Safaricom, la plateforme a permis de générer quelque 860 000 emplois et environ 1 milliard de dollars d'activité économique. »[1] Le directeur général de M-Pesa déclare que son entreprise contribue à 6,5 % du PIB du Kenya.
>
> Depuis ses débuts, le service a été étendu à la Tanzanie, l'Afrique du Sud, le Mozambique, le Lesotho, l'Égypte, l'Afghanistan, l'Inde et la Roumanie.
>
> ---
> 1. *Mobile banking : une success-story nommée M-Pesa*, Laure Broulard et Mark Anderson, *Jeune Afrique*, 3/04/2017.

21) L'Île Maurice

Dans un discours prononcé le 3 novembre 2017, Ramesh Basant Kings, gouverneur de la banque centrale, met en garde contre les cryptomonnaies et déclare qu'« émerge maintenant l'acceptation que si des monnaies numériques devaient être émises, les banques centrales devraient nécessairement en être les émetteurs. Mais il est également reconnu que les risques associés aux monnaies numériques sont loin d'être minimes. »[203]

Rien ne laisse penser dans ses déclarations que l'Île pourrait se doter prochainement d'une cryptomonnaie, voire utiliser la blockchain. Cela dit, la banque centrale est l'une des plus anciennes de l'Afrique subsaharienne à avoir adopté le paiement électronique et les transactions en temps réel, et ce à partir de l'an 2000. D'autres initiatives sont également en cours de développement, comme le National Payment Switch, qui offre des avantages pour les paiements par carte, dont la réduction des frais et la rapidité.

---
203. *Governor of the Bank of Mauritius warned people for cryptocurrency*, Ujjainee Chakraborty, UITV, 4/11/2017.

Chapitre 2

En fait, il faut regarder du côté de la banque privée SBM (State Bank of Mauritius), car elle annonce en octobre 2017 qu'elle a signé avec la société Secured Automated Lending Technology (Salt) un partenariat afin de permettre à ses clients d'apporter leurs bitcoins et leurs ethers en garantie de leurs emprunts. C'est une démarche originale et intéressante.

22) L'Australie

Le 13 décembre 2017, Philip Lowe, gouverneur de la banque centrale (Reserve Bank of Australia – RBA), intervient dans le cadre de l'Australian Payment Summit :

« (…) Aujourd'hui, je veux partager avec vous quelques-unes de nos réflexions sur cet avenir et répondre à une question que l'on me pose de plus en plus fréquemment : la RBA a-t-elle l'intention d'émettre une forme numérique du dollar australien ? Appelons-le un eAUD.

La réponse courte à cette question est que nous n'avons pas de plans immédiats pour émettre une forme électronique de billets en dollars australiens, mais nous continuons de regarder les avantages et les inconvénients. Dans le même temps, nous examinons également comment les accords de règlement avec l'argent de la banque centrale pourraient évoluer à mesure que de nouvelles technologies apparaissent. Comme nous avons travaillé sur les problèmes, nous avons développé une série d'hypothèses de travail. »[204]

La dernière porte sur l'utilisation de la blockchain, qui soulève un certain nombre de questions, dont les conséquences qu'elle aurait sur le système financier ; en effet, le rôle des banques se réduirait au point de les mettre en danger. Voici comment le gouverneur conclut son intervention :

« Nous ne voyons pas la situation où la RBA offrirait à chaque Australien un compte bancaire pour effectuer des paiements. Cela changerait fondamentalement notre système bancaire d'une manière qui ne favoriserait pas l'intérêt public.

---

204. *Address to the 2017 Australian Payment Summit*, Philip Lowe, Reserve Bank of Australia, 13/12/2017.

Un argument convaincant pour l'émission de dollars australiens sur la blockchain pour une utilisation avec des systèmes privés limités n'a pas encore été apporté. Il est certainement possible que ce type de système puisse mener à des processus de fonctionnement et des paiements plus efficaces et à moindre coût. Mon hypothèse de travail ici est qu'un tel cas pourrait être développé, bien que nous devions nous occuper d'une gamme de questions opérationnelles et politiques complexes.

Tandis que nous travaillons sur ces différentes questions, nous recherchons un dialogue continu avec l'industrie des paiements et les autres parties intéressées. »

Une cryptomonnaie australienne est donc loin d'être en préparation, ni même acquise sur le principe.

23) La Nouvelle-Zélande

Il ressort d'un discours sur la cyber-sécurité en juillet 2017 de Toby Fiennes, responsable de la supervision prudentielle à la Reserve Bank of New Zealand (la banque centrale), que « nous travaillons avec d'autres agences, telles que la FMA (Financial Markets Authority) et le ministère des Entreprises, de l'Innovation et de l'Emploi, pour faire en sorte que la Nouvelle-Zélande présente un environnement où l'innovation financière numérique puisse prospérer, à condition que cela se fasse en toute sécurité ».[205]

En novembre 2017, elle publie sur son site une étude analytique, dont voici un extrait de la conclusion : « Les cryptomonnaies et la technologie blockchain pourraient bien devenir une partie importante des systèmes de paiement mondiaux, mais leur adoption à grande échelle dépendra de la concurrence des technologies de transaction alternatives et de la réglementation visant à assurer la sécurité des utilisateurs. Les cryptomonnaies devront également résoudre les problèmes techniques d'évolutivité si elles souhaitent assurer l'intermédiation du volume des transactions réalisées à l'échelle mondiale. »[206]

---

205. *Reserve Bank outlines stance on cyber issues*, Reserve Bank of New Zealand, 19/07/2017.
206. *Crypto-currencies – An introduction to not-so-funny moneys*, Aaron Kumar, Christie Smith, Reserve Bank of New Zealand, Analytical Notes, 11/2017.

C'est évidemment un problème auquel seront confrontées les cryptomonnaies, à savoir le nombre de transactions à traiter en permanence. Lorsque les auteurs de l'étude parlent de « technologies de transaction alternatives », ils pensent, entre autres, à la solution Snapper, introduite à Wellington en 2008. Il s'agit d'une carte électronique sans contact utilisant le NFC (Near Field Communication), rechargeable par téléphone, qui permet de payer les tickets de bus et d'autres services de la vie quotidienne, comme l'alimentation, les bars, les taxis... Snapper existe depuis dix ans déjà et son mode de fonctionnement est intéressant (www.snapper.co.nz).

Début décembre, Grant Spencer, gouverneur de la banque centrale (RBNZ), déclare dans une interview à la télévision néo-zélandaise que le bitcoin constitue une bulle, etc. En revanche, il poursuit ainsi : « Je pense que les monnaies numériques, les cryptomonnaies, sont une proposition réelle et sérieuse pour l'avenir. Je pense qu'elles font partie du futur, mais pas du genre de ce que nous voyons avec le bitcoin. Une cryptomonnaie avec une valeur plus stable sera le genre plus utile pour l'avenir. »[207]

L'article nous apprend aussi que la RBNZ effectue des recherches sur le dollar néo-zélandais et étudie la possibilité de le remplacer par une alternative numérique.

24) Le Vanuatu

Tout comme le Swaziland, il n'est pas fréquent que ce pays composé d'environ quatre-vingts îles dans le sud de l'océan Pacifique soit mis en avant dans les livres et les médias traitant de finance internationale, bien qu'il soit un centre financier offshore depuis 1972. C'est ce que fait *Newsweek* en octobre dernier : « La nation insulaire du Vanuatu est devenue le premier pays à accepter le bitcoin pour son programme de citoyenneté. Le Centre d'information du Vanuatu (VIC) a annoncé que son programme de soutien au développement (DSP) permettra aux étrangers de se qualifier pour la citoyenneté du

---

[207]. *Bitcoin 'Looks Remarkably Like A Bubble,' New Zealand's Central Banker Warns*, Matthew Brockett, Bloomberg, 9/12/2017.

pays grâce à un paiement ponctuel de 200 000 dollars[208] – ou son équivalent en cryptomonnaie. »[209]

À l'époque de l'article, cela représente un peu plus de quarante-trois bitcoins. Du fait de l'appartenance du Vanuatu au Commonwealth britannique, cette citoyenneté présente de nombreux avantages : la possibilité de voyager avec un passeport dans cent vingt-cinq pays sans visa, dont l'Union européenne, la Russie... plus de nombreux avantages fiscaux, sans compter la beauté de ces îles.

Newsweek cite ensuite les propos de Geoffrey Bond, président du VIC : « Dans ce cas, le gouvernement du Vanuatu a explicitement exprimé le désir d'être à la pointe de l'adoption de nouvelles technologies, encourageant officiellement le VIC à recevoir des paiements en bitcoin. Toutes les transactions en bitcoin pour la citoyenneté seront effectuées via une plateforme australienne qui satisfait aux exigences imposées par la réglementation financière de l'Australie. »

Sont également reproduits dans l'article les propos cités dans un communiqué de presse de Christian Nesheim, spécialiste en investissements et conseiller du CIV : « Beaucoup des premiers investisseurs en bitcoin aimeraient réaliser une partie de leurs gains sans encourir d'importants impôts sur les plus-values. Idéalement alors, ils convertiraient leur cryptomonnaie en actifs tangibles dans une juridiction à faible taux d'imposition... Comme le Vanuatu sera désormais le seul pays à offrir la nationalité avec paiement en bitcoins, je pense que le programme suscitera immédiatement un certain intérêt. »

Ces informations sont reprises dans d'autres médias, mais, quelques jours plus tard, Samuel Garae, secrétaire général du Vanuatu Citizenship Office, déclare qu'elles sont fausses, et que le programme de citoyenneté n'acceptera que le dollar comme devise de paiement.[210] Le gouvernement du Vanuatu aurait-il subi des

---

208. Vérification faite sur le site du VIC (http://vic.vu/citizenship), la somme est désormais de 220 000 $.
209. *Bitcoin Now Buys You Citizenship in Pacific Nation of Vanuatu*, Anthony Cuthbertson, *Newsweek*, 9/10/2017.
210. *Vanuatu Citizenship Office: bitcoins? What are those? Dollars please*, Vila Times, 17/10/2017.

pressions ? En tout cas, les explications qui s'ensuivent ne sont pas claires sur ce qui s'apparente à un revirement complet de situation.[211]

De l'évaluation et de la taxation des cryptomonnaies

C'est la question qui préoccupe la plupart des législateurs de par le monde : le bitcoin et ses cousins sont-ils des monnaies ou des actifs financiers ? La réponse a des conséquences majeures, notamment sur les taux d'imposition à appliquer, mais pas seulement.

Nous n'allons évidemment pas traiter en profondeur ce point dans ces pages, mais puisque l'OCDE est saisie de la question, nous recommandons que les portefeuilles de cryptomonnaies qu'auront constitués les entreprises soient évalués dans leurs bilans à leur coût d'acquisition ou à la valeur du jour de réception (pour les paiements), et non pas à leur cours au dernier jour de l'exercice fiscal, parce que cela pourrait totalement fausser les résultats et générer un impôt à payer trop élevé si les cours ont beaucoup augmenté entre temps et qu'ils venaient à chuter ultérieurement.

Notre remarque revient à considérer que l'on ne peut fixer la valeur réelle d'une cryptomonnaie (privée) qu'au moment de sa vente ou de son utilisation en tant que moyen de paiement.

Il nous paraît donc souhaitable de ne pas imposer des règles fiscales et comptables pouvant pénaliser les entreprises dans leur stratégie et leur gestion de ces valeurs aux cours volatils, par exemple en les poussant à les vendre à un moment qui n'est pas opportun, parce que l'impôt qui les frappe ne serait pas juste dans ses modes de calcul et d'évaluation.

Signalons d'ailleurs qu'une entreprise peut se retrouver avec un portefeuilles de bitcoins ou d'ethers, voire de futures cryptomonnaies souveraines, non pas pour spéculer mais parce que certains de ses clients à l'étranger ou localement ont opté pour ce mode de paiement.

---

211. *Vanuatu Government fails to explain the "bitcoin screw-up"*, Vila Times, 19/10/2017.

IV. Les pays où le bitcoin est illégal
À la suite de la faillite de Mt. Gox en février 2014, de nombreux pays émettent des mises en garde sur les dangers de la spéculation sur le bitcoin et les cryptomonnaies, sans toutefois régulariser les transactions ni les interdire totalement. Intéressons-nous maintenant à ceux qui sont allés le plus loin dans les interdictions.

1) L'Égypte et le monde musulman
Avant le 1er janvier 2018, le pays des pharaons aurait figuré dans la catégorie précédente, à la limite des deux. Depuis, l'Égypte a basculé. Résumons les événements :

- juin 2017 : des informations sont diffusées sur le fait que la Banque centrale donnerait l'autorisation de circulation et de commerce des cryptomonnaies, ce qu'elle dément sans délai ;

- août 2017, deux entrepreneurs annoncent qu'ils vont lancer la plateforme Bitcoin Egypt d'ici la fin du mois, la première du pays. Selon l'un des fondateurs, les bitcoins se vendent jusque-là de gré à gré, au noir, et il y aurait à peine quelques centaines de personnes actives sur une base journalière, à partir de forums en ligne[212] (le site Localbitcoins.com liste, en effet, moins de dix vendeurs/acheteurs pour l'Égypte). Il ajoute que les inscrits sur Bitcoin Egypt devront communiquer leurs coordonnées : « Nous ne le faisons que pour dissuader les blanchisseurs d'argent potentiels d'abuser de l'anonymat de notre plateforme et, bien sûr, d'être à peu près préparés à toute réglementation future établie par le gouvernement égyptien. »

- 23 août : « La Banque centrale d'Égypte (CBE) a déclaré qu'elle n'avait pas l'intention d'adopter une loi ou une réglementation autorisant le commerce des cryptomonnaies en Égypte. Un officiel de la CBE a informé par communiqué que le bitcoin (...) n'est pas officiellement reconnu dans les transactions financières et bancaires, et que la vente de bitcoins contre des euros ou des dollars américains

---
212. *First bitcoin Exchange Launching in Egypt*, Kevin Helms, Bitcoin.com, 11/08/2017.

serait considérée comme un délit. »²¹³ Parallèlement, l'un des fondateurs de Bitcoin Egypt explique au journaliste qu'ils attendent du gouvernement qu'il mette en place la législation appropriée, car ils ne peuvent pas exercer pour l'instant. Il ajoute « que les cryptomonnaies seront bientôt une réalité, que le gouvernement égyptien accepte d'en faire partie ou non ».

- 1ᵉʳ janvier 2018 : le grand mufti d'Égypte, Shawki Allam, confirme « qu'il n'est pas permis de négocier, d'acheter ou de vendre des bitcoins, car cela présente de nombreux risques pour les personnes ; cette monnaie peut conduire à la fraude ou à la falsification de sa valeur. (...) Il souligne qu'il a rencontré des experts économiques pour prendre une décision finale concernant le bitcoin, en analysant son effet sur l'économie (...) Par conséquent, Allam déclare que, sur la base de ce qui a été discuté, les termes requis pour toute circulation monétaire n'existent pas pour le bitcoin, parce qu'il n'a pas de forme physique et conduit à la fraude dans ses comptes et sa valeur, ressemblant à de l'argent contrefait. À cet égard, le bitcoin est interdit dans la charia islamique, étant donné qu'il conduit à plus de corruption, car il s'agit d'un système décentralisé et anonyme, et il est difficile de tracer qui a donné combien à qui. »²¹⁴

À partir du moment où le grand mufti s'est prononcé contre, il paraît quasiment impossible que les autorités civiles du pays ne suivent pas la même ligne, ce qu'elles ont d'ailleurs déjà exprimé depuis au moins l'été 2017.

Le bitcoin étant désormais interdit dans le cadre de la charia islamique, les répercussions de cette *fatwa* dépassent largement les frontières de l'Égypte et pourraient s'étendre à l'ensemble du monde musulman et son milliard et demi de fidèles, y compris en Asie. Notons toutefois que cette déclaration n'a pas d'impact sur les cours des principales cryptomonnaies, bien plus sensibles à ce qui se passe au Japon ou en Corée. De toute façon, compte tenu du fait que la technologie de la blockchain et des cryptomonnaies

---

213. *CBE has no intention of allowing cryptocurrency in Egypt: official*, Reem Hosam El-din, *Daily News*, 23/8/2017.
214. *Bitcoin leads to fraud in its banks, value: Grand Mufti*, *Egypt Today*, 1/01/2018.

est en train de constituer une révolution du système de paiement à l'échelle mondiale, il y a de fortes chances que ces déclarations deviennent inaudibles dans un futur proche.

Signalons cependant que des pays musulmans interdisent le bitcoin, dont le Maroc, l'Algérie et le Bangladesh, à des degrés différents, sans pour autant avoir fondé leurs décisions sur des principes religieux.

2) Le Maroc

En novembre 2017, l'hébergeur et société internet MTDS déclare accepter le bitcoin comme moyen de paiement, une première au Royaume. L'Office des Changes et la Banque centrale répondent par communiqué que toutes transactions effectuées en cryptomonnaies sont interdites et seront punies par des amendes. Aucun commerce ne peut donc accepter les bitcoins et autres devises virtuelles en paiement de biens et services.

Il est néanmoins estimé que l'équivalent de 200 000 $ s'échangeraient tous les jours au Maroc.[215] La consultation du site Localbitcoins.com permet de constater qu'il y a des offres d'achat et de vente dans la plupart des grandes villes, principalement à Casablanca, la capitale économique. En effet, utiliser le bitcoin ou l'ether comme moyens de paiement est interdit, mais pas la spéculation, à condition de respecter la réglementation des changes extrêmement stricte au Maroc. Compte tenu des cours actuels du bitcoin, en acheter en devises nécessite de contourner la loi, mais l'importance de la diaspora marocaine constitue indéniablement une solution, contre laquelle les autorités auront du mal à lutter.

Étant donné les particularités du Maroc, il nous semble d'ailleurs qu'elles devraient plutôt se pencher sérieusement sur la question et envisager la création d'une cryptomonnaie nationale, notamment pour des raisons géopolitiques. Nous y reviendrons dans le Chapitre 3.

---

215. *Bye-Bye Bitcoin: Morocco Bans Cryptocurrencies*, Morocco World News, 21/11/2017.

Chapitre 2

3) L'Algérie

La position des autorités est définitivement claire, car un article[216] du projet de loi de finances 2018 stipule que « l'achat, la vente, l'utilisation et la détention de la monnaie dite virtuelle, sont interdits. La monnaie virtuelle est celle utilisée par les internautes à travers le web. Elle est caractérisée par l'absence de support physique tel que les pièces, les billets, les paiements par chèque ou carte bancaire. Toute infraction à cette disposition est punie conformément aux lois et règlements en vigueur. »[217]

Cette loi de finances est votée le 26 novembre 2017 puis signée par le président de la République le 27 décembre. Elle fait l'objet de plusieurs amendements, mais pas sur le texte interdisant la monnaie virtuelle, qui est donc adopté. De fait, même le minage est désormais impossible, puisqu'il est payé en cryptomonnaies et que leur détention est officiellement interdite.

Une première conséquence est le départ de la start-up KodePay, qui doit annuler le lancement de sa banque virtuelle et de sa cryptomonnaie : « Je voulais lancer mon entreprise chez moi, en Algérie, mais la loi s'est tellement durcie qu'il a fallu regarder ailleurs. Au Kenya, on nous a ouvert les bras » explique l'un des deux fondateurs.[218]

Effectivement, ce pays du Maghreb ne s'annonce pas comme le paradis des fintechs. Pourtant, lors de la conférence du Care (Cercle d'action et de réflexion autour de l'entreprise) qui se tient le 20 novembre à Alger sur le thème « L'apport de la blockchain et de la cryptomonnaie à l'économie numérique en Algérie », il est déclaré :

« La cryptomonnaie existe en Algérie et son usage est important : il y a plus de 300 000 transactions qui s'y font chaque jour, ce qui représente environs 60 000 utilisateurs. Il ne faut donc pas interdire la cryptomonnaie. Au contraire, il faut en créer une qui soit nationale

---

216. Initialement l'article 113, qui est devenu le 117, par le jeu des amendements.
217. *Crypto-monnaies : Le gouvernement algérien dit non !*, Lyes Bensid, Cap Algérie, 23/11/2017.
218. *Start-up de la semaine : déboutée de l'Algérie, la cryptomonnaie de KodePay met le cap sur le Kenya*, Nelly Fualdes, *Jeune Afrique*, 4/01/2018.

pour permettre à l'Algérie de passer d'une économie basée sur le cash à une économie numérisée. »[219]

Le pouvoir actuel ne semble pas avoir entendu le message. Pour que les choses évoluent, il faudra sans doute attendre 2019 et le résultat de la prochaine élection présidentielle.

4) Le Bangladesh

Avec 170 millions d'habitants sur 143 998 km^2, dont 105 000 occupés par le delta du Gange, ce pays à 90 % musulman est l'un des plus densément peuplés au monde. Malgré des conditions climatiques difficiles et l'un des revenus par personne les plus bas, le Bangladesh a des perspectives de croissance annuelles au-dessus de 5 %. A-t-il pris en considération qu'il pourrait peut-être tirer parti du phénomène des cryptomonnaies pour accélérer son développement ? Voici la réponse, selon un communiqué de l'AFP[220] du 15 septembre 2015 :

« La Banque centrale du Bangladesh a mis en garde contre les transactions sur le bitcoin, affirmant que toute personne prise à utiliser la monnaie virtuelle pourrait être emprisonnée en vertu des lois anti-blanchiment d'argent strictes du pays.

La Banque du Bangladesh, qui réglemente l'industrie bancaire de ce pays appauvri, a déclaré avoir publié son communiqué après la diffusion d'informations dans les médias locaux rapportant des transactions en bitcoin à travers diverses plateformes d'échange en ligne. (...)

Des responsables de la Banque ont déclaré à l'AFP que quiconque serait reconnu coupable d'utilisation du bitcoin au Bangladesh pourrait être condamné à une peine d'emprisonnement pouvant aller jusqu'à douze ans. »

De quoi, effectivement, dissuader les contrevenants. Pourtant, cela ne suffit pas, et elle doit émettre le même avertissement deux ans plus tard, fin décembre 2017, car « des transactions en bitcoin, ether,

---

219. « 300.000 transactions se font en crypto-monnaie chaque jour en Algérie » (CARE), Amar Ingrachen, *Maghreb Émergent*, 20/11/2017.
220. Source AFP, reprise dans *Why Bangladesh will jail bitcoin traders*, The Telegraph, 15/09/2014.

ripple et litecoin sont effectuées au Bangladesh via des plateformes en ligne ».[221] Contacté par le média, le porte-parole de la Banque confirme que l'avis a été émis afin que « personne ne fasse de transaction dans des cryptomonnaies sous aucune circonstance ». Voilà qui est définitivement clair. À voir si cela suffira à supprimer les transactions désormais interdites.

Quelques semaines plus tôt, le vice-gouverneur de la Banque centrale déclare, lors du sommet Digital World 2017 à Dacca, la capitale, que « la question de l'émission de cryptomonnaie par la Banque centrale a encore besoin de beaucoup de recherches, car elle présente à la fois de bons et de mauvais côtés. Nous y pensons sérieusement. (…) Une plateforme inter-opérative comprenant la Banque centrale ainsi que d'autres organismes sera formée d'ici juin prochain [2018] en vue d'accélérer la pénétration de la monnaie numérique au Bangladesh. » La population n'a plus qu'à attendre.

5) Le Vietnam

Il constitue une situation différente des pays présentés jusqu'à présent, notamment par ce qui pourrait s'apparenter à des dissensions internes. Voyons l'enchaînement des faits et des prises de position.

Le 14 février 2014, la banque centrale émet un communiqué annonçant qu'elle ne reconnaît pas au bitcoin la qualité de moyen de paiement légitime.

À la suite de la faillite de Mt. Gox (cf. Chapitre 1), elle publie quelques jours plus tard un nouvel avis interdisant aux institutions financières de proposer des services en cryptomonnaies. « La déclaration fait également référence aux avertissements émis par d'autres pays, à savoir la Thaïlande, la Russie, la France, la Chine, la Malaisie, l'Indonésie et la Norvège, comme preuve que la menace du bitcoin est internationale. Il ne mentionne toutefois pas qu'au moins deux de ces pays (la France, la Malaisie et peut-être l'Indonésie) ont choisi d'éviter toute restriction sur le bitcoin pour le moment. »[222]

---

221. *Bangladesh Bank warns against transaction in 'illegal' bitcoin, other cryptocurrencies*, Abdur Rahim Harmachi, bdnews24.com, 27/12/2017.
222. *Vietnam Warns Against bitcoin, Invokes the Ghost of Gox*, Jon Southurst, CoinDesk, 28/02/2014.

Le 25 août 2017, l'Agence vietnamienne d'information (VNA), service public et organe de communication officiel de l'État, annonce que :

« (...) le Premier ministre Nguyen Xuan Phuc a approuvé cette semaine un plan d'examen et de rationalisation du cadre légal pour la gestion des cryptomonnaies comme le bitcoin. Avec ce feu vert, il est attendu que ces devises soient prochainement reconnues comme légales dans le pays.

Le Premier ministre a demandé au ministère de la Justice de présider et se coordonner avec d'autres ministères et institutions concernés, notamment la Banque d'État du Vietnam, le ministère de l'Information et des Communications, le ministère de la Sécurité publique, le ministère de l'Industrie et du Commerce, afin d'examiner le cadre juridique actuel, fournir une évaluation complète et proposer des solutions et des révisions appropriées dans le cadre gouvernemental. L'évaluation doit être terminée avant août 2018, et tous les documents juridiques normatifs sur les devises doivent être prêts d'ici la fin de l'année prochaine, précise la déclaration du Premier ministre. »[223]

L'article se termine ainsi : « Une fois le cadre juridique pour les monnaies finalisé, le bitcoin et plusieurs autres cryptomonnaies devraient être officiellement reconnues au Vietnam, ouvrant des possibilités en matière de technologie financière et de paiement en ligne. » Le soleil s'annonce donc radieux pour ce nouveau monde.

Mais, le 30 octobre, la banque centrale émet un avis interdisant l'usage des cryptomonnaies comme moyen de paiement à partir du 1er janvier 2018. Des amendes jusqu'à 9 000 $ peuvent être prononcées contre « ceux qui acceptent ou proposent des règlements en monnaies virtuelles ».[224] C'est, effectivement, dissuasif. En revanche, ne sont pas interdits l'échange ni le minage.

Le 6 janvier 2018, les médias vietnamiens rapportent que le vice-Premier ministre a cependant demandé au ministre de la Justice et

---

223. *Government considers recognising bitcoin in Vietnam*, VNA, 25/08/2017.
224. *Vietnam bans bitcoin as payment for anything*, Simon Sharwood, *The Register*, 30/10/2017.

Chapitre 2

à la Banque d'État du Vietnam d'accélérer et de compléter le cadre légal régissant les cryptomonnaies dans le pays. « Le rapport sur les avancées doit être soumis au gouvernement pour examen avant la fin du mois de janvier. »[225]

Fin décembre, des médias rapportent que les Douanes ont constaté l'importation de 7 005 mineurs du 1er janvier au 21 décembre 2017 : « Auparavant, le ministère a annoncé qu'il avait reçu 98 déclarations d'importation pour 1 478 mineurs du 1er janvier au 31 octobre, d'une valeur de plus de 2,182 millions de dollars (…). Puis, de début novembre au 21 décembre 2017, les importations ont bondi de 5 527 unités supplémentaires, portant le total à 7 005. Les 5 527 machines ont été principalement importées de Chine par le biais de 8 organisations et particuliers, a noté le média. »[226]

Cela signifie que ce sont des fermes de minage qui se montent au Vietnam, car 5 527 divisé par 8 donne près de 700 appareils en moyenne. Le journaliste ajoute que les Douanes ont même saisi la Banque d'État du Vietnam, le ministère de l'Information et de la Communication ainsi que le ministère de l'Industrie et du Commerce pour savoir si elles devaient interdire l'importation de ce matériel. « La banque centrale a confirmé que les mineurs pour bitcoin et autres cryptomonnaies ne sont pas liés à l'utilisation de la monnaie virtuelle comme moyen de paiement. Elles ne font donc pas partie des fonctions et tâches de gestion de la Banque d'État. »

Pour l'instant, le minage peut donc continuer, en attendant le cadre législatif. Quant à la création d'une cryptomonnaie souveraine, aucune annonce publique n'a encore été communiquée. Jusqu'à quand ? (à noter toutefois que moins de 30 % de la population possède un smartphone).

---

225. *VN needs cryptocurrency laws*, Viet Nam News, 6/01/2018.
226. *Cryptocurrency Mining Soars in Vietnam – Over 7000 Rigs Imported*, Kevin Helms, Bitcoin.com, 3/01/2018.

6) Le Népal

Le 30 juin 2017, Kedar Prasad Acharya, directeur adjoint de la Nepal Rastra Bank (NRB), la banque centrale, déclare que le bitcoin est illégal dans ce pays d'un peu moins de trente millions d'habitants.

Quelques semaines plus tard, soit le 13 août, la NRB publie un avertissement interdisant l'usage du bitcoin, qui n'est pas reconnu comme devise légale. Par suite, les transactions sont considérées comme illégales. L'une des préoccupations est que l'achat de cryptomonnaies entraîne la sortie de devises du pays.

En conséquence, le 6 octobre, « une équipe déployée par la police centrale du Népal (Central Investigation Bureau – CIB) arrête pour la première fois sept personnes suspectées d'avoir développé des activités de plateformes d'échange de bitcoins dans diverses régions du pays », écrit The Kathmandu Post.[227] Le porte-parole du CIB précise que si les suspects sont condamnés, ils encourent des peines jusqu'à des amendes trois fois supérieures aux valeurs échangées et trois ans de prison.

Bien qu'ils aient suspendu leur activité dès le jour de la précédente arrestation (cf. leur message du 6/10 sur leur compte Twitter), les deux fondateurs de www.bitsewa.com, principale plateforme népalaise d'échange de cryptomonnaies, sont appréhendés à leur tour le 26 octobre : « Le Bureau central d'enquête (CIB) de la police népalaise a arrêté deux personnes soupçonnées d'opérer un racket au bitcoin à Katmandou et à Pokhara sous le couvert d'activités technologiques en ligne. »[228]

Il n'y a pas encore de nouvelles informations publiées sur ces arrestations. La politique conduite par le Népal contre les cryptomonnaies fait, en tout cas, partie des plus restrictives.

Quant au minage, il n'est pas fait état de son interdiction ; d'ailleurs, diverses informations montrent qu'il y est pratiqué depuis plusieurs années. Néanmoins, miner du bitcoin devrait devenir plus difficile voire impossible, en tout cas pour ceux qui souhaitent s'installer, car

---

[227]. 7 nabbed for running bitcoin exchange business, The Kathmandu Post, 6/10/2017.
[228]. Two arrested for operating bitcoin racket, The Himalayan Times, 30/10/2017.

cette activité requière du matériel spécifique d'importation, ce qui, immanquablement, attirera l'attention des autorités et devrait, au minimum, conduire à la confiscation des appareils. De plus, que faire des bitcoins, moneros... reçus en paiement du minage ?

Il n'est pas fait mention non plus de la création d'une cryptomonnaie souveraine. Pourtant, le Népal gagnerait à étudier la question, car il reçoit beaucoup de *remittances*, environ 3,5 milliards $ pour l'année fiscale 2012/2013, soit l'équivalent d'entre 15 et 20 % de son PIB, de l'ordre de 21 milliards $ (chiffre 2016). Le gain, outre une plus grande rapidité des transactions, pourrait représenter cinquante fois ce qu'a économisé la banque centrale en faisant imprimer ses billets en Chine, ainsi que nous l'apprend l'agence Xinhua : « La qualité est aussi bonne que ceux qui ont été imprimés antérieurement dans un autre pays, mais le coût est inférieur à la moitié du montant que nous avions payé auparavant. (…). 200 millions de billets imprimés en Chine ont permis à la banque centrale népalaise d'économiser 3,76 millions de dollars américains. »[229]

7) La Bolivie

En avril 2017, elle émet un communiqué rappelant à la population sa résolution de mai 2014. C'est sur ce fondement que sont arrêtées soixante personnes un mois plus tard, « qui, vraisemblablement, étaient en train de donner une formation sur comment investir de l'argent dans les monnaies virtuelles. [La Autoridad de Supervisión del Sistema Financiero – ASFI] rappelle à la population que ces activités sont interdites sur tout le territoire national, car elles sont liées à des systèmes pyramidaux dont le seul but est de chercher à s'approprier l'argent et l'épargne des Boliviens. »[230]

Ainsi, même les activités de formation sont pourchassées. Le communiqué nous apprend également que des brochures liées à des cryptomonnaies ont été saisies lors d'une autre opération, et

---

229. *Nepal saves millions by printing banknotes in China*, Tian Shaohui, Xinhua, 14/02/2017.
230. Communiqué de presse n° 20/17 de la Autoridad de Supervisión del Sistema Financiero (ASFI).

que l'ASFI, « à ce jour, est en train de préparer un projet de loi qui permettra d'ajouter les escroqueries pyramidales dans le Code pénal, pour contrecarrer et générer l'instrument juridique nécessaire dans le but de combattre et punir toute personne qui adapte sa conduite à ce type d'activités ».

Dans l'immédiat, il n'y a donc aucune raison que le ciel bolivien s'éclaircisse sur l'univers des cryptomonnaies, d'autant plus que la répression s'étend même aux informations diffusées sur les réseaux sociaux. Pourtant, la Bolivie comme les pays présentés dans cette partie auraient tous intérêt à réfléchir à une cryptomonnaie souveraine et à l'utilisation de la blockchain, ne serait-ce que parce qu'ils reçoivent beaucoup de *remittances* et ne disposent pas de taux de bancarisation parmi les plus élevés du monde.

Chapitre 3

Géopolitique des futures cryptomonnaies

Lors d'une interview accordée à Bloomberg[231] le 8 novembre 2017, Michael Corbat, président de Citigroup Inc., explique que le bitcoin présente une menace suffisamment sérieuse pour le système financier au point que les autorités n'auront pas d'autre choix que d'émettre leurs propres versions de cryptomonnaies :

« Je ne pense pas que les gouvernements vont prendre à la légère l'arrivée d'autres personnes qui pourraient perturber leurs capacités autour de la gestion des données, de la collecte d'impôts, de la lutte contre le blanchiment d'argent (...) Il est probable que nous allons voir les gouvernements introduire, non pas des cryptomonnaies – je pense que le terme n'est pas approprié –, mais une monnaie numérique. »

Nous le pensons aussi depuis un certain temps déjà, mais pas uniquement pour les raisons évoquées par Michael Corbat. En effet, dans un monde où les sanctions peuvent s'abattre sur un pays parfois au mépris du droit international, il est inévitable que des États puissent vouloir se mettre à l'abri, c'est-à-dire ne plus dépendre du dollar et des institutions financières dominées par les Occidentaux, telles que la Banque mondiale, le FMI, Swift, Visa, Mastercard, etc. Ce n'est d'ailleurs pas un hasard si le Venezuela et la Russie sont parmi les premiers pays à avancer vers la création d'une cryptomonnaie.

De telles monnaies pourraient être de formidables accélérateurs d'échanges, donc des sources de richesse, en respectant les critères suivants :

- la fiabilité, soit le principe de base de l'émission de toute monnaie ;
- la stabilité, donc pas ou peu soumise à la spéculation ;
- la sécurité, afin que les hackers ne puissent dérober les valeurs sur les comptes ;

---
231. Article cité précédemment.

- l'anonymat vis-à-vis du public, mais pas face à l'émetteur ou aux émetteurs public(s).

Une cryptomonnaie semble avoir peu de sens si elle est émise par un seul pays, bien que nous reviendrons sur ce point fondamental en conclusion. En revanche, elle peut prendre beaucoup plus d'importance lorsqu'elle est gérée par deux ou plusieurs États, parce qu'elle offre les avantages suivants :

- plus aucun risque de change entre les devises des pays concernés ou avec l'utilisation d'une monnaie tierce ;
- une circulation beaucoup plus rapide qu'avec les intermédiaires actuels encore indispensables que sont les banques ou les sociétés de transfert d'argent : des transactions immédiates, donc plus de délai pendant lequel elles, y compris les banques centrales, conservent les fonds au détriment du payeur et du bénéficiaire, mais aussi plus de weekend ni de jour férié, d'« heure limite d'exécution » ou « de fermeture », de « délai d'acheminement », de « correspondant local », de « bug informatique »... ;
- plus de frais d'envois internationaux coûteux, en tout cas des frais de transaction d'un montant minime...

De plus, si l'un des pays est sous sanctions internationales, une cryptomonnaie peut contribuer à maintenir voire sauver son économie tout en préservant l'anonymat des entreprises des pays tiers qui commercent avec les siennes, ce qui permet de ne pas assécher le flux des échanges économiques externes.

En revanche, créer et gérer une monnaie entre deux ou plusieurs États peut vite s'avérer un casse-tête, peut-être plus compliqué que celui qui a présidé à la création de l'euro, où de nombreuses parties étant impliquées, cela diluait (un peu) le pouvoir des uns et des autres, même si l'Allemagne disposait d'un poids supérieur. En effet, une telle situation pose immanquablement des problèmes de gouvernance, qui, de plus, doit pouvoir évoluer et s'adapter en fonction des circonstances politiques, sociales, économiques... de chacun des pays émetteurs. Les unions monétaires africaines prouvent déjà que c'est possible avec la monnaie fiduciaire.

Afin d'illustrer des situations et des modèles différents, nous allons donc présenter quinze scénarios de création de cryptomonnaies entre États. Nous nous limiterons aux grands principes, car l'étude détaillée de leur mise en œuvre dépasserait le cadre de ce livre.

1) Les Brics
L'alliance entre le Brésil, la Russie, l'Inde, la Chine et l'Afrique du Sud (Brics) devrait être le premier ensemble à se pencher sur une cryptomonnaie commune, pour de nombreuses raisons, dont leur poids économique et leurs échanges. L'idée progresse, car, lors du 9e sommet des Brics qui se tient à Xiamen (Chine) du 3 au 5 septembre 2017, où les dirigeants se mettent « d'accord pour favoriser le développement des marchés des obligations en devises nationales des pays des Brics, ainsi que pour créer un fonds d'obligations en devises nationales des Brics », le projet de la création d'une cryptomonnaie commune est évoqué auprès de journalistes par Kyrill Dmitriev, chef du Fonds russe d'investissements directs : « Ce peut être un instrument très demandé et devenir une bonne alternative au dollar et aux autres moyens de paiement. »[232]

Le 28 décembre, lors d'une réunion avec le ministère russe des Finances, Olga Skorobogatova, vice-gouverneur de la Banque centrale de Russie, propose de nouveau la création d'une monnaie virtuelle commune aux Brics mais aussi aux pays de l'Union économique eurasienne (UEE/UEEA : Arménie, Biélorussie, Russie, Kazakhstan et Kirghizistan). Elle souligne que la création d'une monnaie virtuelle commune est bien plus prometteuse que la création de cryptomonnaies nationales : « Les participants à différentes manifestations économiques auxquels je participe habituellement [...] arrivent tous à la conclusion : une monnaie virtuelle n'est pas très utile pour un seul pays. Il est [donc] logique de discuter de cryptomonnaie au niveau de plusieurs pays, tels que [ceux des] Brics et [de] l'UEEA. »[233]

---

232. *Sommet des BRICS : les cinq pays vont créer un fonds d'obligations en devises nationales*, Russia Today, 4/09/ 2017.
233. *Vers la création d'une monnaie virtuelle commune aux BRICS et aux États de l'Union eurasienne ?*, Russia Today, 28/12/2017.

Aucune décision concrète n'est encore prise, mais des discussions sont prévues pour 2018. Elles dépendront forcément des résultats des élections présidentielles qui se tiendront en Russie (mars 2018) et au Brésil (octobre 2018). Outre la Russie, l'UEEA sera également concernée par l'élection présidentielle en Arménie (février 2018). De nouveaux membres devraient aussi la rejoindre, dont prochainement l'Iran. Sont également appelés à être candidats l'Inde, déjà une composante des Brics, ainsi que la Turquie et le Pakistan. Une monnaie virtuelle commune à ces pays aurait un poids se rapprochant progressivement de celui du dollar, au minimum de l'euro.

Toutefois, compte tenu des disparités économiques, de développement et d'infrastructures entre ces pays, la création d'une cryptomonnaie à cette échelle est forcément un projet de moyen voire long terme. Il paraît logique qu'il se mette en place en plusieurs étapes, afin de ne pas risquer de bouleverser le dynamisme des différentes économies, peut-être sur une base bilatérale (Chine-Russie) ou trilatérale avec le Brésil et/ou l'Afrique du Sud, dans un premier temps, ou au sein de l'UEEA.

La première étape pourrait consister à étudier une cryptomonnaie similaire au principe des DTS (Droits de tirage spéciaux), instrument monétaire international créé par le FMI en 1969 et constitué d'un panier de devises réévalué tous les cinq ans. Elle favoriserait les paiements d'État à État, éventuellement en y associant les grandes entreprises et celles réalisant des échanges d'import-export, avant d'être étendue ultérieurement aux populations.

2) L'espace russophone
Au Chapitre 2, nous avons indiqué que le projet de création du CryptoRouble avait l'ambition de dépasser les frontières de la Russie, ce qu'a confirmé Olga Skorobogatova ci-dessus. Au-delà des pays russophones de l'UEE, une zone paraît encore plus indiquée pour le partage du CryptoRouble, c'est la Novorossia, les républiques populaires de Donetsk et de Lougansk. L'essentiel de leur commerce extérieur se fait désormais avec la Russie, donc disposer d'un moyen

de paiement commun accroîtrait probablement encore les échanges. De plus, depuis que la guerre a commencé dans le Donbass, environ 1,2 million de personnes se sont réfugiées en Russie. Pour celles qui y resteront, la puissance de la technologie blockchain leur permettrait d'envoyer de l'argent à leurs proches sans passer par le système bancaire, avec tout ce que cela implique en terme de rapidité et d'économie.

Pour des raisons géopolitiques évidentes, il est impossible que l'élargissement du CryptoRouble à la Novorossia puisse seulement être murmuré tant qu'il ne sera pas officiellement acté que les Accords de Minsk sont à déchirer et que les deux républiques conservent définitivement leur indépendance.

Ne pas en parler ne signifie pas ne pas préparer le projet et planifier son déploiement le jour venu, d'autant plus que le bitcoin et ses cousins ont démontré qu'il est aisé de mettre en œuvre des cryptomonnaies sans se soucier des frontières, y compris dans les conditions les plus extrêmes, tel qu'au Zimbabwe.

Le CryptoRouble pourrait aussi être développé au-delà de l'espace russophone, par exemple en Syrie, voire au Yémen et en Libye, ce qui présenterait d'énormes avantages par rapport au système bancaire traditionnel : il « suffirait » alors de reconstruire les lignes de télécommunication, lorsqu'elles ont été détruites, pour qu'un moyen de paiement devienne disponible. Tout n'est pas aussi simple pour autant, car il faut définir les modalités de sa mise en œuvre, dont les conditions d'accès, la parité avec la devise locale, etc. De plus, la population doit disposer de smartphones.

Le CryptoRouble pourrait également s'avérer une arme redoutable dans la conquête économique de l'Afrique, où les Chinois ont pris une avance significative, y compris chez des alliés de longue date de la Russie, comme l'Algérie. En effet, il favoriserait les échanges, toujours pour les mêmes raisons déjà évoquées. L'un des vecteurs de diffusion serait les étudiants étrangers, notamment africains, poursuivant leurs études supérieures dans les établissements et universités russes, qui peuvent en accueillir jusqu'à 200 000 par an.

Le CryptoRouble constituerait le moyen idéal pour envoyer de l'argent au-delà des océans. Quant aux 15 000 boursiers étrangers accueillis par l'État russe en 2017 (chiffre Study In Russia), les versements en nouvelle cryptomonnaie ne devraient pas faire débat.

3) L'Afrique

Danst le chapitre précédent, nous avons présenté la situation et la position de plusieurs pays africains par rapport aux cryptomonnaies ; en fait, c'est tout le continent qui devrait être une terre fertile, pour plusieurs raisons :

- des besoins de transfert : selon la Banque africaine de développement (Bad), c'est plus de 65 milliards $ qui ont été envoyés sur le continent en 2016 par sa diaspora. Or, nous l'avons montré ci-dessus, la technologie de la blockchain et des cryptomonnaies présente des avantages majeurs pour les transferts d'argent par rapport aux outils bancaires classiques et même ceux des spécialistes comme Western Union, MoneyGram, etc. Le montant des frais est d'ailleurs un frein aux envois, car ils peuvent dépasser pour certaines destinations 10 % de la somme envoyée, coût supérieur aux autres continents ;

- la sous-bancarisation : il est estimé qu'un ménage sur cinq détient un compte bancaire. « Le taux de bancarisation est très variable, allant de 1,5 % au Niger, 5 % en République centrafricaine, en RD Congo et en Guinée, à plus de 25 % en Côte d'Ivoire et jusqu'à 80 % à Maurice (Cnuced, 2016). Les obstacles à l'intégration financière sont de plusieurs sortes. L'éloignement physique des banques explique notamment pourquoi une majorité de la population rurale n'a pas accès à leurs services. »[234] Pierre Jacquemot, l'auteur de cet article, signale que les villages sont couverts par les réseaux télécom tandis que les agences bancaires en sont absentes, présentes de préférence dans les grandes villes ;

- la croissance du taux de pénétration des smartphones est élevée : selon différentes estimations, c'est plus de 350 millions d'appareils

---

234. *L'Afrique, épicentre de la bancarisation numérique*, Pierre Jacquemot, Iris, 20/12/2016.

qui seront en service d'ici fin 2018, à rapprocher d'une population totale de 1,2 milliard d'habitants ;

- l'ebanking et la banque mobile se développent plus rapidement que sur d'autres continents : « Dans ce domaine, l'Afrique subsaharienne affiche une belle santé. La digitalisation financière s'y étend et les innovations que l'on rencontre sont parfois spectaculaires. Selon la Banque mondiale, 10 % des adultes y détiennent un compte permettant d'effectuer des transactions financières depuis un téléphone mobile, contre seulement 1 à 2 % en moyenne sur les autres continents. Ce déferlement de la finance mobile appartient à une révolution déjà rejointe par les jeunes pousses étiquetées « fintech ». Celles-ci mobilisent un tiers des investissements alloués aux entreprises africaines dans les nouvelles technologies. »[235]

- les conséquences sur les banques commerciales du lancement de cryptomonnaies, donc sur l'économie, sera moindre que dans les pays du Nord, où elles pourraient définitivement vaciller si elles ne disposent plus du quasi-monopole de la collecte des fonds.

Même si le continent dispose de nombreux atouts pour faire prospérer les cryptomonnaies, il n'est pas envisageable dans un futur proche qu'un bitcoin panafricain puisse être mis en place. Les conditions de sa création peuvent toutefois être progressivement préparées, en commençant, par exemple, à uniformiser un cadre réglementaire commun, au minimum par zones, avant de l'élargir à tout le continent. Ensuite, c'est aux pays de travailler ensemble pour développer leur cryptomonnaie commune. L'Umoa (Union monétaire ouest-africaine) et la Cemac (Communauté économique et monétaire de l'Afrique centrale), qui partagent le franc CFA entre leurs États membres respectifs, semblent, de ce fait, les premières à pouvoir créer une cryptomonnaie collective. Elles constituent même un modèle en matière de gouvernance monétaire, qui s'est globalement avéré à l'abri des incertitudes politiques.

En revanche, même si la Cedeao (Communauté économique des États de l'Afrique de l'Ouest) annonce lors de son sommet de février

---

235. *L'Afrique, épicentre de la bancarisation numérique*, Pierre Jacquemot, Iris, 20/12/2016.

2018 à Accra au Ghana vouloir élaborer une nouvelle feuille de route d'ici 2020 pour la création de l'eco, la monnaie unique de la zone, cette déclaration pose question : en effet, la Cedeao comprend seize pays membres (+ la Mauritanie, qui a un accord d'association), et créer une monnaie unique, qu'elle soit digitale ou non, pour autant de pays avec de si grandes disparités économiques est un problème compliqué – si c'est pour refaire l'euro sur le continent africain, il vaudrait mieux y réfléchir à deux fois. Cependant, la déclaration du Ghana de vouloir utiliser l'eco à partir de 2020 est prometteuse[236], et peut-être faudrait-il étudier le projet dans un premier temps avec la Gambie, la Sierra Leone et le Liberia de George Weah, trois des pays les plus pauvres d'Afrique. Quand l'eco aura permis d'augmenter les échanges et fait la preuve de sa réussite, il sera temps de l'élargir à d'autres États et blocs de la zone.

Nous n'allons pas citer toutes les opportunités du continent, mais commençons par deux ensembles régionaux, puis apportons des suggestions porteuses de paix et de développement avant de poursuivre vers d'autres pays.

4) La Communauté d'Afrique de l'Est (CAE)

Dans le Chapitre 2, nous avons présenté cet ensemble de six États, d'une population totale d'environ 170 millions de personnes, regroupant le Burundi, le Kenya, l'Ouganda, le Rwanda, le Soudan du Sud et la Tanzanie.

Les membres de la CAE créent une union monétaire en novembre 2013, mais le processus pour l'adoption d'une monnaie commune est encore en cours. Plutôt que de passer par la phase fiduciaire, pourquoi ne pas créer directement une cryptomonnaie partagée, qui devrait, globalement, poser moins de problèmes pour sa mise en place, notamment logistiques ? Dans un premier temps, elle peut circuler en complément des monnaies nationales.

De plus, le déploiement sera facilité par le fait que la plupart des citoyens de la CAE sont déjà habitués au paiement mobile. Autre

---
236. *Ghana: Création de la monnaie unique de CEDEAO, les critères,* Mensah, Koaci, 21/02/2018.

avantage majeur, il réduira le coût des *remittances*, importantes pour chacun des pays membres.

5) L'Aire monétaire multilatérale et l'Afrique australe

Anciennement intitulée « Common Monetary Area », elle devient en 1992 l'Aire monétaire multilatérale (Multilateral Monetary Area – MMA), lorsque la Namibie rejoint l'Afrique du Sud, le Lesotho et le Swaziland. Cette zone présente une particularité quasiment unique sur la planète : le rand sud-africain a cours légal dans les trois autres pays, à côté des monnaies nationales – le loti au Lesotho, le lilangeni au Swaziland et le dollar namibien.

La création d'une cryptomonnaie pourrait advenir plus rapidement que dans la CAE. Il reste alors à voir quelle serait la position de la banque centrale de l'Afrique du Sud (la South African Reserve Bank) et quelle parcelle de pouvoir elle accepterait de partager avec ses homologues des trois autres pays dans ce projet commun. À moins que ne soit simplement créé et adopté un « RandCoin », une cryptomonnaie purement sud-africaine.

Cette solution présenterait l'inconvénient d'être plus difficilement « exportable », par exemple au Botswana, qui fait partie de l'Union douanière d'Afrique australe (Southern African Custom Union – Sacu) avec les quatre autres pays de la MMA, mais ne l'a pas rejointe. Elle pourrait aussi être progressivement étendue à un ou plusieurs pays de la Communauté de développement d'Afrique australe (CDAA), qui comprend quinze membres, dont les cinq de la Sacu, plus l'Angola, la République démocratique du Congo, Madagascar, le Malawi, Maurice, le Mozambique, les Seychelles, la Tanzanie, la Zambie et le Zimbabwe. À noter que la Tanzanie faisant partie de la CAE, cela ouvrirait une porte vers cet ensemble géopolitique qui prévoit une monnaie commune (cf. carte page suivante).

Chapitre 3

La Sacu et la CDAA[237]

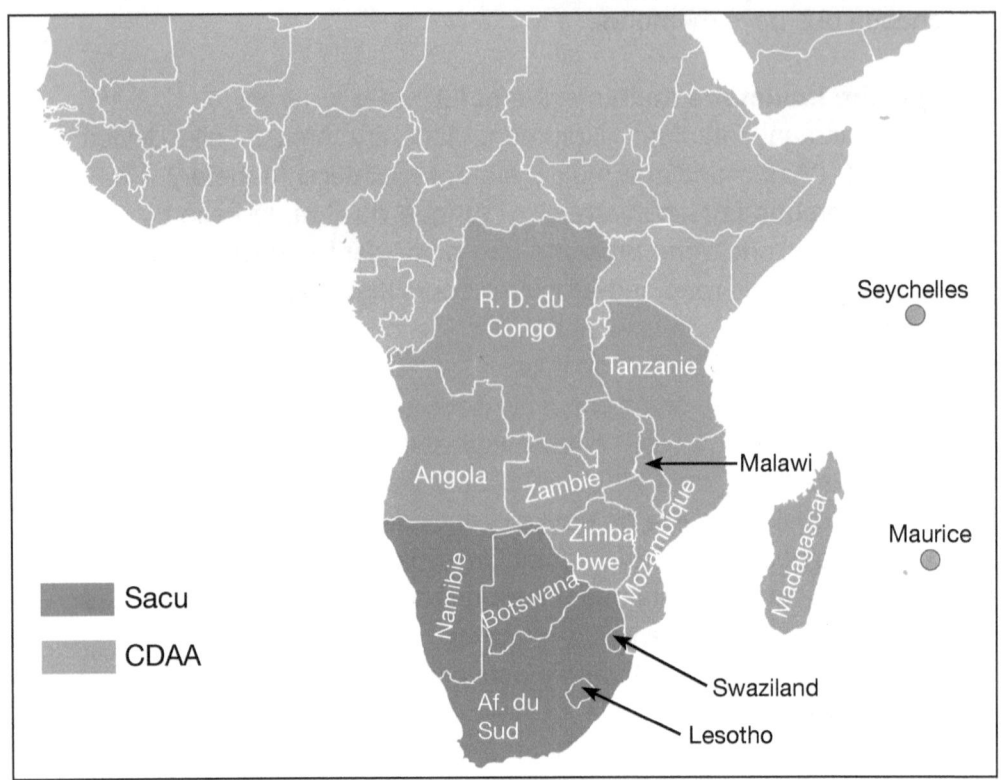

6) Le Sahara occidental et l'Union du Maghreb arabe (Uma)

Créée en 1989, l'Uma regroupe l'Algérie, la Libye, le Maroc, la Mauritanie et la Tunisie. Dans la réalité, cette Union n'a quasiment aucune influence depuis plus de dix ans, du fait des différends, principalement entre le Maroc et l'Algérie au sujet du Sahara occidental. Il s'agit d'un territoire de 266 000 km², dont 1 200 km de côtes atlantiques situées entre le Maroc et la Mauritanie, et une frontière commune avec l'Algérie à l'est. Longtemps colonie espagnole, les accords de Madrid signés le 14 novembre 1975 en officialisent la rétrocession des deux tiers au Maroc et d'un tiers à la Mauritanie.

---

237. Source : Wikimedia Commons, Treehill.

Géopolitique des futures cryptomonnaies

En réaction, le Front Polisario, mouvement né en 1973 pour la lutte armée contre la colonisation espagnole, proclame le 27 février 1976 la création de la République arabe sahraouie démocratique (RASD) sur tout le territoire. Soutenu par l'Algérie, il déclenche des attaques contre le Maroc et la Mauritanie pour faire aboutir sa revendication d'indépendance.

Un traité de paix est signé le 10 août 1979 avec la Mauritanie, qui cède sa partie au Front Polisario. Quatre jours plus tard, le Maroc en annonce l'annexion. La lutte armée continue, et, pour sa défense, le Maroc érige ce qui est appelé « le mur des Sables », une barrière de séparation entre les deux zones constituant *de facto* la frontière, le Front Polisario contrôlant l'est.

Un cessez-le-feu est proclamé fin 1991 et doit être suivi en 1992 d'un référendum organisé sous l'égide des Nations Unies pour décider définitivement du statut de cette ancienne colonie espagnole. Depuis, il est régulièrement reporté. En attendant, le Sahara occidental est considéré comme « Territoire non autonome » par l'Onu.

Le Sahara occidental[238]

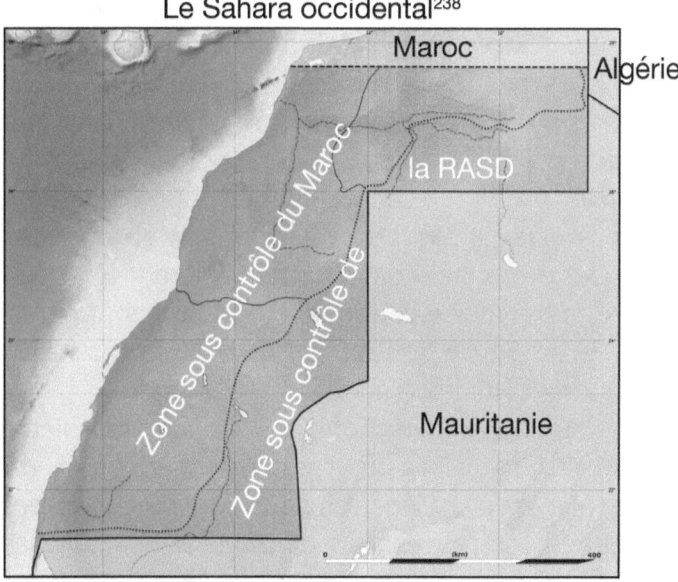

---

238. Source : Eric Gaba – Wikimedia Commons user: Sting, and Wikimedia Commons user: NordNordWest.

Chapitre 3

Cette situation présente de lourdes conséquences humanitaires, car plusieurs dizaines de milliers de réfugiés vivent toujours dans des camps du côté algérien. Leur nombre est évalué à 165 000 par l'Algérie, 155 000 par l'Union européenne, 90 000 par les agences de l'Onu, mais le Maroc conteste ces chiffres. De plus, ce différend entre le Maroc et l'Algérie freine les échanges économiques et culturels entre les deux pays, et au-delà, puisqu'il bloque tout le fonctionnement de l'Uma, alors que ses cinq membres et leurs populations profiteraient d'une situation apaisée – certes, la Libye a d'autres priorités actuellement.

Sur le plan monétaire, est principalement utilisé le dirham marocain, en tout cas dans la partie ouest. Quant à l'est et dans les camps de réfugiés, circulent :

- la peseta sahraouie, émise par la RASD et basée à l'origine sur l'ancienne peseta espagnole. Adoptée en 1997, elle est matérialisée sous forme de pièces, mais il n'existe pas de billet,

- et les devises des pays voisins : le dinar algérien et l'ouguiya mauritanien, qui remplace le franc CFA depuis 1973.

Nous ne nous immiscerons évidemment pas dans le débat politique. En revanche, le Maroc devrait prendre l'initiative de proposer le développement d'une cryptomonnaie commune avec la Mauritanie et l'Algérie. Il y a peu de chances que cette dernière accepte compte tenu du contexte actuel et de la future élection présidentielle de 2019. La Mauritanie pourrait toutefois s'avérer intéressée, même si elle tiendra aussi son élection présidentielle en 2019. Cette monnaie digitale bénéficierait aux deux pays, qui reçoivent des transferts de fonds importants, tout particulièrement le Maroc, avec 6,4 milliards $ en 2015. Elle faciliterait aussi les opérations des ONG sur place.

Puisque les ondes téléphoniques franchissent les murs, elle pourrait même être utilisée progressivement en RASD, voire dans les camps de réfugiés en Algérie, les deux communautés recevant aussi des *remittances* en provenance d'au moins une dizaine de milliers de migrants, principalement installés en Espagne. L'obstacle sera toutefois la proportion de smartphones en service, mais c'est une situation qui peut être gérée.

Si cette monnaie partagée est minée, sur le même principe que le bitcoin, il faudrait profiter de l'ensoleillement annuel en installant de vastes fermes solaires au Sahara occidental, ce qui contribuera à sa richesse, un atout décisif pour conforter le soutien de la population. L'énergie produite sera excédentaire et réduira les importations d'énergie – elles représentent actuellement 94 % du total des besoins du Maroc[239]. Elle pourrait même être utilisée pour miner du... bitcoin et d'autres monnaies.

Dans l'éventualité où ni la Mauritanie ni l'Algérie – voire la Tunisie – ne souhaiteraient s'impliquer dans ce projet, le Maroc devrait quand même l'étudier. Pour le financer, il pourrait lancer une ICO internationale, en complément de financements plus traditionnels. D'ailleurs, souhaitant constituer l'extrémité d'un des corridors des nouvelles routes de la soie, le Royaume pourrait faire appel à la Chine, dont les entreprises sont à la pointe en matière d'énergie solaire et de... minage.

De plus, une telle initiative renforcerait sa politique économique en direction de l'Afrique subsaharienne, dont la création de monnaies numériques n'est plus qu'une question de temps. À terme, lorsque les différends se seront aplanis, cette cryptomonnaie pourrait aussi être utilisée dans l'ensemble de l'Uma.

Évidemment, nous ne pouvons en rester qu'aux principes généraux dans le cadre de ce livre, mais nous pensons que le Maroc, d'autant plus depuis qu'il a rejoint l'Union africaine en janvier 2016, gagnerait à réfléchir au développement d'une cryptomonnaie souveraine ou partagée avec son ou ses voisins qui le souhaiteront.[240] Nul doute que les avantages géopolitiques qu'il pourrait en retirer seront au rendez-vous d'une telle avancée monétaire.

---

239. *Le Maroc importe 94 % de ses besoins énergétiques*, Thierry Barbaut, Énergies Renouvelables Afrique, 1/06/2016.
240. Signalons que le Sahara occidental ne cesse d'opposer le Maroc et l'Algérie à tous les niveaux, y compris à l'Union africaine, où des paragraphes du rapport du Commissaire paix et sécurité, l'Algérien Smaïl Chergui, présenté le 28 janvier 2018 aux chefs d'État, ont été fermement rejetés par les Marocains.

Chapitre 3

7) L'Éthiopie, l'Égypte et le Soudan : une cryptomonnaie ou la guerre ?

Le Nil, le plus long fleuve du monde avec 6 700 km, traverse dix pays et fait régulièrement l'objet de tensions politiques. En conséquence, de nombreux traités incluant la répartition de cette eau précieuse ont été conclus depuis plus d'un siècle, le plus ancien remontant à 1891, entre l'Angleterre et l'Italie, à l'époque puissances coloniales. Le dernier accord date de 1959 et implique l'Égypte et le Soudan. Il est ré-actualisé en 2015, après que l'Éthiopie ait annoncé la construction du pharaonique barrage de la Renaissance, sur le Nil bleu, qui sera le plus grand d'Afrique. Bien que l'Égypte s'oppose au projet, la construction débute en 2013 et devrait s'achever en 2018.

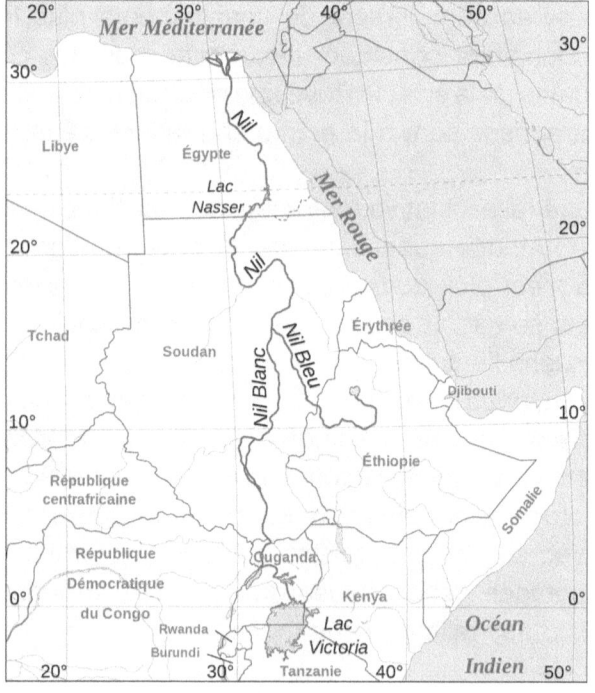

Le Nil[241]

---

241. Auteur : Takasugi Shinji, Commons Wikimedia.

Le problème principal provient du fait que, pendant les trois voire cinq années nécessaires au remplissage du barrage, il est estimé que l'Égypte sera privée d'au moins 40 % du flux des eaux vitales du Nil ; les conséquences sur la production agricole, dont dépend la population, et sur sa production hydroélectrique, la deuxième d'Afrique, seront dramatiques.

Différents scénarios sont déjà évoqués depuis quelque temps, y compris une intervention des militaires égyptiens pour détruire les travaux de construction en cours. Cela déclencherait inévitablement la guerre entre deux des trois pays africains les plus peuplés derrière le Nigéria – environ 102 millions pour l'Éthiopie et 96 millions pour l'Égypte –, car la première ne renoncera pas à son barrage et la seconde ne pourra en supporter l'impact, sinon, les militaires risquent de perdre le pays – les élections présidentielles de fin mars 2018 semblent conduire à un nouveau mandat du président al-Sissi. Le conflit risquerait d'autant plus de s'embraser régionalement que le Soudan a un intérêt économique au projet éthiopien et le soutient. Si la situation dégénérait, il resterait à savoir quels autres pays s'impliqueraient, ne serait-ce que pour protéger la mer Rouge et le canal de Suez, par lesquels transite l'essentiel du trafic maritime entre l'Europe et l'Asie, avec des conséquences incalculables en cas de blocage.

Et si la création d'une cryptomonnaie était la solution pour prévenir ce scénario apocalyptique ? Elle devrait impliquer au minimum l'Éthiopie et l'Égypte, et potentiellement le Soudan. Elle permettrait d'indemniser les agriculteurs égyptiens et de dédommager l'État pour la perte d'énergie hydroélectrique. Elle favoriserait aussi les échanges entre les trois pays.

En termes de modalités, elle pourrait être abondée par un prélèvement sur l'électricité vendue par l'Éthiopie aux pays voisins. Nous estimons toutefois que les paramètres économiques ne le permettront pas, au moins au début : d'une part, il faut que l'Éthiopie rembourse le colossal financement des travaux, et, d'autre part, pendant la période de remplissage, la production électrique ne sera pas à son potentiel maximum. En résumé, le principe des vases communicants ne fonctionnera pas : ce que perdra l'Égypte, l'Éthiopie ne le gagnera pas (tout de suite). D'où la création d'une cryptomonnaie basée sur... rien, pour compenser la perte de valeur.

Une autre solution consiste à utiliser les *remittances*, dont voici les chiffres pour 2016 selon la Banque mondiale :

Données 2016 (en $)	Total (en millions)	Frais (8 %)
Égypte	16 590	1 327
Éthiopie	772	62
Soudan	153	12
Totaux	**17 515**	**1 401**

L'Égypte est un gros bénéficiaire, puisqu'elle se situe au septième rang mondial (le chiffre pour 2017 serait encore plus élevé, dépassant les 18,2 milliards $). En retenant l'hypothèse de 8 % de frais d'envoi, nous obtenons un total de 1,4 milliard $. Au minimum la moitié pourrait être économisée grâce à une cryptomonnaie et utilisée pour compenser les pertes agricoles et hydroélectriques, soit environ 700 millions $. À 191 $ la tonne de blé, cela permettrait d'en acheter plus de 3,6 millions – rappelons que l'Égypte est déjà le premier importateur mondial de blé, avec 12 millions de tonnes (estimation pour 2017). En rapportant ces 3,6 millions de tonnes à la consommation quotidienne de blé évaluée à 600 grammes par Égyptien[242], les 700 millions $ économisés permettraient de nourrir environ 16,7 millions de personnes, soit plus de 17 % de la population totale. Alors, est-il utile de se pencher sur la création d'une cryptomonnaie ? Ces indications montrent que même si l'Égypte ne pouvait s'entendre avec l'Éthiopie et le Soudan pour créer une cryptomonnaie commune, elle devrait néanmoins étudier sérieusement le projet (rappel : tous les calculs dans ce chapitre sont schématisés, afin d'indiquer les principes et les grandes masses.)

---

242. *Le blé en Méditerranée : sociétés, commerce et stratégies*, Sébastien Abis, CIHEAM, 2012.

La question qui se pose cependant est : à part les pays créateurs, qui voudra de cette cryptomonnaie en paiement ? À partir du moment où il y a des *remittances*, cela signifie qu'il y a échange contre des devises : en effet, les banques centrales recevront des dollars, des euros, etc. en contrepartie des unités de cryptomonnaie qu'elles cèdent et qui seront ensuite créditées sur le compte des destinataires. Elles pourront donc payer les importations avec ces devises. C'est d'ailleurs le total des transferts d'argent qu'elles recevront en devises, pas uniquement les frais.

Pour faciliter la création de cette cryptomonnaie commune, un pays tiers pourrait en être partenaire, ce qui en garantirait la solidité tout autant que le processus de paix sous-jacent. Le seul État qui puisse remplir actuellement ce rôle est la Russie. Pour les principales raisons suivantes :

- elle est en excellents termes avec les trois pays, Vladimir Poutine ayant même reçu en novembre 2017 le président soudanais Omar Al-Bechir, alors qu'il est sous le coup de deux mandats d'arrêt internationaux pour crimes de guerre, génocide et crimes contre l'humanité. Ce dernier, à cette occasion, a appelé la Russie à l'aide, voire au secours, compte tenu de la situation catastrophique du pays et de ce qu'il considère comme les « actes agressifs » des États-Unis ;

- la Russie est l'un des principaux fournisseurs de blé de l'Égypte, mais aussi de plus en plus d'armement aux trois pays (et d'autres produits) ; elle pourrait utiliser la cryptomonnaie reçue de plusieurs manières : pour le paiement de ses importations de produits agricoles, le versement des bourses aux étudiants de ces trois pays qu'elle accueille dans ses établissements, par ses touristes, des investissements russes dans ces pays qui en ont tant besoin, etc. ;

- elle est en cours de développement de sa propre cryptomonnaie, elle apportera donc toute son expertise au projet.

La création d'une cryptomonnaie comme gage et source de paix, qui peut douter que c'est possible ?

8) Le Qatar et l'Iran : une cryptomonnaie et la guerre ?

A priori, tout devrait opposer irréductiblement ces deux voisins du golfe Persique : des Arabes contre des Perses, des sunnites contre des chiites, une monarchie contre une république islamique... Pourtant, il n'en est rien, d'autant plus que depuis 2017, ils partagent une situation peu confortable : des sanctions internationales. Par suite, lorsque le Qatar se retrouve sous embargo de fait à partir du 5 juin à l'instigation de l'Arabie saoudite, suivie des Émirats Arabes Unis et de Bahreïn, l'Iran est l'un des premiers pays à voler à son secours, en livrant chaque jour par bateau plus de mille tonnes de fruits et légumes. L'aide la plus importante viendra de Turquie, qui y dispose d'une (petite) base militaire.

Malgré tout ce qui, en apparence, devrait les opposer, l'Iran et le Qatar partagent une ressource gigantesque : le plus grand gisement de gaz naturel au monde, situé dans les eaux territoriales des deux pays sur près de 10 000 km^2, dont 62 % du côté qatari (nom : North Dome) et 38 % pour les Iraniens (South Pars). Il est si gigantesque que les Qataris estiment qu'il pourrait être exploité durant un siècle. Il leur a permis de devenir le leader mondial du GNL (gaz naturel liquéfié) et parmi les tout premiers producteurs d'hélium, présent dans le gaz naturel. Victime des sanctions internationales, l'Iran a pris du retard dans l'exploitation de South Pars, mais le comble actuellement.

Les gisements South Pars et North Dome

Jusqu'en juin 2017, les échanges commerciaux entre les deux pays sont faibles, puisque l'Iran ne représente que 0,26 % des importations du Qatar en 2016, contre, par exemple, 9,09 % pour les Émirats arabes unis (2,9 milliards $), au quatrième rang, quasiment à égalité avec l'Allemagne.[243] Or, avec l'embargo et le nécessaire remplacement des Émirats arabes unis, les exportations iraniennes augmentent de façon presque exponentielle, puisqu'elles quadruplent quasiment entre juin et août 2017 :[244]

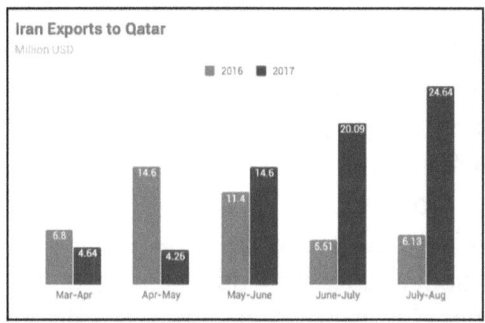

Afin de faciliter les échanges entre les deux pays, il pourrait s'avérer utile de créer une cryptomonnaie commune, au minimum pour les paiements et les compensations entre les deux banques centrales, ce qui économiserait les ressources en devises de l'Iran, mises à mal par des décennies de sanctions. Elle pourrait même être abondée par une partie des revenus des gisements North Dome et South Pars, avant d'être étendue progressivement aux entreprises et aux populations, puis à d'autres pays partenaires.

Il est toutefois légitime de penser qu'une telle initiative, compte tenu des enjeux et des positions au Moyen-Orient, serait considérée par les voisins arabes du Qatar et leurs alliés comme une déclaration de guerre. Au minimum, elle devrait provoquer un changement de régime, d'autant que les États-Unis y possèdent leur plus grande base militaire de la région. Qui peut croire qu'une (crypto)monnaie ne revêt pas d'enjeux géopolitiques et stratégiques ?

---

243. Source : Wits (World Integrated Trade Solution), Banque mondiale.
244. *Iran Exports to Qatar UP 60%*, Sepehr Arefmanesh, *Financial Tribune*, 26/08/2017.

Chapitre 3

9) L'espace lusophone

Le Portugal fut un empire maritime décisif dans les grandes découvertes qui ont contribué à la Renaissance et à la puissance de l'Occident, avec les navigateurs Fernand de Magellan, Vasco de Gama, Pedro Álvares Cabral, etc. La communauté lusophone comprend aussi le Brésil ; en Afrique, le Cap-Vert, la Guinée-Bissau, le Mozambique, Sao Tomé-et-Principe ; en Asie, Macao et le Timor oriental. Il faut y ajouter la diaspora présente dans de nombreux pays et des minorités lusophones chez les voisins du Brésil, mais aussi en Inde et en Afrique. Au total, c'est plus de 240 millions de personnes qui ont le portugais comme langue maternelle, ce qui le classe au sixième rang dans le monde. Compte tenu notamment de la place qu'occupe le Brésil dans le concert des nations, c'est une langue dynamique et en croissance.

Le Portugal faisant partie de la zone euro, il ne peut créer de cryptomonnaie souveraine. Afin de favoriser le développement de l'espace lusophone, il pourrait néanmoins réfléchir au lancement d'une cryptomonnaie partagée, qui serait distribuée dans le cadre des projets de coopération. Elle n'aurait pas cours légal au Portugal, mais rien n'empêcherait la population d'en détenir, y compris l'importante diaspora, ainsi que les Brésiliens, même si leur pays décidait de ne pas participer directement.

10) L'espace turcophone

À la différence du monde lusophone et du Portugal, aucun des pays qui le constituent ne dépend d'une banque centrale extra-nationale. Composée de la Turquie, de l'Azerbaïdjan, du Kazakhstan, du Kirghizstan, de l'Ouzbékistan et du Turkménistan, la communauté turcophone s'étend aux Ouïgours du Xinjiang (Chine) et à une importante diaspora, tels que les Turcs en Irak, en Allemagne, en Bulgarie, aux Pays-Bas, en France, à Chypre (Nord)..., les Azéris en Iran, les immigrés en Russie, etc.

Alors qu'au moins deux États avancent sur le chemin d'une cryptomonnaie nationale (cf. Chapitre 2), la Turquie n'a pas encore choisi cette voie. De plus, les autorités religieuses, le Diyanet, ont déclaré en novembre 2017 que le bitcoin n'est pas compatible avec l'islam, ce qui n'empêche pas une partie de la population d'en détenir et de spéculer, confrontée, entre autres, à la baisse de la livre turque et à une forte inflation. Cependant, « le gouverneur de la Banque centrale, Murat Cetinkaya, a déclaré à Istanbul au début du mois [de novembre 2017] que les cryptomonnaies peuvent contribuer à la stabilité financière si elles sont bien conçues ».[245]

Même si la Turquie semble avoir d'autres priorités actuellement, la création d'une cryptomonnaie « panturque », en concertation avec les pays de cet espace linguistique étendu, contribuerait probablement à l'augmentation des échanges et donc à l'amélioration de l'économie de la zone. Elle permettrait aussi de diminuer significativement les coûts des *remittances*, dont plusieurs de ces États sont tributaires, et faciliterait les investissements de la diaspora turcophone.

Actualisation : Mi-février 2018, le Premier ministre adjoint turc, Mehmet Simsek, déclare que le pays étudie la mise en œuvre d'une cryptomonnaie souveraine. Quelques jours plus tard, il est annoncé qu'Ahmet Kenan Tanrikulu, vice-président du Parti du mouvement nationaliste (MHP), a préparé un rapport pour proposer une cryptomonnaie nationale émise par l'État appelée « Turkcoin ». Le mouvement est donc en marche aussi en Turquie.

11) L'Indonésie (la Malaisie, Singapour, la Papouasie-Nouvelle-Guinée, Brunei, les Philippines...)

Dans le plus grand pays musulman au monde, et le quatrième le plus peuplé, après la Chine, l'Inde et les États-Unis, la principale plateforme d'échange indonésienne s'appelle bitcoin.co.id. Elle regroupe entre 50 % et les deux tiers des transactions nationales, et revendique près d'un million de membres. Pour l'instant, les transactions en cryptomonnaies sont donc autorisées, mais pas les paiements, seule la roupie ayant cours légal (loi n° 7/2011). Dans l'attente que la banque centrale (Bank Indonesia – BI) édicte en

---

245. *What central banks say about cryptocurrencies*, David Kariuki, CryptoMorrow, 28/11/2017.

2018 une réglementation, ainsi qu'elle l'a annoncé, qui pourrait aller jusqu'à l'interdiction complète de toute transaction, elle demande aux commerçants de ne pas accepter les paiements en cryptomonnaie.[246]

Le 13 janvier 2018, elle publie un nouveau communiqué d'alerte contre les cryptomonnaies et le bitcoin en particulier.[247] Elle conclut en interdisant à tous les opérateurs de systèmes de paiement bancaires et non bancaires de traiter des transactions utilisant ces monnaies virtuelles. Elle sollicite même l'intervention de la police à Bali, particulièrement sur les sites touristiques, afin de s'assurer que seulement la roupie est utilisée.[248]

En revanche, il n'y a pas d'annonce de création d'une cryptomonnaie nationale, alors que l'Indonésie est l'un des pays qui en bénéficieraient probablement le plus, pour les principales raisons suivantes :

- elle « compte une énorme population non bancarisée : en 2014, un peu plus d'un tiers des adultes détiennent un compte bancaire. Et les chiffres concernant les plus pauvres indiquent que seulement 20 % ont accès au capital bancaire. Au cours des dernières années, le gouvernement a lancé des campagnes et des initiatives pour accroître l'alphabétisation financière ». Ce n'est manifestement pas suffisant ;[249]

- l'Indonésie est le quatorzième pays au monde à recevoir le plus de *remittances*, avec plus de 10 milliards $ en 2015 (source : Banque Mondiale) ;

- avec ses plus de 13 000 îles s'étendant sur près de 2 millions de km^2, le coût de la mise à disposition et du renouvellement des billets et des pièces de monnaie constitue une charge élevée ;

- une cryptomonnaie présenterait l'avantage de transferts rapides et quasiment gratuits ;

---

246. *Bank Indonesia to ban bitcoin transactions next year*, The Jakarta Post, 6/12/2017.
247. *Bank Indonesia Warns All Parties Not to Sell, Buy, or Trade Virtual Currency*, Bank Indonesia, 13/01/2018.
248. *Bank Indonesia, police prevent bitcoin transactions in Bali*, The Jakarta Post, 15/01/2018.
249. *Indonesia Is Ripe For Cryptocurrency Disruption - Could It Be Asia's Next bitcoin Hub?*, Sharon Lam, Forbes, 1/11/2017.

- de plus, si elle est partagée avec les pays voisins, elle réduirait l'utilisation du dollar, l'Indonésie ayant importé pour 132 milliards $ et exporté pour 140 milliards $ en 2016.

Un frein à la réussite de cette cryptomonnaie serait toutefois que le nombre de propriétaires d'un smartphone est estimé à 70 millions pour 2018, soit entre un tiers et un quart des 265 millions d'habitants, taux évidemment bien plus élevé si l'on enlève les enfants. Pour soutenir le déploiement de sa cryptomonnaie, le gouvernement pourrait veiller à augmenter la pénétration des smartphones, d'autant plus que « le projet gouvernemental Palapa Ring, l'un des principaux projets d'infrastructure de l'Indonésie pour la période 2016-2019, joue également un rôle crucial. En développant un réseau de câbles sous-marins à fibre optique qui s'étend sur 13 000 kilomètres et un réseau onshore de près de 22 000 kilomètres, le projet Palapa Ring vise à fournir un accès internet haut débit rapide aux Indonésiens dans les zones urbaines et rurales. »[250]

L'Indonésie pourrait aussi partager sa cryptomonnaie avec ses voisins, la Malaisie pour commencer. D'ailleurs, le 11 décembre 2017, les banques centrales d'Indonésie, de Malaisie et de Thaïlande passent un accord pour que leurs échanges soient effectués avec leurs monnaies nationales plutôt qu'avec le dollar – à titre d'exemple, il représente 94 % des exportations et 78 % des importations de l'Indonésie.[251]

Ses liens avec la Malaisie sont importants sur de nombreux plans : cette dernière est le sixième partenaire économique de l'Indonésie, qui est le huitième de la Malaisie (chiffres 2016) ; chaque pays représente le deuxième plus grand nombre de touristes chez son voisin ; plus de 300 000 Indonésiens travaillent en Malaisie ; etc.

Certes, il y a encore quelques disputes territoriales, notamment sur les îles Ambalat, riches en pétrole, mais rien qui n'empêche de façon

---

250. *Internet & Smartphone Penetration in Indonesia Estimated to Grow Strongly*, Indonesia Investments, 07/2016.
251. *Indonesia, Malaysia and Thailand seek to boost local currency settlement*, Nilufar Rizki, Fransiska Nangoy, Reuters, 11/12/2017.

rédhibitoire la création d'une cryptomonnaie commune, au moins pour les échanges entre États. Ils devraient d'autant plus pouvoir s'entendre qu'ils partagent deux langues presque identiques, le bahasa et le malais, et leur histoire respective est mêlée depuis toujours.

Ajouter progressivement au projet les autres pays de la zone, à commencer par Singapour, donnerait un ensemble économique et monétaire de premier plan, comptant une population de 300 à plus de 400 millions d'habitants avec les Philippines, voire près de 500 millions avec la Thaïlande en plus.

Certes, il est sans doute nécessaire de réguler les transactions sur le bitcoin, mais travailler à la création d'une cryptomonnaie, au moins nationale, constituerait un enjeu largement plus profitable pour l'Indonésie. Sans compter que la technologie de la blockchain bénéficierait à de nombreux autres domaines, ce qui accélérerait le développement du pays.

12) La Caricom et l'OECS (carte p. 238)

Fondée en juin 1981, l'Organisation des États de la Caraïbe orientale (Organisation of Eastern Caribbean States, OECS) comprend sept membres de plein droit (Antigua-et-Barbuda, Dominique, Grenade, Montserrat, Saint-Christophe-et-Niévès, Sainte-Lucie et Saint-Vincent-et-les-Grenadines) et trois membres associés (Anguilla, les Îles Vierges britanniques et la Martinique). Entre autres objectifs, elle vise l'harmonisation et l'intégration économiques.

La Caricom, pour « Caribbean Community » (Communauté des Caraïbes), est composée de vingt membres : les sept de l'OECS, auxquels il faut ajouter les Bahamas, la Barbade, Belize, le Guyana, Haïti, la Jamaïque, le Suriname, et Trinité-et-Tobago, ainsi que cinq membres associés (Anguilla, les Bermudes, les Îles Vierges britanniques, les Îles Caïmans, les Îles Turques-et-Caïques) – trois d'entre eux ne font pas directement partie des Caraïbes. La Caricom est aussi désignée sous le sigle CSME, pour Caribbean Single Market and Economy ; elle vise à approfondir l'intégration économique en allant vers un marché unique et à renforcer les liens vers l'extérieur de la zone. Sur le plan monétaire :

- les sept membres de l'OECS plus Anguilla ont adopté une devise commune, le dollar des Caraïbes orientales, géré par la Banque centrale de la Caraïbe orientale. Il est lié au dollar US avec le taux fixe de 2,7 pour 1 depuis 1976 ;
- les Îles Vierges britanniques et les Îles Turques-et-Caïques utilisent le dollar US ;
- tous les autres membres émettent leur propre devise.

Plusieurs d'entre eux sont confrontés à une menace que nous n'avons pas encore rencontrée dans les pages précédentes, à laquelle une ou des cryptomonnaies, en tout cas la technologie de la blockchain, pourraient apporter une solution : celle du « de-risking ». Lorsqu'un pays est considéré sur le plan international comme ne luttant pas assez contre le blanchiment des capitaux, il est victime de ce phénomène s'amplifiant de de-risking, qui signifie que les banques étrangères vont progressivement se retirer ou ne plus accepter d'être correspondantes des banques locales, ce qui peut les empêcher définitivement d'effectuer des opérations financières avec l'extérieur, dont les transferts de fonds, et provoquer d'office la fermeture de comptes bancaires.

Face à cette menace, plusieurs de ces îles-États ont commencé à s'intéresser aux cryptomonnaies et à la blockchain, également pour les avantages qu'elles présentent. Nous n'allons pas lister exhaustivement toutes leurs initiatives, mais l'une des premières connues est celle de la Banque centrale de la Barbade (CBB), qui publie dès le 13 novembre 2015 sur son site une étude intitulée : *Should Cryptocurrencies Be Included in the Portfolio of International Reserves Held by the Central Bank of Barbados?*[252] Selon les auteurs, il est encore trop tôt pour que des bitcoins rejoignent le portefeuille d'actifs de banques centrales, mais ils constatent néanmoins que la blockchain permettrait de remplacer les systèmes Swift et RBTR

---

252. *Should Cryptocurrencies Be Included in the Portfolio of International Reserves Held by the Central Bank of Barbados?*, Winston Moore, Jeremy Stephen, Central Bank of Barbados, 11/2015.

(Règlement brut en temps réel)[253], compte tenu de « son efficacité et de sa rapidité inégalée ».

En février 2016, la startup Bitt, basée à la Barbade, annonce la création d'un dollar barbadien digital, qui pourra être échangé sur sa plateforme basée sur la blockchain. Il est prévu que suivent prochainement le dollar bahaméen et le florin arubais. D'ailleurs, Aruba a engagé la Smart Island Strategy (cf. la description de ce projet durable ambitieux sur le site de l'Onu[254]), avec l'utilisation de la blockchain pour différentes utilisations, dont un système de réservation touristique en ligne et une cryptomonnaie. Un représentant de la banque centrale déclare lors de la conférence Consensus 2017 de CoinDesk : « Nous avons fait un calcul pour l'économie d'Aruba, et cela pourrait potentiellement conduire à une croissance du PIB de 4-5 %. Pour une région qui n'a pas connu une croissance de 0,5 % depuis plus de deux décennies, c'est formidable. »[255]

La dernière annonce en date est celle de John Rolle, gouverneur de la Banque centrale des Bahamas, qui déclare le 18 janvier 2018 qu'ils envisagent la création d'un dollar bahaméen digital et qu'ils y travaillent actuellement.[256]

Il semble évident que la blockchain et une cryptomonnaie partagée donneraient un coup de fouet économique à ces États et territoires, dont la plupart ont des populations pauvres, sans compte bancaire, qui dépendent des *remittances*. Il est d'ailleurs reconnu que les frais de transfert d'argent entre les différentes zones sont coûteux, surtout pour les envois de petites sommes. De plus, l'utilisation de la blockchain permettrait de réduire ou de compenser en partie les conséquences du de-risking.

Il reste désormais à envisager les modalités de création d'une

---

253. Un système RBTR permet d'effectuer en temps réel des opérations de banque à banque. Les transactions utilisant le RBTR sont généralement d'un montant élevé, car les coûts le sont aussi, et sont plutôt utilisées par des banques centrales.
254. https://sustainabledevelopment.un.org/partnership/?p=514
255. *How a Tiny Island Could Give Cryptocurrency a Big Boost*, Noelle Acheson, CoinDesk, 30/05/2017.
256. *Central Bank eyeing digital version of Bahamian currency*, Xian Smith, *The Nassau Guardian*, 19/01/2018.

cryptomonnaie commune, soit dans le cadre de l'OECS, avec la Banque centrale de la Caraïbe orientale, ou au sein de la Caricom, avec des partenariats entre les membres qui le souhaitent.

13) L'Alba-TCP

« L'Alliance bolivarienne pour les peuples de notre Amérique – Traité de commerce des Peuples » (Alba-TCP) est créée à la Havane le 14 décembre 2004, à l'initiative d'Hugo Chavez et de Fidel Castro. Elle constitue « une plateforme d'intégration pour les pays d'Amérique latine et des Caraïbes. Elle met l'accent sur la **solidarité**[257], la **complémentarité**, la **justice** et la **coopération**, qui a le but historique et fondamental de réunir les capacités et les forces des pays qui la composent, en vue de produire les transformations structurelles et le système de relations nécessaires au développement intégral, essentiel pour la continuité de notre existence en tant que nations souveraines et justes. De plus, il s'agit d'une alliance politique, économique et sociale pour la défense de l'indépendance, de l'autodétermination et de l'identité des peuples qui la composent.

L'intégration est pour les pays d'Amérique latine et des Caraïbes, une condition indispensable pour aspirer au développement au milieu de la formation croissante d'énormes blocs régionaux qui occupent des positions prédominantes dans l'économie mondiale. »[258]

L'Alba-TCP comprend actuellement onze membres : le Venezuela, Cuba, la Bolivie, le Nicaragua, la Dominique, l'Équateur, Saint-Vincent-et-les-Grenadines, Antigua-et-Barbuda, Sainte-Lucie, Saint-Christophe-et-Niévès et la Grenade (dans l'ordre d'adhésion) – plusieurs d'entre eux appartiennent à l'OECS et à la Caricom. Le Suriname a entamé le processus pour en devenir le douzième membre ; le Honduras l'a quittée en 2010.

Compte tenu des objectifs de l'Alba-TCP, une cryptomonnaie commune semble un projet qui profiterait à tous, même si la plus grande disparité peut être observée sur cette question, entre l'Équateur qui est l'un des premiers pays à avoir développé son

---

257. En gras dans le texte original.
258. www.alba-tcp.org

propre système de paiement digital, la Bolivie qui bannit formellement toutes les cryptomonnaies et le Venezuela qui développe la sienne. Sans parler des différences des situations économiques, financières et (géo)politiques entre les membres.

C'est néanmoins ce que propose le 12 janvier 2018 Nicolás Maduro lors de la VIIe Réunion extraordinaire du Conseil politique de l'Alba : « Je mets sur la table, gouvernements frères de l'Alba, la proposition de la cryptomonnaie le petro, pour que nous l'assumions comme l'un des projets d'intégration du XXIe siècle de manière audacieuse, mais aussi de manière créatrice et créative. »[259]

L'article se poursuit ainsi : « Maduro a assuré que l'apparition du petro "a lancé toutes les cryptomonnaies les plus importantes avec lesquelles se fait du commerce dans le monde" et a rappelé que ce nouveau mécanisme est "en cours de négociation et de commercialisation", et qu'il entrera en circulation "dans les prochains jours". »

Cette Réunion extraordinaire se tient le 12 janvier ; or, le Parlement du Venezuela déclare illégal le petro le 9. À moins de ne pas en tenir compte – ce qui sera le cas –, comment peut-il alors être lancé dans les « prochains jours » et être proposé aux autres pays de l'Alba-TCP ? La réponse que les « gouvernements frères » ont apportée n'a pas été communiquée.

Néanmoins, la proposition de N. Maduro est intéressante, car elle donne à réfléchir : vaut-il mieux créer une cryptomonnaie entre les pays intéressés ou utiliser celle de l'un d'entre eux ? Nul doute que cette question reviendra de plus en plus au sein des alliances qui se créeront.

14) Cuba, l'anti-exemple ?

Faisant partie de l'Alba-TCP, Cuba a donc eu connaissance de la proposition vénézuélienne de partager le petro. Le Venezuela étant son premier partenaire économique, une cryptomonnaie commune permettrait d'augmenter encore les échanges et s'avérerait

---
259. *Maduro propone a los gobiernos del ALBA sumarse a la criptomoneda el petro*, Agencia EFE, 12/01/2018.

logiquement profitable pour les deux pays, d'autant plus qu'ils subissent des sanctions des États-Unis, Cuba étant sous embargo économique, commercial et financier depuis le 3 février 1962 – les Cubains parlent même de « blocus » – ; en violation du droit international, il a encore été renforcé en 1992 et 1996 par les lois Torricelli et Helms-Burton.

La première source de devises de Cuba n'est pas le tourisme mais le secteur médical, avec des médecins travaillant dans soixante-deux pays, dont vingt-quatre en Amérique latine et Caraïbes et vingt-sept en Afrique subsaharienne, le tout générant un revenu annuel moyen depuis 2011 d'environ 11,5 milliards $. Une cryptomonnaie souveraine réduirait notablement le coût des frais de transfert.

Toutefois, ce dont a besoin Cuba par dessus tout, ce sont des devises pour payer ses importations. En première analyse, une monnaie virtuelle semble donc contraire à ses intérêts vitaux, car elle la priverait de recevoir des réals brésiliens, des euros, etc. Cette situation est d'ailleurs illustrée par les nouveaux accords signés le 30 janvier 2018 avec l'Algérie, qui exportera 2,1 millions de barils de pétrole par an en échange de l'envoi de médecins cubains. Ce troc permet de ne pas mobiliser de précieuses réserves de change.

En seconde analyse, une cryptomonnaie pourrait néanmoins constituer un atout. Deux options s'offrent au gouvernement : une version nationale ou une devise partagée avec un ou plusieurs pays de l'Alba. La première présente des avantages, mais, l'inconvénient est que, qui, dans le commerce international, voudra être payé avec de la monnaie cubaine – à part sans doute le Venezuela, la Bolivie, la Russie... –, à moins d'avoir des échanges équilibrés ? En revanche, si Cuba participait à la création d'une cryptomonnaie partagée, elle aurait plus de valeur, car elle toucherait une base de pays élargie, avec lesquels s'effectueraient plus d'échanges dans cette devise. En outre, la nation cubaine contribuerait au poids économique donc aux cours de cette monnaie, ce qui reviendrait, finalement, à exporter (partiellement) sa propre devise. Le gouvernement aurait alors moins besoin de sources de change externes.

Toute politique monétaire étant liée à la politique en général, il faudra sans doute attendre l'élection du nouveau président du Conseil d'État le 19 avril 2018, lors duquel Raúl Castro doit officiellement annoncer son départ, pour que la réflexion progresse.

15) L'Alaska, la Californie, Hawaï et le Texas

Nous terminerons notre tour du monde par les États-Unis, qui pourraient voir leurs frontières se rétrécir à l'avenir. L'expression de velléités d'indépendance du Texas est déjà ancienne, mais les trois autres États aussi voient leurs mouvements indépendantistes prendre de plus en plus de poids, particulièrement depuis la crise des subprimes de 2007 et l'élection de Donald Trump dans le cas de la Californie – la situation d'ailleurs ne s'est pas simplifiée en janvier 2018, avec le projet de création de la New California, qui souhaite se séparer de la Californie mais rester dans les États-Unis, en utilisant l'Article 4 Section 3 de la Constitution.

Évidemment, ces États sont encore loin de la sécession, mais, avec la dette fédérale qui ne cesse de croître et de dépasser chaque nouvelle limite fixée par le Congrès, le dollar qui continue de perdre sa prééminence mondiale comme monnaie de réserve, des produits dérivés dans les banques américaines dépassant 250 000 milliards $, etc., qui sait quelles conséquences politiques pourrait produire une crise financière devenant incontrôlable ?

L'impact serait d'autant plus fort que le Gramm-Leach-Bliley Act mis en place par l'administration Clinton en 1999 et abrogeant la partie du Glass-Steagall Act de 1933 qui tirait les leçons de la crise de 1929 en interdisant d'être à la fois banque de dépôt et banque d'investissement, accentuerait l'effondrement généralisé du système, à un point tel qu'aucun plan Paulson – jusqu'à 700 milliards $ en 2008 disponibles dans les poches des contribuables pour sauver les banques – ne pourrait venir à la rescousse de celles qui sont désormais présentées comme *too big to fail* (« trop grosses pour disparaître »). Un tel scénario catastrophe entraînerait probablement la désintégration partielle du pays. L'indépendance au terme d'un processus politique n'est pas à exclure non plus, bien qu'il nécessite beaucoup de temps, même si des avancées ont déjà eu lieu, à des degrés différents en fonction des situations.

Quelles qu'en soient les raisons, si cela se produisait un jour, le ou les nouveaux États devront disposer de leur monnaie. La création d'une cryptomonnaie paraît la meilleure solution. Utiliser celles qui existent déjà, le bitcoin, l'ether... permettrait aussi de répondre au besoin, mais ce ne peut qu'être provisoire, à moins que d'ici là, l'une d'elles se soit imposée comme alternative crédible et fiable. Le Texas est d'ailleurs l'un des États, avec le Nevada et le New Hampshire, à avoir adopté les législations les plus favorables sur cette question, notamment sur le plan fiscal. Un amendement à la Constitution du Texas prévoyant « le droit de posséder, détenir et utiliser tout moyen d'échange mutuellement convenu » et visant expressément les cryptomonnaies, a même été déposé le 2 mars 2017 à la 85e législature, mais il en est resté au stade du comité.

La Californie et le Texas sont les deux États de l'Union les plus peuplés, avec respectivement 40 millions et 28 millions d'habitants, tandis qu'Hawaï et l'Alaska sont à l'opposé, avec 1,4 et 0,7 million. L'un des avantages d'une cryptomonnaie est qu'elle peut être créée et utilisée quelle que soit la taille de la population, puisqu'elle fonctionne même au sein d'une communauté restreinte. Si les quatre États obtenaient leur indépendance et qu'ils décidaient de créer une cryptomonnaie commune, elle aurait un avantage supplémentaire, celui de les affranchir des distances qui les séparent, tandis qu'une monnaie fiduciaire poserait des problèmes logistiques. Elle pourrait même être acceptée par les pays voisins, c'est-à-dire le Mexique, le Canada, la Russie et... les États-Unis. En attendant, les mouvements engagés dans cette voie songent déjà sans doute à leur cryptomonnaie dans leurs rêves d'indépendance.

L'État de New York sera-t-il toutefois le premier aux États-Unis à disposer de sa monnaie numérique, puisque Clyde Vanel, membre de l'Assemblée, introduit le 6 février 2018 le projet de loi A9685, dont l'objectif est de créer une task force afin d'étudier l'intérêt de l'émission d'un « NYcoin » ? Une cryptomonnaie avant la sécession ?

Chapitre 3

Commune monnaie ou parité partagée ?

En conclusion de ce chapitre, se pose la question suivante : une cryptomonnaie entre deux ou plusieurs États peut-elle venir remplacer définitivement les monnaies nationales de chacun d'eux dans un futur proche ? À part l'Arabie saoudite et les Émirats arabes unis, qui étudient une telle possibilité, cela paraît peu probable à court terme, car une cryptomonnaie commune signifie la perte de souveraineté en matière monétaire, donc de souveraineté en général. Certes, il y a le cas des unions monétaires africaines, qui partagent une même monnaie fiduciaire, donc la compléter ou la remplacer par une cryptomonnaie ne devrait pas poser d'insurmontables problèmes de gouvernance, ce qui constituera la plupart du temps la source majeure de difficulté dans les autres situations.

L'euro constitue probablement un modèle de ce qu'il vaut mieux éviter en matière de monnaie commune : la Grèce, par exemple, ne serait pas dans cette situation catastrophique aujourd'hui si elle avait conservé la drachme, car elle l'aurait laissé se dévaluer, grâce à ce qui s'appelle des « dévaluations compétitives ». Elle aurait ainsi pu maintenir son économie à flot.

Les institutions monétaires de la zone euro ont même contribué à la crise que traverse le pays et prouvé que la gouvernance est un problème de fond de toute alliance : qui peut encore nier que le plan d'aide à la Grèce a d'abord été conçu pour sauver les banques commerciales, principalement allemandes, qui avaient (trop) largement investi dans les « pays de la périphérie » ? Le « sauvetage » du pays ressemble à tout sauf à un sauvetage compte tenu des mesures mises en place contre la population – dans les faits, c'est une démonstration de la loi du plus fort.

En effet, la Banque centrale européenne (BCE) annonce en octobre 2017 que sa gestion des emprunts d'État grecs entre 2012 et 2016 dans le cadre du SMP (Securities Market Purchase) lui a rapporté... 7,8 milliards € ! Ces profits sont ensuite distribués aux dix-neuf banques centrales nationales proportionnellement à leur participation à la BCE. Il avait été décidé initialement qu'ils seraient reversés à la Grèce, mais l'Allemagne décide d'en arrêter la procédure, sur fond de tensions avec l'équipe de Syriza, le parti au gouvernement. Pourtant, le pays d'Angela Merkel a dégagé environ 1,34 milliard € grâce à cette crise. Sacrifié sur l'autel de la « vertu » allemande, le peuple grec appréciera... Comment alors ne pas parler de « dette odieuse » ?

L'Islande a d'ailleurs montré la voie en refusant que le remboursement de dettes bancaires privées soient transférées à la population. Certes, cette dernière a souffert pendant trois ans, mais le redressement est au rendez-vous, il est même supérieur aux attentes, avec une économie en réelle croissance : +7,2 % en 2016, un taux dont quasiment aucun pays de la zone euro ne peut rêver.

Il semble donc préférable que toute création d'une cryptomonnaie entre deux ou plusieurs États s'effectue dans un premier temps en complément de leur monnaie nationale respective. Cela permet, notamment, de faire varier les parités en cas de besoin et en fonction de l'évolution des circonstances respectives. C'est aussi accepter que deux monnaies puissent avoir cours légal dans un même pays, ce qui est déjà le principe de ceux qui sont en cours de développement de leur propre cryptomonnaie lorsqu'ils prévoient de conserver la monnaie fiduciaire. Le risque, c'est que « la bonne monnaie chasse la mauvaise ». Or, rien ne permet de présumer a priori laquelle deviendra la bonne, situation qui peut aussi se retourner dans le temps. Avec la création de cryptomonnaies, interétatiques ou nationales, les banques centrales entrent dans un champ des possibles qui paraît sans limite et ressemble à une *terra incognita*. Commençons à la défricher en conclusion.

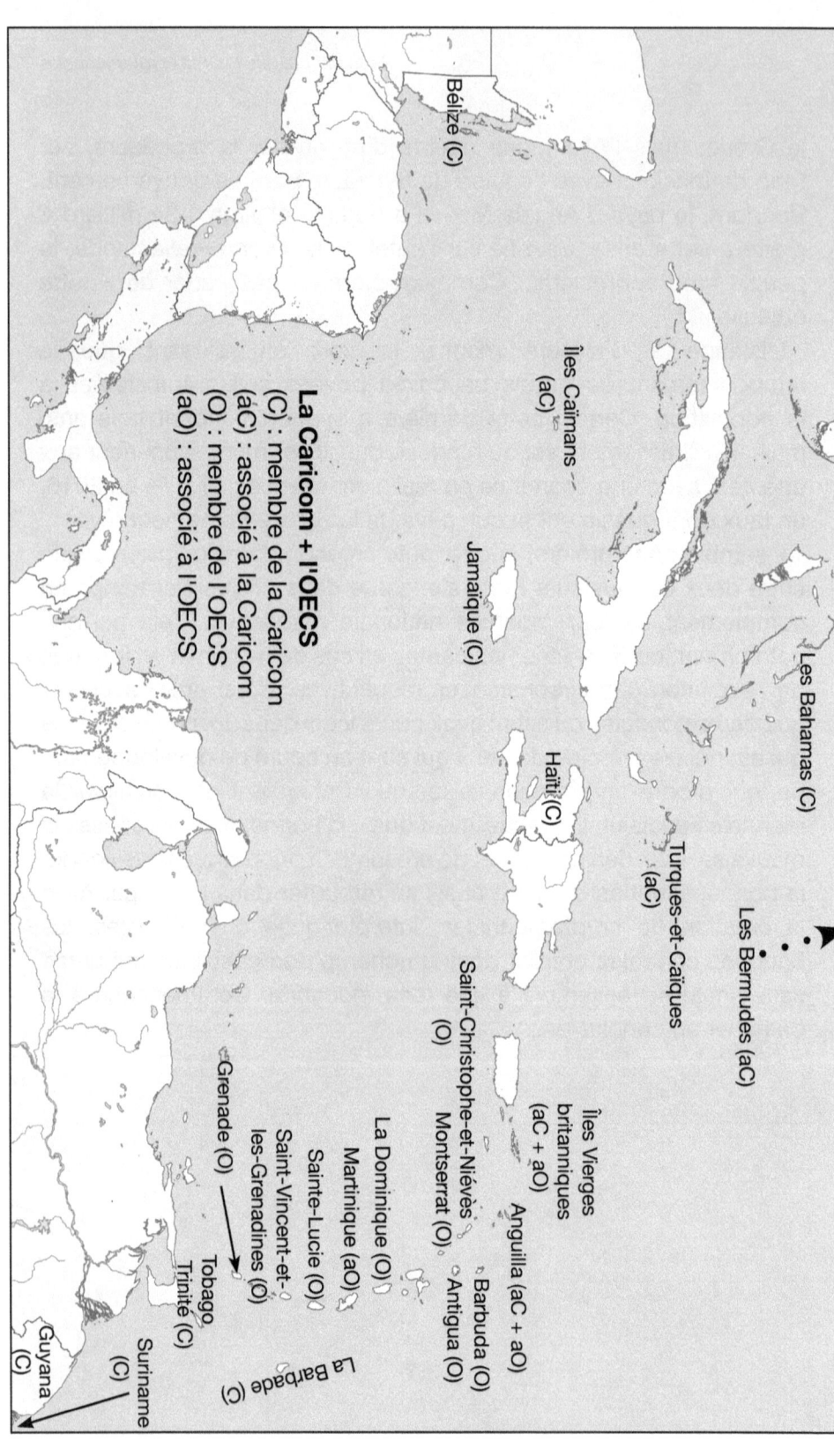

Conclusion
Deux futurs qui s'opposent

Nous voilà arrivés à la fin de notre tour de la planète des cryptomonnaies. La réalité est que s'accélère la disparition des espèces et leur remplacement par les paiements électroniques, sous quelque forme que ce soit. Alors que tout semblait joué il y a encore peu, à savoir que la TOTALITÉ de la monnaie serait confiée aux seules banques, les cryptomonnaies viennent rebattre les cartes, en offrant une alternative qui n'existait pas même il y a moins de dix ans et présente déjà des avantages largement supérieurs. Comparons, au moins de façon synthétique, les grands principes de chaque « monde ».

L'ancien, parfaitement imparfait
Le monopole de la création monétaire appartient aux banques, qu'elles soient centrales, publiques ou commerciales. En résumé, voici ce que l'on peut constater :

- elles ont déjà fait « s'écrouler » le monde à plusieurs reprises, la dernière fois en 2007 avec la crise des subprimes, suivie du plan Paulson aux États-Unis qui a mis à la disposition des banques jusqu'à 700 milliards $ prélevés dans la poche des contribuables. Combien d'infrastructures publiques, d'écoles, de soins de santé... pourraient être financés avec une telle somme ?

- quel sera le champ de ruine laissé par la prochaine crise bancaire, que beaucoup d'experts prédisent cataclysmique par rapport à la dernière ? Rappelons qu'avec la complicité des banques centrales et leurs planches à billets ou « quantitative easing » sans limite, elles sont engagées dans une spéculation effrénée, en générant, entre autres, des produits dérivés qui peuvent s'avérer mortels pour l'ensemble du système bancaire, donc pour tout le « village planétaire », car le montant total dépasse l'entendement : il représente, au minimum,

Conclusion

1,2 million de milliards, soit 1 200 000 000 000 000 000 $! À côté, la dette des États paraît presque ridicule :

Catégories	En US$
Produits dérivés bancaires	1 200 000 000 000 000 000
Pièces, billets et comptes de dépôt cash sur la planète	81 000 000 000 000
Entreprises et entités cotées sur toutes les places boursières mondiales	70 000 000 000 000
Dette fédérale des États-Unis	20 000 000 000 000

Source : BFM TV[260]

- même si les banquiers centraux n'arrêtent pas de clamer que les cryptomonnaies contribuent au financement du terrorisme et des trafics en tous genres, ainsi que nous l'avons déjà souligné, est-ce le bitcoin ou le système dont ils ont la responsabilité qui permet de prospérer à la terreur, aux narcotrafiquants, aux mafias, etc. depuis des décennies et sur tous les continents ? À qui peut-on faire croire que Daech, al-Qaïda, Boko Haram paient leurs djihadistes en bitcoin ou en ether plutôt qu'en dollar, en euro ou en livre sterling ? Pour mémoire, le bitcoin n'existait pas le 11 septembre 2001... Comment conclure autrement que le système bancaire témoigne d'une forme de complicité, même si elle est passive et non intentionnelle ? Sans parler des paradis bancaires et fiscaux, qui favorisent le blanchiment, la fraude fiscale, la corruption, etc. grâce à « l'ingénierie » des banques.

En conséquence, si les espèces disparaissent, qui a réellement envie que tout son argent soit confié aux banques commerciales, qui n'hésitent pas à truquer les taux de référence des prêts bancaires

---

260. *Les chiffres inimaginables du marché des produits dérivés*, Antoine Larigaudrie, BFM TV Trading Sat, 16/05/2016.

(scandales Libor, Euribor...), piller les comptes de leurs clients (dernier exemple majeur : Wells Fargo), violer les lois (345 milliards $ de pénalités financières infligés seulement entre 2009 et 2017 par les États aux éminents membres de cette corporation au-dessus de tout soupçon[261]), spéculer sur les denrées alimentaires en en renchérissant le prix (Goldman Sachs...), etc. ?

Au nom du *too big to fail* (« trop grosses pour disparaître »), les banques peuvent tout obtenir, y compris une loi dans l'Union européenne qui leur donne la possibilité de se saisir de l'argent de leurs clients au-dessus de 100 000 € en cas de difficulté (système déjà expérimenté à Chypre). Comment ne pas considérer que c'est du vol légalisé ?

Nous n'allons pas dresser ici le procès des banques commerciales et de leurs pratiques, avec la complicité et la collusion des banques centrales, des autorités de contrôle et des gouvernements, ce n'est pas le sujet et un livre n'y suffirait pas. Notons toutefois que ce système a largement prouvé ses limites.

Le nouveau Monde
Commençons par confirmer que nous sommes défavorables aux cryptomonnaies privées telles qu'elles existent aujourd'hui, au moins pour une raison essentielle : le principe que la création monétaire devienne la propriété d'individus, de sociétés commerciales, d'organisations anonymes est inacceptable alors qu'il s'agit d'un droit régalien et souverain, vital pour la population qui en dépend. Cependant, si elles prospèrent, c'est parce qu'elles profitent des carences d'un système bancaire basé sur le profit et répondent à un besoin que les autorités ont délaissé.

En revanche, nous encourageons la création de cryptomonnaies nationales ou partagées entre plusieurs États, sous la responsabilité des banques centrales, bien que, par exemple, la Banque d'Angleterre s'y refuse.

---
261. *Global Banking Recovery Stalls, as Risk and Regulatory Costs Bite*, Boston Consulting Group, 22/02/2018.

Conclusion

A) Le crédit, un faux problème ?

Parmi ses arguments, elle avance le fait qu'elle serait dans l'impossibilité de dispenser l'immense masse de crédits nécessaires à l'économie comme le font les banques commerciales. Cela nous semble plus un prétexte qu'une vraie raison. En effet, qu'est-ce qui empêche de mettre en place un formulaire en ligne de demande de prêt et d'y répondre automatiquement en fonction de critères à satisfaire, alors qu'une telle possibilité technique existe déjà auprès d'établissements de crédit ?

On nous objectera peut-être le problème de l'étude du dossier. Là encore, cela ne nous paraît pas fondé : s'il s'agit d'un particulier, la banque centrale connaîtra forcément les mouvements et les soldes puisque son compte y sera domicilié, donc il sera automatique de calculer les mensualités que le revenu disponible permet de rembourser et d'en ajuster le nombre en fonction de la somme sollicitée. Le processus complet, de la saisie et de l'analyse de la demande à la mise à disposition du prêt, peut alors se dérouler en moins... d'une minute, 24h/24 et 7j/7. Et il n'est plus nécessaire de fournir des justificatifs et des documents divers, qui, de toute façon, peuvent être gérés via les smart contracts des blockchains.

Le système d'information peut inclure la fonctionnalité de calculer pour chaque compte la mensualité de prêt disponible, actualisée tous les mois. Il suffit ensuite que le client saisisse la somme requise pour qu'elle se divise sur le nombre de mensualités à rembourser et que les fonds deviennent immédiatement disponibles.

La banque centrale peut également prévoir les assurances pour couvrir les accidents de la vie qui empêcheraient le paiement des échéances. Pour la collectivité, il sera moins coûteux et plus juste que le système actuel, aux mains de compagnies d'assurances privées qui s'en servent comme source de profit.

En cas de difficulté passagère, il est, de nouveau, facile d'automatiser le système en permettant de décaler les échéances ou en les ajustant si le revenu disponible diminue par suite d'un changement de vie ou de perte d'emploi. En conséquence, disposer de larges départements de contentieux et de recouvrement comme ceux des banques commerciales ne s'avérerait plus nécessaire, car, la banque centrale n'ayant pas vocation à réaliser du profit, elle peut étaler le remboursement dans le temps, aussi longtemps qu'il le faudra. De toute façon, cette situation se rencontre déjà, avec l'exemple de ces centaines de milliers de **retraités** aux États-Unis qui n'ont toujours pas fini de rembourser leur prêt... **étudiant**, ce qui prouve la perversité du système actuel. Avec les intérêts, les pénalités et les frais, cela revient à payer combien de fois le capital de son prêt étudiant ?

B) Les garanties – quelles garanties ?

Il pourrait aussi nous être objecté l'émission et le traitement des garanties. Ce dernier point n'est pas un problème non plus, puisqu'il est parfaitement gérable, avec efficacité et rapidité, et à moindre coût, par la technologie de la blockchain, ce que des banques expérimentent déjà sous diverses formes.

De toute façon, avec une cryptomonnaie de banque centrale, il n'est plus nécessaire d'apporter des « garanties », au sens classique du prêteur sur gage, qui l'exécute s'il n'est pas remboursé, comme le pratiquent les banques commerciales. En effet, les mensualités peuvent être reportées indéfiniment, en tout cas tout au long de la vie de la personne. En contrepartie, la situation de difficultés à rembourser doit exclure tout nouvel emprunt, à la différence du fonctionnement actuel, où il est possible de contracter un crédit supplémentaire pour rembourser... un emprunt, avec un taux d'endettement qui devient insupportable et une issue pas toujours heureuse.

Il ne s'agit pas pour autant de considérer que la banque centrale doit être laxiste, mais elle ne sera pas conduite aux mêmes extrémités qu'une banque commerciale. Ainsi, non seulement il n'y aurait jamais eu de crise des subprimes avec ce système, mais, de plus, il n'y aurait pas eu le coût social incommensurable de ces dizaines voire centaines de milliers de ménages américains qui se retrouvent à la rue après avoir été expulsés de la maison qu'ils n'ont pas fini de rembourser, dont certains y « vivent » toujours, dix ans plus tard.

Conclusion

Depuis, la bourse bat des records et les bénéfices des banques continuent de s'accumuler.

C) Communauté contre individualité

Dans l'éventualité où une demande de crédit atteindrait la limite de la capacité de remboursement de l'emprunteur, quel que soit le nombre de mensualités, plutôt que de demander un garant avec une caution, il serait possible que ce tiers devienne second emprunteur et couvre en partie les échéances ou celles qui sont impayées. Le système informatique le gérerait sans difficulté. La blockchain permet même de résoudre un problème qui n'a pas de solution simple aujourd'hui, celui des multi-emprunteurs : si vingt personnes souhaitent acheter un bien immobilier en communauté, il est quasiment impossible de contracter un prêt avec autant de signataires. La solution préconisée alors consiste à l'acheter via une forme de société civile ou commerciale, ce qui pose d'autres problèmes. Dans le « nouveau Monde », il y aurait autant de co-emprunteurs que souhaité. Il faudrait alors fixer les modalités pour les cas où l'un (ou plusieurs des co-emprunteurs) a une difficulté à rembourser : report de l'échéance individuelle, couverture par les autres co-emprunteurs, un mix des deux... Les smart contracts permettent de gérer ce type de règles et leur exécution.

Il est évident que la législation devra être adaptée en fonction de cette révolution, notamment le code civil et le code de la propriété, mais il faudra aussi créer des garde-fous juridiques pour l'accès aux informations des comptes. Et ce que nous présentons est à peine une ébauche des transformations qu'apporteront la création d'une cryptomonnaie de banque centrale et l'utilisation de la technologie de la blockchain, d'autant plus qu'elle n'en est qu'à ses débuts, ainsi que nous l'avons déjà souligné.

D) Et les entreprises ?

L'ensemble de ce qui précède peut s'appliquer à tout type de société. Il y aura logiquement des variantes dans les règles : pour les entreprises nouvellement créées, par exemple, attendre un an de fonctionnement avant que la banque centrale leur accorde du crédit. Pour toutes, la blockchain et les smart contracts offrent les fonctionnalités permettant de financer aisément la mobilisation de factures et de créances, sur le même principe que l'affacturage.

L'exportation peut également être facilitée, en simplifiant le système actuel des lettres de crédit. Idem pour la gestion de change, à condition de mettre en place la convertibilité entre les cryptomonnaies. En résumé, la plupart des services dont a besoin une société peuvent être traités par la blockchain. En revanche, les opérations spécifiques liées à la banque d'investissement, comme les introductions en bourse, les levées de capitaux, les fusions et acquisitions, etc., peuvent rester du ressort des banques commerciales ou de toute structure qui en dispose du savoir-faire.

E) Peur sur les banques

Un autre argument de la Banque d'Angleterre pour justifier de ne pas développer de cryptomonnaie souveraine est le « bank run » que cela provoquerait : la population et les entreprises se rueraient dans les banques commerciales pour retirer leurs avoirs et les porter sur leur nouveau compte à la banque centrale. Naturellement, elles ne pourraient y faire face, car chacun sait qu'elles ne conservent pas à l'abri les dépôts de leurs clients mais les exploitent pour « faire de l'argent » avec.

Là encore, c'est un faux problème, car cette situation peut être gérée de différentes façons. L'une d'elles consiste à ce que la banque centrale crédite le compte d'un nouveau client des sommes disponibles sur celui ou ceux qu'il possède dans les banques commerciales, où elles deviennent provisoirement « gelées », le temps que les opérations en cours soient débouclées. À l'issue du débouclage, le montant sur le compte à la banque centrale est

Conclusion

ajusté du solde réel. Quant à la banque commerciale, qui évite ainsi le bank run, le solde « gelé » se transforme en dette vis-à-vis de la banque centrale, dont il leur appartient de fixer les modalités de remboursement. Si le solde s'avère négatif, c'est la banque centrale qui est en dette vis-à-vis de la ou des banques commerciales – elle est alors compensable avec les créances. C'est à elle ensuite de récupérer la somme auprès de son nouveau client, selon le modèle ci-dessus. La banque centrale reprendra aussi les prêts contractés antérieurement, avec les mêmes principes. Cela permettra de diviser les frais voire le coût du crédit, ainsi que nous allons l'illustrer.

F) Avantage en or massif pour les populations

Schématiquement, une banque commerciale emprunte de l'argent à la banque centrale à un taux d'intérêt, et, afin de couvrir ses charges et aussi réaliser du profit pour ses actionnaires, elle « revend » ce crédit à des emprunteurs à un taux supérieur.

Voyons le coût de cette opération en prenant, par exemple, un emprunt de 100 000 – peu importe la devise – à 5 % de taux d'intérêt sur dix et vingt ans :

Montant emprunté	Taux	Durée	Coût du crédit	En %
100 000	5 %	10 ans	27 279	27,3
100 000	5 %	20 ans	58 359	58,4

Il sera respectivement de 27,3 % et 58,4 % de la somme empruntée. Comparons avec la cryptomonnaie de banque centrale, qui n'a pas à emprunter puisqu'elle crée elle-même la monnaie, selon le mandat que lui a confié la nation souveraine – ou les nations, dans un ensemble monétaire –, et elle n'a pas à verser de dividendes à des actionnaires – si elle n'a pas un statut privé. Il n'est donc plus nécessaire d'imposer un taux d'intérêt, ce qui permet un coût modique fixe, par palier ou non, par exemple de 10 ou 20 unités par mois, pour couvrir les frais de fonctionnement.

Reprenons le tableau ci-dessus avec, par exemple, un coût fixe de 10 (€, $, £...) par mensualité :

Montant emprunté	Taux	Durée	Banques commerciales		Banque centrale		Économie pour l'emprunteur
			Coût du crédit	En %	Coût du crédit	En %	
100 000	5 %	10 ans	27 279	27,3	10 x 120 échéances = 1 200	1,2	26 079
100 000	5 %	20 ans	58 359	58,4	10 x 240 échéances = 2 400	2,4	55 959

Le résultat est évidemment édifiant : sur un capital de 100 000, c'est plus de 55 % que peut économiser l'emprunteur lorsqu'il est libéré des taux d'intérêt, qui s'apparentent comparativement à de l'usure, quel que soit le pourcentage retenu.

G) D'autres avantages sans comparaison

La blockchain et la cryptomonnaie de banque centrale présentent d'autres atouts incomparables par rapport au fonctionnement actuel : la politique monétaire se traduirait dans les faits sans intermédiaire et quasi instantanément ; les données pour l'analyse seraient disponibles en temps réel, ce qui permettrait les ajustements immédiats ; il n'y aurait plus les problèmes de logistique et le coût de la monnaie fiduciaire...

L'argent circulerait beaucoup plus vite, ce qui est un facteur contribuant à la richesse des agents économiques, et sans frais. Ainsi, actuellement, quasiment deux jours par semaine sont perdus pendant que les banques sont fermées, parce qu'elles bloquent les transferts et une partie des opérations, ce qui représente l'immobilisation de ressources gigantesques, dont le coût pour la société est rarement évoqué.

Conclusion

Les versements des prestations sociales seraient aussi immédiats et plus simples à gérer. Les gouvernements pourraient en profiter pour mettre en place des politiques innovantes. De plus, les lois qui empêchent actuellement les États de se refinancer auprès de leur banque centrale en leur imposant d'emprunter auprès des banques commerciales et sur les marchés financiers seraient supprimées. Rappelons l'exemple de la France, qui a mis en place une telle loi en 1973, sous un président de la République ancien directeur général de la banque Rothschild : il est estimé que depuis quarante-cinq ans, cela a coûté à la collectivité plus de 1 200 milliards € d'intérêt, avec, aujourd'hui, une charge de la dette annuelle d'environ 46 milliards € (il s'agit uniquement des intérêts). Ainsi que nous l'avons souligné auparavant, combien d'écoles, d'hôpitaux, de routes, de prestations sociales, etc. auraient pu être financés avec ces sommes énormes au lieu d'enrichir les banques privées et la spéculation ? Ce ne serait pas le moindre des avantages d'une cryptomonnaie de banque centrale.

Que faire des banques commerciales ?
Nous rejoignons la Banque d'Angleterre sur le fait que la mise en œuvre d'une cryptomonnaie souveraine aurait un impact inévitable sur l'existence des banques commerciales. C'est d'ailleurs probablement la raison principale qui l'amène à reculer sur la question. Certes, elles ont été indispensables jusqu'à nos jours – à quel prix cependant pour les peuples ?[262] – mais force est de constater que la technologie initiée par le bitcoin et la blockchain les rend inutiles dans le cadre de ce nouveau monde. Il paraît sans doute inconcevable que la banque commerciale telle que nous la connaissons aujourd'hui puisse disparaître ; c'est aussi ce que devaient penser au XIXe siècle pour leur corporation les conducteurs et fabricants de diligences, c'est pourtant ce qui est arrivé.

Certains évoquent la possibilité que les banques commerciales continuent à faire du scoring pour l'attribution des prêts. Nous n'en

---

262. *Banques, deux cents ans de violence contre les peuples*, Patrick Pasin, Talma Studios, été 2018.

voyons ni l'intérêt ni l'utilité, nous avons expliqué ci-dessus pourquoi. Pour nous, leur futur doit se limiter à la banque d'investissement et ne plus avoir aucun lien avec la banque de dépôt, une forme de Glass-Steagall Act renforcé, qui, rappelons-le, sépare les deux activités après la catastrophe qu'est la crise de 1929, laquelle contribue ensuite à l'arrivée au pouvoir en Europe de partis fascistes, cause directe de la seconde guerre mondiale.

Il faut en profiter aussi pour nettoyer le système afin qu'elles ne puissent plus spéculer, ainsi que les hedge funds et autres fonds vautours, contre les monnaies et la dette des États, et provoquer pour leur seul profit la crise asiatique, la chute de la livre sterling, etc.

L'abondance pour demain ?

Alors, suffit-il de mettre en œuvre une cryptomonnaie de banque centrale pour que tout devienne bonheur et félicité ? Bien sûr que non, d'autant plus qu'il y a encore de nombreux problèmes techniques à résoudre, dont la sécurité et la rapidité des transactions.

De toute façon, il ne faut pas s'attendre, en tout cas en Occident et chez ses alliés, à ce que les banques centrales soient les premières à emprunter cette direction, pour différentes raisons. Par exemple, aux États-Unis, la Federal Reserve appartient aux... principales banques commerciales ! Elle n'ira évidemment pas contre leurs intérêts.

Sauf s'il se produit une crise bancaire telle que ces banques centrales n'aient plus d'autre solution, ou une révolution, comme il y a un peu plus de deux siècles en France, les solutions viendront d'abord d'autres pays, mouvement déjà à l'œuvre, ainsi qu'en témoigne *Géopolitique des cryptomonnaies*. En attendant, le monde virtuel des cryptomonnaies est désormais plus qu'une réalité, et rien n'exclut que le bitcoin, l'ether ou un équivalent remplacent un jour le dollar, l'euro et la livre sterling, et les blockchains supplantent les banques commerciales.

Quelle que soit la solution finale, cryptomonnaie de banque centrale ou monnaie digitale gérée via les banques commerciales, nous assistons à la disparition d'une forme de liberté que représentent les espèces. S'il est impossible de stopper cette évolution, nous préférons, sans hésitation, une cryptomonnaie souveraine que de dépendre entièrement de banques commerciales qui auraient tous les pouvoirs, y compris de continuer à spéculer pour leur profit à nos risques et périls. À moins qu'une nouvelle voie apparaisse...

Paris, février 2018

Table des matières

	Page
Introduction	5

Chapitre 1
Panorama général des cryptomonnaies

Concepts et définitions	11
Les principales cryptomonnaies	21
Des valeurs hautement spéculées et spéculatives	41
Que peut-on payer avec des bitcoins ?	46
Des plateformes de transaction	47
Du rôle des plateformes dans la fixation des prix	49
Attention à la facture d'électricité !	50
Géopolitique des distributeurs automatiques	54
Attaques contre les plateformes	57
Attention, danger !	59
Attention, voleurs !	61
Quand les États-Unis passent à côté de l'affaire du siècle...	64
... mais apprennent de leurs erreurs	65
Au tour de la Finlande et de la Bulgarie	66
Une régulation internationale ?	67
Les transactions en bitcoin sont-elles anonymes ?	68
WannaCry et les cryptomonnaies	71

Chapitre 2
Cryptomonnaies souveraines

Introduction : le Bitcoin Market Potential Index (BMPI)	77
I. Quand le bitcoin devient la valeur refuge d'un pays	**79**
1) Chypre, le premier laboratoire	79
2) Au Zimbabwe, sauve-qui-peut avec le bitcoin !	80
3) Le Royaume-Uni comme le Zimbabwe ?	82
4) L'Iran sous sanctions et pression	83
5) L'Afghanistan, l'*hawala* et le bitcoin	87

II. Réalisations et projets nationaux   **90**
1) L'Islande   91
2) L'Écosse   94
3) L'Équateur   96
4) L'Uruguay   98
5) Le Canada   98
6) Les Pays-Bas   99
7) Le Royaume-Uni   100
8) La Pologne   102
9) La Russie   103
10) L'Abkhazie   105
11) Le Kirghizistan   106
12) Le Kazakhstan   108
13) Singapour   109
14) La Chine   113
15) Hong Kong   115
16) L'Inde   116
17) Dubaï (Émirats arabes unis)   118
18) L'Arabie saoudite et les Émirats arabes unis   119
19) Israël   120
20) Le Liban   125
21) La Tunisie   126
22) Le Sénégal, l'Uemoa et l'Umoa   127
23) Le Nigeria   131
24) L'Afrique du Sud   132
25) Le Venezuela   133
26) Les Îles Marshall (RMI)   139

III. D'autres situations nationales   **141**
1) Les États-Unis   141
2) Le Japon   148
3) La Corée du Sud   149
4) La Corée du Nord   157
5) Le Cambodge   161
6) La Thaïlande   161
7) L'Estonie, l'Union européenne et l'Eurozone   162
8) La Suède   163
9) La Biélorussie   168

10) L'Ukraine	172
11) La Suisse	174
12) Le Brésil	176
13) Le Mexique	178
14) L'Argentine	179
15) La Colombie	181
16) Le Pérou, le Chili, le Paraguay...	181
17) La Namibie	181
18) Le Swaziland	183
19) La Communauté d'Afrique de l'Est (CAE)	183
20) Le Kenya	185
21) L'Île Maurice	187
22) L'Australie	188
23) La Nouvelle-Zélande	189
24) Le Vanuatu	190

IV. Les pays où le bitcoin est illégal — 193

1) L'Égypte et le monde musulman	193
2) Le Maroc	195
3) L'Algérie	196
4) Le Bangladesh	197
5) Le Vietnam	198
6) Le Népal	201
7) La Bolivie	202

Chapitre 3
Géopolitique des futures cryptomonnaies

1) Les Brics	207
2) L'espace russophone	208
3) L'Afrique	210
4) La Communauté d'Afrique de l'Est (CAE)	212
5) L'Aire monétaire multilatérale et l'Afrique australe	213
6) Le Sahara occidental et l'Union du Maghreb arabe	214
7) L'Éthiopie, l'Égypte et le Soudan : une cryptomonnaie ou la guerre ?	218
8) Le Qatar et l'Iran : une cryptomonnaie et la guerre ?	222
9) L'espace lusophone	224

10) L'espace turcophone	224
11) L'Indonésie (la Malaisie, Singapour, la Papouasie-Nouvelle-Guinée, Brunei, les Philippines...)	225
12) La Caricom et l'OECS	228
13) L'Alba-TCP	231
15) L'Alaska, la Californie, Hawaï et le Texas	234
Commune monnaie ou parité partagée ?	236

Conclusion
Deux futurs qui s'opposent

L'ancien, parfaitement imparfait	239
Le nouveau Monde	241
Que faire des banques commerciales ?	248
L'abondance pour demain ?	249

Table des encadrés

La blockchain contre la faim	13
PoW ou PoS ?	17
Fonction de hachage	18
La NSA à l'origine du principe des cryptomonnaies ?	19
Une cryptomonnaie solaire et orbitale	30
Cryptomonnaies des GAFA	37
Le bitcoin, une chaîne de Ponzi ?	45
La menace CoinHive	62
Comment doper son cours de bourse ?	74
Pourquoi émettre une Monnaie digitale de Banque centrale (MDBC) ?	88
Coûteux envois d'argent (« *remittances* »)	110
Le franc CFA	129
La Catalogne – De l'indépendance à la cryptomonnaie ?	140
Le Fedcoin	145
Cryptomonnaie chez les Sioux	146
Bitcoin, inflation, PIB et endettement	155
Le minage, nouvel Eldorado	165
Le cas Forklog en Ukraine	170
Le fabuleux succès du paiement mobile kenyan	186
De l'évaluation et de la taxation des cryptomonnaies	192

www.ingramcontent.com/pod-product-compliance
Lightning Source LLC
LaVergne TN
LVHW042045070526
838201LV00077B/810